LA RELIGION

DES

CONTEMPORAINS

ESSAIS DE CRITIQUE CATHOLIQUE

PAR

L'ABBÉ L.-CL. DELFOUR

Première Série

DEUXIÈME ÉDITION

PARIS

SOCIÉTÉ FRANÇAISE D'IMPRIMERIE ET DE LIBRAIRIE

ANCIENNE LIBRAIRIE LECÈNE, OUDIN ET Cie

15, rue de Cluny, 15

1903

A SA GRANDEUR Mgr GILLY

ÉVÊQUE DE NIMES

———

MONSEIGNEUR,

Permettez-moi de vous dédier ces pages écrites dans l'intimité que Votre Grandeur a bien voulu m'admettre à partager.

En les plaçant sous l'autorité de votre nom, j'éprouve, à nouveau, ce sentiment de confiance que vous m'avez fait goûter bien des fois, durant nos excursions à travers les châtaigneraies du Lozère ou sur le bord des limpides Gardonnettes. Quels gracieux paysages se cachent dans les replis de la montagne aux flancs ravinés par les pluies d'orage ! Pour jouir de leurs beautés si peu connues des touristes cosmopolites, vos amis et vos hôtes n'ont qu'à marcher très exactement sur la trace de vos pas ; ils n'ont pas à craindre les précipices.

De même, j'ai fait, pour ainsi dire sous vos

yeux, quelques excursions timides dans les rares parties de la littérature contemporaine où la vie chrétienne conserve encore un peu de fraîcheur. Vous m'avez guidé toujours, vous m'avez conseillé, vous m'avez permis de tenter, avec l'espoir de faire un peu de bien, une œuvre que redoutait ma faiblesse.

Il m'est très doux de vous exprimer ici toute ma reconnaissance.

C. D.

Juin 1895.

LA RELIGION

CONTEMPORAINS

LA RELIGION

DES

CONTEMPORAINS

ESSAIS DE CRITIQUE CATHOLIQUE

PAR

L'ABBÉ L.-CL. DELFOUR

Première Série

2me Édition

LES FANTAISIES THÉOLOGIQUES DE M. ANATOLE FRANCE
L'IDÉE RELIGIEUSE DANS LA HAUTE CRITIQUE
« LES ROIS » ET « SERENUS »
LE « LOURDES » DE M. ZOLA
LE CHRISTIANISME DE M. PAUL BOURGET — « OUTRE-MER »
AME SAINTE — M. MAURICE BARRÈS
UN POÈTE ANARCHISTE : SHELLEY — M. ÉMILE FAGUET
ARVÈDE BARINE — M. DE VOGUÉ — M. ÉDOUARD ROD
M. BRUNETIÈRE CRITIQUE ET PHILOSOPHE — M. DE HÉRÉDIA
LA CONVERSION DE M. HUYSMANS
A PROPOS DE LA « CATHÉDRALE » — APRÈS « SAINTE LYDWINE »

PARIS

SOCIÉTÉ FRANÇAISE D'IMPRIMERIE ET DE LIBRAIRIE

15, rue de Cluny, 15

1903

LA RELIGION

DES

CONTEMPORAINS

LES FANTAISIES THÉOLOGIQUES
DE M. ANATOLE FRANCE

La modestie est sans doute une très petite vertu littéraire. Si elle comptait tant soit peu, dans l'opinion
du public lettré, il suffirait, je pense, pour déprécier
certains ouvrages, de les désigner par leur titre.
Il semble, au contraire, que‘ les écrivains n'aient pas
d'ambition plus grande que de trouver des titres allé-
chants et pleins de brillantes promesses.

M. Anatole France vient de publier *l'Étui de nacre*.
Le joli rapprochement de mots! Rien qu'à les entendre on se figure quelque chose de chatoyant, de mystérieux et de précieux. On l'ouvre, cet étui, avec un
sentiment de curiosité intense.

N'éprouve-t-on pas quelque déception?

L'Étui de nacre est tout simplement un recueil de
contes. Mais ces contes ne ressemblent pas du tout

aux gracieux petits récits que créa l'imagination de nos grand'mères et dont Perrault se fit le rédacteur officiel. Un écrivain contemporain a soin de mettre, dans la plus petite historiette, une foule de choses profondes qui puissent exercer la perspicacité, et aussi, la science des lecteurs. C'est ainsi que M. Anatole France mêle à ses petits contes, de la critique, beaucoup d'histoire, de la théologie, du spiritisme, de la philologie, de la philosophie, et peut-être plusieurs autres sciences encore. Je voudrais ne parler que des récits qui touchent aux questions religieuses ; ils sont d'ailleurs les plus importants, et de beaucoup les plus intéressants du recueil.

M. Anatole France édite ou réédite des vies de saints et de saintes, tout à fait exquises. Qu'on en juge par l'épisode suivant, emprunté à la vie des saintes Oliverie et Libérette :

« Or, un jour que, seule dans la cuisine, Oliverie filait la laine sous le manteau de la cheminée, elle vit venir à elle une bête toute blanche, qui avait le corps d'une chèvre et la tête d'un cheval, et qui portait sur le front une épée étincelante. Oliverie reconnut aussitôt quel animal c'était, et comme elle avait gardé son innocence, elle n'en fut pas effrayée, sachant que la licorne ne fait jamais de mal aux sages demoiselles. En effet, la licorne posa doucement sa tête sur les genoux d'Oliverie. Puis, retournant vers la porte, elle invita de l'œil la jeune fille à la suivre dehors.

« Oliverie appela aussitôt sa sœur ; mais quand Libérette entra dans la chambre, la licorne avait disparu, et ainsi Libérette, selon son désir, connut le vrai Dieu sans y avoir été contrainte par un signe.

« Elles allèrent toutes deux du côté de la forêt, et la licorne, redevenue visible, marchait devant elles.

« Elles suivirent, pour tout chemin, la piste des bêtes. Et il advint que, parvenues déjà très avant dans le bois, elles virent la bête traverser un torrent à la nage. Et quand elles arrivèrent au bord, elles s'aperçurent qu'il était large et profond. Elles se penchèrent pour voir s'il ne se trouvait pas quelques pierres sur lesquelles elles pussent passer, et elles n'en découvraient aucune. Mais, tandis que, s'appuyant sur un saule, elles contemplaient les eaux écumeuses, l'arbre s'inclina soudainement et les porta sans peine sur l'autre bord.

« Elles parvinrent ainsi à l'ermitage où saint Berteauld leur fit entendre des paroles de vie. A leur retour, le saule, en se redressant, les porta sur l'autre rive. »

Le recueil de M. Anatole France contient un assez grand nombre de pages semblables, qui sont tout à fait de nature à édifier les âmes naïves. Pendant quelques instants, l'auteur a su vivre des rêves suaves de sacrifice, d'héroïsme surnaturel et de mortifications volontaires. Malheureusement, par vanité littéraire ou par scrupule d'honnête homme, M. Anatole France avertit les lecteurs de son agréable mystification. Outre que la précaution doit paraître superflue à un grand nombre de ses admirateurs, elle constitue, à mon sens, un nouvel acte d'irrévérence. Apposer, comme cela, sur son cabinet d'écrivain, une enseigne qui indique à la clientèle une fabrique de vies de saints, c'est assez audacieux, mais peu correct. Comment M. France, qui est, assurément, un homme fort poli, n'a-t-il pas compris le vrai caractère d'un tel procédé ? Il n'a, sans doute, pas remarqué quelle déplorable confusion il établissait ainsi, entre l'histoire religieuse et le dilettantisme.

Le conte qu'il intitule *Scolastica* résume deux faits appartenant à la plus belle hagiographie et relatés dans le bréviaire romain. Si l'on fait abstraction de certains détails matériels, sur lesquels M. France insiste vraiment trop, son Injuriosus et sa Scolastica reproduisent, en le gâtant un peu, l'admirable dialogue de sainte Cécile et de saint Valérien. On connaît la célèbre légende :

Cécile, vierge romaine d'illustre origine, élevée, dès son âge le plus tendre, selon les préceptes de la foi chrétienne, consacra à Dieu sa virginité ; mais, dans la suite, on la donna en mariage à Valérien. La première nuit des noces, elle parla à son époux : « Valérien, je suis sous la protection d'un ange qui garde ma virginité. C'est pourquoi il vous faut veiller à ne pas attirer sur vous la colère de Dieu. »

M. Anatole France complique les données si simples de la pieuse légende ; il développe la pensée de son héroïne, à la façon des rhéteurs anciens. Scolastica s'exprime comme un personnage des tragédies de Sénèque : « Quand je pleurerais tous les jours de ma vie, dit-elle à Injuriosus son fiancé, je n'aurais pas assez de larmes pour répandre la douleur immense qui remplit mon cœur. J'avais résolu de garder toute pure cette faible chair, et d'offrir ma virginité à Jésus-Christ. Malheur à moi, qu'il a tellement abandonnée que je ne puis accomplir ce que je désirais ! O jour que je n'aurais jamais dû voir ! Voici que, divorcée avec l'Epoux céleste qui me promettait le paradis pour dot, je suis devenue l'épouse d'un homme mortel, et que cette tête, qui devait être couronnée de roses immortelles, est ornée ou plutôt flétrie de ces roses déjà effeuillées ! Hélas ! ce corps qui, sur le quadruple fleuve de l'Agneau, devait revêtir l'étole de pureté, porte, comme un vil fardeau, le voile nuptial. Pourquoi le premier jour de ma vie n'en fut-il pas le dernier ? »

D'autres traits du récit de M. Anatole France font penser à saint Elzéar et à sainte Delphine. Il arrive alors que le lecteur, pour peu qu'il ait le goût des choses saintes, ou seulement d'élévation de sentiments, se réjouit dans la partie supérieure de son âme et respire avec délices cette atmosphère virginale, surnaturelle et héroïque, des premiers siècles de l'Église. Puis, brusquement, on sent se glisser dans le récit une ironie froide et mauvaise. Je ne puis même pas citer certains passages du livre, qui renferment des équivoques et des sous-entendus.

Ainsi, les impertinences voltairiennes succèdent, dans l'œuvre de M. Anatole France, aux prières les plus belles et les plus ardentes des âmes les plus saintes. Car, il ne peut pas y avoir de doute, l'auteur se moque de sa propre émotion. Il applique à l'hagiographie, quelques-uns des procédés qui ont valu à Voltaire de bien tristes et peu durables succès, en exégèse.

Ce goût pour des mélanges aussi bizarres indique un très fâcheux état d'âme. La lecture des vies de saints, *telles que les donne l'Église*, peut produire sur les esprits cultivés une triple impression. Les catholiques acceptent tout simplement les faits que renferment ces récits ; les incrédules, genre xviiie siècle, les repoussent avec colère et dédain ; les libres penseurs, plus modernes, les regardent comme des manifestations respectables d'une foi très intense. M. Anatole France est persuadé qu'il appartient à cette dernière catégorie. J'ose croire qu'il se fait illusion. Si un vrai philosophe prend à tâche d'apprécier le rôle historique du catholicisme, il le fait dans d'autres dispositions intellectuelles et avec une tout autre largeur de vues. M. Anatole France continue les agréables mystifications de M. Renan, lorsqu'il s'égayait aux banquets celtiques. Que penser, par exemple, de cette pitoyable facétie sur Pilate, que M. Anatole France nous donne comme un aperçu philosophico-historique ?

Pilate vieilli cause avec son ami Lamia, du temps où il exerçait, en Judée, les fonctions de procurateur. Lamia rappelle Madeleine : « J'appris par hasard, dit-il, qu'elle s'était jointe à une troupe d'hommes et de femmes qui suivaient un jeune thaumaturge galiléen. Il se nommait Jésus; il était de Nazareth, et il fut mis en croix pour je ne sais quel crime. Pontius, te souvient-il de cet homme ? » Pontius Pilatus fronça les sourcils et porta la main à son front, comme quelqu'un qui cherche dans sa mémoire.

Puis, après quelques instants de silence : « Jésus ? murmura-t-il ; Jésus de Nazareth ? Je ne me rappelle pas. »

Pour apprécier, à sa véritable valeur, cette fantaisie, il suffit de se souvenir de l'Evangile. Pilate lutta long-temps, très longtemps, pour sauver le divin Accusé que lui amenaient les Juifs. Il parlementa à plusieurs reprises avec la foule, il usa de ruse, il délivra Barabbas; il fit flageller Jésus pour attirer sur lui la compassion. De guerre lasse, il céda, mais on sait avec quelle solennité vaine il tint à dégager, devant tous, sa responsabilité personnelle. Et cet homme, que M. Anatole France nous présente comme un administrateur intègre, ne se serait pas souvenu de l'innocente victime, qu'il n'avait pas su arracher à la mort ! Voilà une singulière façon de faire de l'histoire subjective. Je n'ignore pas que M. France trouverait sans peine une réponse piquante : « Pourquoi aller soulever une grosse question historique, à propos d'un petit conte inoffensif ? » Je répondrai à M. France qu'on ne prend pas, pour sujet de contes, le *Credo* des chrétiens. L'Église chante depuis des siècles : *Passus sub Pontio Pilato* : le Dieu fait homme a souffert sous Ponce Pilate. M. France croit très spirituel de dire aux catholiques : « L'événement que vous considérez comme le point central de notre histoire religieuse, n'est qu'un petit fait-divers ennuyeux. Pilate n'en avait pas même gardé le souvenir. » Que le sceptique écrivain, amateur de psychologie subtile, cherche à comprendre le véritable état d'âme des catholiques, et il se rendra compte qu'il a gravement, oui, gravement offensé leur conscience religieuse. Après cela, il sera infiniment moins important, sans doute, mais il ne sera peut-être pas inutile de lui faire observer... qu'il a un peu manqué de goût.

Non content de fausser l'histoire et le dogme catholique, M. France dénature le sentiment religieux. Nos modernes « chrétiens de lettres » ont trouvé une formule assez curieuse : la piété sans la foi. M. France en fait, en quelque sorte, la base de son esthétique et de sa psychologie. Il n'est pas douteux, en effet, que les sentiments pieux n'aient leur charme propre et ne procurent des jouissances délicates. A ceux qui voudraient en faire l'expérience, on peut indiquer les hymnes et les prières du bréviaire, ou les poésies de Jacopone de Todi, de sainte Thérèse et de saint Jean de la Croix. Les catholiques chantent, tous les jours, en l'honneur de la Sainte Vierge, une hymne dont la suavité mélancolique n'a jamais été surpassée :« Salut, ô Reine, notre douceur, notre vie, notre espérance. » Seulement, il convient de ne pas oublier une chose très importante: la tige sur laquelle s'épanouissent les fleurs de la piété catholique, porte en même temps les épines de la pénitence. De celles-ci M. Anatole France ne veut point.

Il parle bien, quelque part, de la cabane de branchage construite par le père et le fiancé de sainte Euphrosine, mais comme on parlerait, dans un roman, d'une chaumière rustique. M. France ne voudrait pas s'attarder beaucoup, sous ce toit peu hospitalier ; il abrège d'ailleurs la description du peu confortable intérieur, et il a bien soin de ne pas entrer dans les détails de la vie monastique. Je gagerais que M. France n'a jamais visité une Trappe ni une Chartreuse. Un homme du monde qui habite un des plus beaux palais de Paris, peut-il vraiment sentir les charmes d'une solitude austère et — entendons-nous bien — absolue et définitive ? Oui, à peu près comme un enfant qui joue au Robinson, dans une de ces îles minuscules, qui font l'ornement des jardins somptueux. M. Anatole France se laisse piper par les mots ; il fait un pastiche assez réussi, je l'avoue, de la langue mystique, et il croit avoir rendu l'énergie, la vie profondément méditative et l'effrayante austérité des anachorètes. Les premiers Frères Mineurs qui, depuis de longues années, voyaient agir saint François d'Assise, et vivaient de sa vie, n'avaient pas cependant une idée juste de la joie parfaite que donne le renoncement ; le gracieux saint avait besoin de toute son éloquence pour la leur expliquer. Et ce sceptique incorrigible qui s'appelle M. Anatole France a la prétention de parler comme il convient de la sublime folie de la croix, des extases, de l'abnégation et du sacrifice !

Il serait facile à M. France de toucher, pour ainsi dire, du doigt, ses contresens. Dans tous les sentiments de piété qu'il analyse s'insinue je ne sais quelle volupté consciente et mauvaise. La vieille fille dévote qui, durant la messe des Ombres, rappelle au chevalier un passé coupable, réédite, avec complaisance, une faute grave, bien plus qu'elle ne manifeste une contrition vraie. Cela est absolument le contraire de la piété et de la chasteté : l'auteur ne s'en doute guère, ou du moins ne paraît pas s'en soucier.

A une piété bizarre et sensuelle, M. France mêle l'idée de la mort. Il joue avec la mort, il couvre de fleurs son rictus grimaçant, ou le dissimule sous les grâces morbides d'un amour passionné. Les intrigues qui se nouaient dans les prisons de la Terreur et jusqu'au pied de l'échafaud ont beaucoup d'attraits pour M. France. Mais sur les lecteurs qui se préoccupent de morale et même de patriotisme, ces sortes de récits produisent — surtout après réflexion — une profonde impression de tristesse.

En recherchant ainsi cette alliance monstrueuse du mysticisme, de la sensualité et de la mort, M. France se montre bien le disciple de M. Renan. Mais où le maître et l'élève se trompent également, c'est lorsqu'ils paraissent considérer ce genre d'études comme un plaisir intellectuel d'un ordre très élevé. M. France s'applique à analyser l'état d'âme des différentes époques religieuses auxquelles il emprunte ses récits, et, malgré la modestie trop souvent étalée de son scepticisme, peut-être croit-il y réussir. Mais les flagellants du moyen âge et certains jansénistes du XVIIIᵉ siècle, avaient devancé l'auteur de *l'Abbesse de Jouarre*. M. France regarde-t-il ces précurseurs de son maître comme des intellectuels distingués ?

Parfois, cependant, l'écrivain trouve la note juste ; le conte intitulé *Gestas* est un chef-d'œuvre d'observation délicate et ironique. Tout le monde connaît le poète dont M. Anatole France rappelle les fort amusantes mésaventures. Mais que prouve ce récit ? Tout simplement que M. France a de l'esprit, qu'il narre agréablement, et qu'il a très bien compris l'âme, d'ailleurs un peu rudimentaire, de Paul Verlaine. L'histoire du *Jongleur de Notre-Dame* se rapproche davantage de la vérité humaine.

Un pauvre jongleur du nom de Barnabé avait été reçu, par charité, dans un couvent ; il y était même devenu religieux. Autour de lui ses frères, théologiens, sculpteurs, musiciens, peintres, poètes, érudits, célébraient à l'envi la gloire de la Sainte Vierge. Barnabé se lamentait de son ignorance et de sa simplicité. Il cherchait le moyen, sans pouvoir le trouver, de servir la gloire de sa Dame qui est aux cieux, et il s'affligeait chaque jour davantage, quand, un matin, s'étant réveillé tout joyeux, il courut à la chapelle et y demeura pendant plus d'une heure. Il y retourna l'après-dîner.

« Et, à partir de ce moment, il allait chaque jour dans cette chapelle, à l'heure où elle était déserte, et il y passait une grande partie du temps que les autres moines consacraient aux arts libéraux et aux arts mécaniques. Il n'était plus triste et ne gémissait plus.

« Une conduite si singulière éveilla la curiosité des moines.

« On se demandait, dans la communauté, pourquoi le Frère Barnabé faisait des retraites si fréquentes.

« Le prieur, dont le devoir est de ne rien ignorer de la conduite de ses religieux, résolut d'observer Barnabé, pendant ses solitudes.

« Un jour donc que celui-ci était renfermé, comme à son ordinaire, dans la chapelle, dom prieur vint, accompagné de deux anciens du couvent, observer, à travers les fentes de la porte ce qui se passait à l'intérieur.

« Ils virent Barnabé qui, devant l'autel de la Sainte Vierge, la tête en bas, les pieds en l'air, jonglait avec six boules de cuivre et douze couteaux. Il faisait, en l'honneur de la sainte Mère de Dieu, les tours qui lui avaient valu le plus de louanges. Ne comprenant pas que cet homme simple mettait ainsi son talent et son savoir au service de la Sainte Vierge, les deux anciens criaient au sacrilège.

« Le prieur savait que Barnabé avait l'âme innocente ; mais il le croyait tombé en démence. Ils s'apprêtaient tous trois à le tirer vivement de la chapelle, quand ils virent la Sainte Vierge descendre les degrés de l'autel pour venir essuyer, d'un pan de son manteau bleu, la sueur qui dégouttait du front de son jongleur.

« Alors le prieur, se prosternant le visage contre la dalle, récita ces paroles :

— « Heureux les simples, car ils verront Dieu !

— « *Amen* ! répondirent les anciens en baisant la terre. »

Ici, du moins, le lecteur éprouve un plaisir pur et sain et vraiment élevé. Si, pendant que le cœur de M. Anatole France lui a dicté ces pages touchantes, son esprit a raillé, c'est tant pis pour l'auteur. Nous jouissons délicieusement, nous simplistes, de la délicatesse d'âme du pauvre jongleur, et nous gardons, quand même, à son mécréant biographe, une certaine reconnaissance (1).

Au reste, point n'est besoin d'expliquer à M. France ses responsabilités morales ; il sait qu'il a beaucoup à se faire pardonner. Aussi plaide-t-il, dans un conte ingénieux, les circonstances atténuantes.

---

(1) On m'affirme en effet que ce récit n'est pas de M. France ; il appartient à l'hagiographie la plus catholique.

« En cheminant à travers bois, le jour de Pâques, un saint ermite du nom de Célestin rencontre un faune, Amycus ; il l'introduit dans son oratoire.

« — Prosternons-nous, dit l'ermite, et chantons *Alleluia*, car Il est ressuscité. Et toi, créature obscure, reste agenouillé pendant que j'offrirai le Sacrifice.

« Mais le faune, s'approchant de l'ermite, lui caressa la barbe et dit :

« — Bon vieillard, tu es plus savant que moi et tu vois l'invisible. Mais je connais mieux que toi les bois et les fontaines. J'apporterai au dieu des feuillages et des fleurs. Je sais les berges où le cresson entr'ouvre ses corymbes lilas, les prés où le coucou fleurit en grappes jaunes. Je devine, à son odeur légère, le gui du pommier sauvage. Déjà une neige de fleurs couronne les buissons d'épine noire. Attends-moi, vieillard. »

« En trois bonds de chèvre il fut dans les bois, et, quand il revint, Célestin crut voir marcher un 'buisson d'aubépines. Amycus disparaissait sous sa moisson parfumée. Il suspendit des guirlandes de fleurs à l'autel rustique, il le couvrit de violettes et dit gravement :

« — *Ces fleurs, au dieu qui les a fait naître.*

« ..... Depuis ce jour, Célestin et Amycus vécurent de compagnie. L'ermite ne parvint jamais, malgré tous ses efforts, à faire comprendre au demi-homme les mystères ineffables..... La colline qu'ils habitaient est devenue un lieu de pèlerinage, et les fidèles y vénèrent la mémoire bienheureuse des saints Amic et Célestin. »

Ou je me trompe fort, ou Amycus c'est M..Anatole France(1).Qu'il ait de la sympathie pour le catholicisme,

---

(1) Depuis le temps où ces lignes furent écrites, l'irréligion de M. France s'est révélée agressive, intolérante et violente.

nous le reconnaissons jusqu'à un certain point ; mais que, pour avoir apporté quelques fleurs à nos autels, il mérite d'être canonisé comme les vrais anachorètes, ses amis eux-mêmes n'oseraient pas l'affirmer. L'histoire d'Amycus et de Célestin, telle que nous la donne M. France, encore qu'elle ne manque pas d'intérêt, ne relève même pas du folk-lore, elle appartient au domaine de la pure fantaisie.

Toutefois, puisque M. Anatole France aime les historiettes, je me permettrai de lui en raconter une, où il pourra se reconnaître plus aisément que dans la légende d'Amycus et de Célestin.

La mère de Fontenelle était, dit-on, très douce, et pieuse autant que douce. Elle faisait à son fils, sur son incrédulité, des remontrances fréquentes, mais sans se départir jamais de ses habitudes de calme. « Mon fils, lui disait-elle avec une exquise mansuétude, vous serez damné. »

Loin de moi la pensée de préjuger l'avenir éternel de M. Anatole France. Mais, tout en reconnaissant ce qu'il y a de louable dans quelques-unes de ses intentions, on a le droit de condamner nettement son œuvre. Certes, nous aurions tort de ne pas le traiter avec mansuétude. M. France se montre toujours souriant, toujours très aimable. Voilà pourquoi on est tenté d'en agir avec lui comme Mme Fontenelle avec son fils. « Monsieur, lui dirait-on volontiers, votre œuvre est très agréable, et elle témoigne de bien enviables qualités littéraires ; mais elle est de nature à fausser l'esprit et à corrompre la sensibilité des jeunes gens qui vous lisent. »

L'IDÉE RELIGIEUSE DANS LA HAUTE CRITIQUE

A PROPOS DE *LA FIN DU PAGANISME*

Il se produit en ce moment, dans l'opinion publique, un mouvement très curieux à étudier. Tandis que les partis politiques cherchent à aviver ou à fortifier la guerre religieuse, des marques de sympathie, dont quelques-unes ne laissent pas de surprendre, arrivent à l'Église, de presque tous les milieux éclairés. Je ne fais nullement allusion à la forme de religiosité qu'une certaine école poétique a la prétention de mettre à la mode. Les intentions des symbolistes, décadents, déliquescents et autres écrivains de ce genre, ont peut-être quelque chose de fort louable en soi ; mais l'Église n'a rien à attendre de leur concours. Le fait d'introduire le mysticisme dans une littérature grossièrement sensuelle, ne peut avoir d'importance qu'à titre de phénomène symptomatique. Messieurs les décadents, en dépit de certaines apparences, se préoccupent beaucoup de l'opinion publique ; puisqu'ils s'attachent avec tant d'ardeur au sentiment religieux, c'est que leur réputation n'a sans doute rien à y perdre.

Mais au-dessus, bien au-dessus de ce courant poétique, se dessine un autre courant à la fois scientifique et littéraire, dont l'importance mérite d'être signalée. Un travail récent de M. Gaston Boissier contribuera largement à l'accentuer. *La Fin du Paganisme* n'est pas tout à fait une œuvre nouvelle, car elle a déjà paru dans la *Revue des Deux-Mondes*. Mais des études de ce genre gagnent à être lues d'un trait ; la pensée maîtresse de l'auteur se dégage ainsi plus nettement, et ses conclusions, en formant corps, produisent une impression plus forte. On peut tirer du livre de M. Boissier diverses sortes d'enseignements , mais ceux qui ont trait à la question religieuse offrent un intérêt particulier.

Avant d'aborder les auteurs chrétiens, M. Boissier avait déjà parcouru dans tous les sens, la littérature latine, dissipant bien des préjugés, ébranlant mainte tradition qui semblait solidement établie depuis la Renaissance. Les vieux humanistes, dont M. Thiers se fit l'écho en pleine Académie (1), durent en tressaillir, dans leur tombe. Mais, pour être curieuse et savante, la critique de M. Boissier n'est pas irrespectueuse. Elle a pu transposer beaucoup de statues antiques, les raffermir sur leurs piédestaux chancelants, ou les dégager des ronces qui les déshonoraient ; elle n'en a renversé aucune. Dieux et poètes ont gagné en attraction sympathique ce qu'ils ont perdu en fausse majesté. Assurément, M. Boissier aime cette littérature latine dont, le premier, il nous a montré l'aspect le plus intéressant. Mais il lui a bien fallu la suivre dans tous ses développements, et, par suite, dans sa décadence et ses

____

(1) Quand M. Boissier se présenta à l'Académie, M. Thiers vota contre lui pour protester, en faveur de Cicéron, contre certaines appréciations de la nouvelle école.

dernières luttes avec un esprit nouveau qui allait dominer le monde.

Remarquons d'abord combien M. Boissier était heureusement préparé à écrire l'histoire de ces grandes luttes. Un pur lettré ne peut pas comprendre les cinq premiers siècles de notre ère. Comme Voltaire, comme Gibbon, comme Montesquieu peut-être, il est tenté de confondre le christianisme avec la barbarie, et de le traiter en conséquence. Certes, M. Boissier regrette les dieux d'Homère : il en a parlé avec une fine et délicieuse mélancolie, qui révèle bien en lui « le lettré incorrigible ». Mais son esprit ouvert, à toutes les larges idées, était familiarisé depuis longtemps avec les études religieuses. L'historien de la religion romaine tempère, chez M. Boissier, les préférences un peu exclusives du littérateur, et nous avons ainsi une œuvre composée par un écrivain, très épris de l'antiquité classique et en même temps très attentif au développement de l'idée religieuse.

Voilà pourquoi, sans doute, M. Boissier a su établir avec tant de précision l'importance proportionnelle des questions qu'il a traitées. Le titre qu'il donne à son œuvre la rattache à des études antérieures plutôt qu'il ne caractérisé son objet propre. C'est sur la doctrine, la littérature et l'histoire du christianisme que le savant écrivain concentre presque toute son attention ; le paganisme n'arrive qu'au second plan. On ne saurait trop l'en féliciter, au point de vue littéraire, mais surtout dans l'intérêt de la haute culture intellectuelle. Outre que le champ de la littérature latine semble un peu épuisé, le sérieux de la vie moderne contraste singulièrement avec certaines dispositions morales des écrivains classiques. Nos luttes politiques, économiques, religieuses et sociales nous font mieux sentir ce qu'il y a, dans certaines parties de la littérature romaine, de creux, de froid, d'artificiel, de trop alexandrin et parfois d'antidémocratique. Quand vous entendez gronder autour de vous les menaces du quatrième état, essayez de lire les plus spirituelles épîtres ou les odes les plus délicates d'Horace. Son ironie vous paraîtra cruelle, sa philosophie sèche et étroitement bourgeoise ; son lyrisme le plus aimable vous laissera comme un arrière-goût d'égoïsme concentré. Au contraire, les écrivains ecclésiastiques ou simplement chrétiens agitent déjà, avec une émotion communicative, les très graves et toujours palpitantes questions de liberté, d'égalité sociale et politique, de progrès et d'avenir. Qu'importe l'incorrection de leur langage ? Nous sentons notre cœur battre à l'unisson de leur cœur ; nous comprenons qu'ils souffrent des mêmes tristesses et qu'ils partagent les mêmes espérances. Et, d'autre part, les classiques païens de la même époque n'échappent pas davantage à l'incorrection ni au mauvais goût.

M. Boissier a toujours, ou presque toujours, rendu justice aux chrétiens des premiers siècles. Ses conclusions sont celles, généralement, que les catholiques approuvent ou désirent. Sur l'écroulement du paganisme, sur Constantin, sur les martyrs, sur l'importance des persécutions, sur la poésie chrétienne, il s'exprime, souvent, comme un apologiste. Bien mieux encore : soit penchant d'une âme élevée, soit pénétration de critique, M. Boissier a su entrer dans le plus intime de la vie chrétienne. Que de pages émues sur l'état d'âme des nouveaux convertis, par exemple, ou sur la sensibilité naturelle qui se révèle, pour la première fois, dans le *Pasteur* d'Hermas, ou bien encore sur les entretiens de saint Augustin avec sainte Monique, ou sur les évangiles apocryphes ! Saint Martin surtout inspire à M. Boissier une vive sympathie. Sans doute, cet aimable saint maltraite les dieux d'Homère, il exorcise Mercure et Vénus, et il traite, quelque part, Jupiter de franche bête. Mais il se montre toujours très bon pour les petites gens, il prodigue les miracles en leur faveur. On a beau appartenir à deux Académies et vivre à peu près exclusivement dans une atmosphère d'aristocratie intellectuelle : on ne dépouille pas les sentiments démocratiques de son temps. M. Boissier a raison d'affirmer ses sympathies pour saint Martin ; mais peut-être néglige-t-il un peu ce qu'il y a de surnaturel chez son héros, pour ne voir que sa popularité.

Cette disposition d'esprit pourrait même provoquer des surprises parmi les chrétiens, peu habitués aux finesses de la critique contemporaine. M. Boissier, qui a un esprit très vif, s'efforce visiblement à en contenir les saillies. Il traite avec un tact parfait les graves et difficiles questions se rapportant à son sujet. Mais le démon de l'ironie trouve bien çà et là quelques compensations. L'esprit de M. Boissier se manifeste sous forme de raillerie délicate, mais persistante, et, si je puis ainsi dire, légèrement corrosive (1). Pour s'en faire une idée, il faut lire tout le chapitre consacré aux miracles de saint Félix. Ces récits, où il est question de moutons, de bœufs et de porcs, amusent beaucoup M. Boissier, et le lecteur aussi, car vous pensez bien qu'en passant des strophes latines de saint Paulin dans le français alerte du spirituel académicien, ils n'ont rien perdu de leur agrément. Malheureusement,

____

(1) Un exemple : « Le doux poète (il s'agit de saint Paulin) ne
« peut se résoudre à traduire ce passage cruel ; son cœur en est
« révolté, il s'en tire, comme font souvent les théologiens dans
« l'embarras, par l'allusion. »

tandis que nous nous abandonnons au charme de ces exercices littéraires, plusieurs problèmes historiques, psychologiques et théologiques restent sans solution. Voici, par exemple, la question des possédés, que M. Boissier rencontre à chaque pas, et sur laquelle il ne se prononce jamais. En ces temps de spiritisme et de magnétisme, il y aurait, je crois, intérêt à l'étudier sérieusement. Elle pourrait bien n'être pas aussi simple qu'on le pense dans les milieux académiques.

L'esprit de M. Boissier s'exerce, de préférence, sur les intransigeants. Le distingué professeur, dont les élèves rédigent le *Temps* et les *Débats*, se sent médiocrement porté vers les partis extrêmes. Je le soupçonne même de frapper, sur le dos de Tertullien, quelques-uns de nos contemporains. Que Tertullien ait prêté à rire par ses exagérations, qu'il ait souvent formulé des doctrines étranges ou dangereuses, on ne le nie pas, et d'ailleurs l'Eglise l'a condamné. Que les intransigeants de tous les temps et de tous les pays commettent beaucoup de fautes politiques, ce n'est pas du tout invraisemblable. Mais ces attaques, directes ou indirectes, contre les chrétiens militants de nos jours ont une portée et des conséquences auxquelles l'auteur de *la Fin du Paganisme* n'a sans doute pas songé. M. Boissier a consacré aux martyrs quelques pages qui font grand honneur à son cœur et à la largeur de sa critique. Allons au fond des choses cependant : ces martyrs n'étaient-ils pas des intransigeants ? Il serait difficile de soutenir le contraire, et j'imagine que les fonctionnaires opportunistes des premiers siècles, hommes polis et frottés de littérature, se piquaient de représenter la modération intelligente entre les fureurs de la populace païenne et l'étroitesse de l'esprit chrétien.

Saint Paul condamne quelque part la sagesse des

sages et la prudence des habiles, et, en dépit de tous les aréopages anciens ou modernes, l'humanité, qui a besoin de dévouement, d'héroïsme et de sacrifices, donne raison à saint Paul.

Ou plutôt, non, les plus subtils, les plus sceptiques, les plus froidement ironiques des aréopagistes s'infligent à eux-mêmes d'heureux démentis. M. Renan, par exemple, dans une pensée facile à comprendre, ne craint pas de comparer Mlle Louise Michel à Ézéchiel ; mais lisez ensuite les ouvrages où il développe sa comparaison. Il vous prouve que l'intransigeance des prophètes a préparé le christianisme, d'où est sortie la civilisation moderne. Il conviendrait donc de distinguer entre intransigeants et intransigeants. Sans doute, M. Boissier parle avec infiniment plus de modération et de respect que M. Renan, des choses religieuses ; mais dans la répulsion que lui inspirent les intransigeants catholiques, n'entre-t-il pas un peu de renanisme ?

Et ici nous touchons à un point très délicat. Toute œuvre sérieuse et sincère suppose certains principes, exprimés ou sous-entendus, à la lumière desquels l'auteur juge les hommes et les choses. Dans un travail où sont constamment comparés l'antiquité classique et le christianisme, ces principes ont une importance capitale. Quels sont ceux de M. Boissier? Il serait peut-être téméraire de se prononcer catégoriquement. Presque toujours, la remarquable souplesse de l'écrivain lui permet d'envisager les questions sous leurs aspects multiples, sans qu'il ait à énoncer sa propre opinion. Il se place, tour à tour, au point de vue chrétien, et au point de vue rationaliste, puis il laisse à ses lecteurs le soin de conclure. Nous pouvons cependant, jusqu'à un certain point, saisir ses tendances. M Boissier aime passionnément la discussion, — très courtoise, cela va sans dire, — non purement spéculative, mais pratique et se rattachant à de grands intérêts moraux, religieux ou politiques. Son idéal semblerait être une sorte de parlementarisme à la fois scientifique et littéraire, dont l'objet propre serait de préparer, par une comparaison du passé avec le présent, l'avenir intellectuel de nos jeunes générations. La direction des débats appartiendrait à l'opinion publique, représentée par une élite de critiques et de lecteurs ; les livres savants remplaceraient les discours improvisés.

Nulle part, ces tendances de M. Boissier ne se manifestent avec plus d'évidence que dans le chapitre intitulé : *Affaire de l'autel de la Victoire*. Il s'agit, en effet, d'une très grave affaire. D'un côté, le Sénat conservateur s'appuie sur les vieilles traditions romaines et se prévaut des gloires nationales pour maintenir intacts les rapports du paganisme et de l'État. D'autre part, le christianisme, débordant de vie, demande l'abolition de privilèges surannés et provoque, dans tout l'empire, comme une immense révolution. Les représentants des deux partis sont dignes l'un de l'autre. Symmaque, rhéteur consommé et administrateur habile, défend avec énergie le monopole des prêtres païens. En face de lui se dresse saint Ambroise, à la fois ascète et homme du monde, qui en appelle à l'opinion publique, avec fierté et bonne humeur. C'est merveille de voir avec quelle dextérité M. Boissier analyse les discours des deux adversaires; mais à qui donner raison ? Symmaque écrit certainement mieux que son rival; il a plus de goût, il plaide pour cette mythologie qui nous rappelle les lettres antiques, tout autant de raisons qui ont une grande valeur aux yeux d'un académicien. Mais saint Ambroise représente le progrès,

Encore que son style soit un peu diffus, l'ensemble de son œuvre a de très grands mérites. M. Boissier distribue ainsi l'éloge et le blâme, et puis, c'est tout.

On a le droit de dire qu'il se contente d'une solution trop platonique ou trop purement littéraire, car la situation politico-religieuse du ive et du ve siècle est, à peu de chose près, celle de la France contemporaine.

Est-il donc impossible de trouver, dans son ouvrage, des applications plus immédiates ? Si je comprends bien la pensée de l'auteur, ses conclusions n'ont rien de provisoire ; elles sont bien définitives. Il faut simplement tirer de son travail une grande leçon de tolérance. Aujourd'hui, comme au temps de Symmaque, l'Église et ce qu'on pourrait appeler le laïcisme gouvernemental et enseignant, se trouvent en présence. Seulement, au lieu qu'elle prenait l'offensive au ve siècle, l'Église en est, aujourd'hui, réduite à la défensive. Aucune des deux puissances n'est assez forte pour supprimer l'autre. Toutes deux, du reste, selon M. Boissier, ont une mission bienfaisante à remplir. Le mieux pour elles est donc de conserver des relations de courtoisie réciproque et de travailler, avec des sentiments de pacifique émulation, au développement moral de l'humanité, au progrès de la civilisation et de la science.

Ces dispositions ne dénotent pas, chez M. Boissier, des sentiments bien hostiles à l'Église, au contraire ; mais les catholiques regretteront sans doute qu'il n'ait pas mis une autre gradation, dans l'admiration qu'il professe pour les vertus chrétiennes. « Malgré l'ardeur « de sa foi, dit M. Boissier, saint Félix sut conserver « jusqu'à la fin les vertus les plus précieuses : la tolé-

rance et l'humanité. C'est le plus bel éloge qu'on
puisse faire de lui. C'est par là qu'il a mérité l'honneur d'être mis à côté de son maître, saint Martin,
au premier rang des saints français. »

Saint Martin n'aurait certainement pas accepté cet
oge. Ce que M. Boissier appelle la tolérance et l'hu-
anité des saints ne représente qu'un aspect de leur
harité, et la charité elle-même a pour principe la foi.
e mettre en garde contre celle-ci pour mieux faire
aloir celle-là, c'est demander à l'arbre un peu plus de
uits, tout en interceptant la meilleure partie de sa
ève. Le christianisme est, ne disons pas un bloc,
ais un tout parfaitement ordonné. Permis à chacun
e le considérer par les côtés qui lui plaisent davan-
ge ; mais quand on veut étudier, à fond, sa vie intime
sa doctrine, on remonte à la vertu primordiale dont
épendent toutes les autres, la foi.

Si les principes d'après lesquels M. Boissier a com-
osé son œuvre donnent lieu à des réserves néces-
aires, en revanche, la façon d'argumenter et le style
éunissent tous les suffrages. On ne peut rien imaginer
e plus instructif, de plus agréable, ni de plus piquant
e cette manière d'écrire l'histoire. Combien il a
llu de souplesse, de science, d'habileté dans l'art de
oisir les sujets à traiter et d'amener les rapproche-
ents ingénieux, pour donner tant de vie à un passé
nt quinze siècles nous séparent ! Le commun des
cteurs ne connaît guère la période qui s'étend depuis
nstantin jusqu'à la chute de l'empire. Gardez-
us de lui rappeler trop de dates vraisemblablement
bliées ; n'allez pas l'entretenir des hommes de
cond ordre : il ne pourrait pas vous suivre. M. Bois-
r a tenu compte de cet état d'esprit, et il a étudié
clusivement les personnages, les ouvrages ou les

événements, dont l'influence s'est fait sentir sur l'histoire générale de l'empire et du christianisme. Constantin, Julien l'Apostat, Tertullien, saint Augustin, Minucius Félix, saint Ambroise, voilà certes de grands noms déjà familiers. à nos mémoires, mais auxquels, grâce à M. Boissier, répondront désormais des idées très précises, présentées sous une forme très intéressante, formant un ensemble harmonieux de considérations, de critique littéraire et de philosophie religieuse.

Car cinq ou six genres littéraires se rencontrent, à la fois, dans *la Fin du Paganisme*. Voulez-vous des études à la façon de Montesquieu? Allez au chapitre III du livre, et vous verrez comment, contrairement à l'opinion de Raynal, de Gibbon et de tout le XVIIIe siècle, le christianisme n'est nullement responsable de la chute de l'empire romain. Les lettres de Symmaque et les poésies d'Ausone fournissent à l'auteur de *Cicéron et ses amis*, une occasion nouvelle de déployer la sagacité de son érudition et la finesse de sa critique. Avec l'*Octavius* de Minucius Félix, nous entrons, sinon dans l'apologétique proprement dite, du moins dans un ordre d'idées qui l'avoisinent. Voici, sur la retraite de Cassisiacum, des scènes qu'on croirait empruntées à la vie des saints, encadrées dans des tableaux comme on en trouve dans Platon. Jugez plutôt :

« Nous connaissons fort mal la maison de Vérécundus;
« mais elle ne nous fait pas l'effet d'un couvent. Tout
« ce qu'on nous en dit, c'est qu'elle était voisine de
« Milan et située vers le sommet des montagnes. Il est
» donc vraisemblable qu'elle s'élevait sur les premiers
« contreforts des Alpes, en face des belles plaines et des
« lacs enchantés de la Lombardie. Saint Augustin ne

« paraît pas avoir été touché du pays charmant qu'il
« avait sous les yeux, et nulle part il n'a pris la peine
« de le décrire...
    « D'ailleurs, saint Augustin n'y était pas arrivé seul ;
« il y avait mené avec lui une assez nombreuse com-
« pagnie, sa famille d'abord, c'est-à-dire sa mère, son
« fils, un de ses frères, ses cousins, puis quelques jeunes
« gens, ses élèves chéris, dont il n'avait pas voulu se
« séparer en quittant le monde ; deux surtout, qui
« étaient devenus ses amis les plus chers, après avoir
« été ses meilleurs disciples : Alypius qui le suivait depuis
« Thagaste et Licencius, le fils de son ancien protecteur
« Romanianus. Tout ce monde était jeune, bruyant,
« agité. On vivait en commun, sous la direction
« d'Augustin ; Monique était naturellement chargée des
« soins du ménage, mais on verra qu'elle ne s'y tenait
« pas confinée, et qu'elle était admise dans les entre-
« tiens les plus savants. Augustin, quoiqu'il eût rompu
« avec le monde, ne laissait pas d'avoir quelques
« affaires sérieuses à traiter. Il semble que Vérécundus,
« en abandonnant sa maison à son ami, l'avait chargé
« d'y tenir tout à fait sa place. Le domaine devait être
« assez important : Augustin s'en occupait comme s'il
« en eût été vraiment le maître ; il surveillait les
« ouvriers, il tenait les comptes, et les travaux de
« propriétaire et de bon agriculteur lui prenaient
« une partie de son temps ; le reste était donné à
« l'étude. »
    Ailleurs, M. Boissier explique, presque en adminis-
trateur, l'organisation de l'instruction publique à Rome.
On reconnaît là, les idées et l'expérience du professeur
qui a pris une large part aux transformations de l'enseignement supérieur, en France.
    Mais le caractère le plus saillant de *la Fin du Paga-*

nisme me paraît être le mélange de l'antique et du moderne, du passé et du présent. M. Boissier est sans doute un savant ; mais il se montre surtout épris des choses de son temps et toujours préoccupé de l'avenir. Aussi, ne perd-il jamais de vue la France du xix° siècle. Toutes les questions qui passionnent en ce moment l'opinion publique, sont traitées dans *la Fin du Paganisme*. M. Boissier parle avec une rare compétence du monopole universitaire, du caractère démocratique qu'offrent les chants sibyllins, de la théorie du progrès d'après saint Ambroise, des habitudes de polémique en usage chez les évêques. Peut-être cette manière de rajeunir l'histoire offrira-t-elle quelques inconvénients aux yeux des futures générations de lecteurs ; mais, pour le moment, nous ne trouvons dans le travail de M. Boissier qu'agrément et profit.

Ceux-là surtout qui, dans leurs préoccupations, mettent au premier rang, les progrès de l'influence chrétienne, saluent avec bonheur *la Fin du Paganisme*. Non, sans doute, que l'auteur ait voulu faire de l'apologétique ; mais, intentionnellement ou non, il a coopéré au mouvement puissant qui entraîne les générations contemporaines, sinon vers le christianisme proprement dit, du moins vers une certaine forme du christianisme. C'est déjà un résultat considérable. A l'heure qu'il est, M. Boissier peut être regardé, à juste titre, comme un des représentants les plus distingués de la haute Université. Son influence s'exerce sur une élite de jeunes professeurs à qui appartient peut-être la direction de l'avenir. Dans les enseignements de celui qui est, en même temps, un de leurs maîtres les plus écoutés et un très remarquable initiateur, nous pouvons donc jusqu'à un certain point, chercher à découvrir l'opinion générale de demain. L'évolution que nous voyons s'accomplir sous nos yeux s'achèvera-t-elle au profit de l'Église ? Nul ne le sait. Mais ce que nous constatons avec joie, c'est que la littérature chrétienne, longtemps calomniée, ou — ce qui est pire, — ignorée, entre avec honneur dans le mouvement de la science contemporaine.

« LES ROIS » ET « SÉRÉNUS »

DE M. JULES LEMAITRE

Le goût pour la politique, qui a toujours été fort vif dans notre pays, traverse une phase très intéressante. Écoutez une conversation mondaine : elle commence presque inévitablement par les questions politiques. Mais comme ces questions donnent lieu à des froissements, mais comme le nombre des blasés ou des découragés augmente tous les jours, la conversation insensiblement dévie, soit qu'on craigne de blesser les convictions de son voisin, soit qu'on devienne moins affirmatif sur les siennes propres : il faut quitter décidément ce terrain dangereux. Mais, d'autre part, les choses politiques tiennent une si grande place dans la vie générale du pays que nous sommes souvent forcés d'y revenir. Nous le faisons avec plus de précautions : au lieu de discuter sur des formules, nous étudions plus volontiers les faits, en leur donnant une interprétation psychologique, ce qui n'empêche nullement de les rattacher à des principes (1).

Les *Rois*, de M. Jules Lemaître, répondent bien à cet

(1) Cette étude a paru avant l'affaire Dreyfus.

état d'esprit. Pour écrire l'évolution politique de notre temps, le plus fin de nos critiques n'a trouvé rien de mieux que la forme romanesque. Ceci est déjà bien caractéristique. Il n'y a pas encore cent ans, Joseph de Maistre expliquait la valeur des constitutions modernes dans des dialogues imités de Platon : il prophétisait ; chacun de ses mouvements de colère ressemblait à une malédiction tragique. De nos jours, on raconte l'histoire et on juge la politique en une série de petits chapitres scandaleux, qui ressemblent à un roman fin de siècle.

Christian XVI, roi d'Alfanie, a résolu d'abdiquer en faveur de son fils le prince Hermann. M. Lemaître décrit, avec une application louable, la séance d'abdication, et il trouve moyen de présenter ainsi à son lecteur, tous ses personnages. Christian XVI, le vieux roi convaincu, fidèle aux traditions politiques et religieuses de sa maison, a vraiment fort grand air au milieu de tout cet apparat. Il est de plus très touchant, dans sa mélancolie que justifient trop bien les dispositions morales de son fils, le prince héritier. Hermann est un moderne, un Parisien, un névropathe, un chimérique surtout. « Il avait conçu une véritable estime pour ce scepticisme léger de la ville de joie; il s'était imprégné de l'ironie et de l'irrespect qu'on respire dans son air. Au contact des beaux esprits, Hermann, parfaitement sincère, s'était décidément purgé de ce qui pouvait rester en lui d'involontaires préjugés de naissance ou d'éducation. Son cœur, naturellement bon, l'avait orté à embrasser les théories les plus hardies et les topies les plus généreuses, en sorte que l'Europe allait voir ce curieux spectacle d'un prince travaillant avec joie au triomphe de la république et de la démocratie. »

Devant le nouveau roi défilent successivement toutes

les puissances de la cour : « d'abord, la princesse Wilhelmine, sa femme, belle, intelligente, vertueuse, mais toute pénétrée des maximes de la vieille cour, s'estimant d'une essence irréductiblement supérieure à ce qui n'était pas de sang royal ».

« Elle inspire à Hermann une profonde antipathie. » De constater à chaque instant chez l'honnête princesse cette conscience sereine de la préexcellence de sa nature, de voir s'épanouir stupidement en elle un sentiment qu'il s'était acharné à déraciner de son propre cœur, cela remuait chez le prince quelque chose, vraiment, comme une colère haineuse de démagogue. » Otto, le frère d'Hermann, vient lui offrir, à son tour, ses félicitations, sur un ton imperceptiblement gouailleur.

« Une brute que ce prince Otto ; tandis que l'histoire de ses déportements remplit toute l'Europe, ses dettes scandaleuses le mettent à la merci d'un juif de Paris, un baron de la finance, qui cumule les fonctions de directeur de journal et d'usurier. » Plus tard, le prince Otto conspirera contre son frère.

Voici venir Renaud, un autre frère d'Hermann, type du prince désabusé, qui n'aspire qu'à quitter la cour et à se perdre dans la foule : il est facile de reconnaître, en lui, l'archiduc Jean Orth dont les journaux ont longuement raconté l'odyssée.

M. Lemaître a réservé pour la fin la principale héroïne du roman, Mlle Frida de Thalbergh, une des filles d'honneur de la princesse Wilhelmine. Son père, un grand seigneur russe, avait été condamné à la déportation en Sibérie. Frida avait donc connu, bien jeune, la souffrance. Malheureusement pour elle, dans ses courses à travers Paris où elle était venue donner des leçons, elle avait rencontré sur sa route, Audotia Latanief, la vierge rouge, la prêtresse de la Révolution. La sensibilité exaspérée de Frida et son imagination ardente la prédisposaient aux enthousiasmes socialistes. Elle devint l'élève d'Audotia, elle entra dans toutes ses idées d'anarchie, elle se fit apôtre à son tour, et bientôt, elle se sentit capable de tous les sacrifices, pour la cause de la grande révolution sociale.

Telle est la femme qui exerce une influence à peu près absolue sur l'esprit du jeune roi Hermann. Les conséquences de leur platonique amour ne se font pas attendre : c'est d'abord une révolution réprimée, non sans peine ; c'est ensuite une épouvantable et mystérieuse catastrophe, celle-là même dans laquelle disparut, il y a quelques années, le jeune Rodolphe de Habsbourg. M. Lemaître la raconte à sa façon, ou plutôt non, — car il est d'ordinaire mieux inspiré, — à la façon d'un romancier populaire.

Quelque ingénieuses que soient les combinaisons de M. Lemaître, elles ne produisent pas un effet aussi saisissant que la réalité historique. Un jour, les feuilles publiques annoncèrent la mort tragique et inexplicable de Rodolphe de Habsbourg. Y avait-il meurtre, suicide isolé ou suicide collectif ? Pourquoi la cour d'Autriche garda-t-elle un silence absolu ? Quel mystère de honte se cache-t-il dans ce drame ? Voilà une bien terrible énigme. Au lieu de cela, M. Lemaître nous explique un très banal exemple d'adultère, presque un fait-divers, avec de ces petits détails qui assaisonnent, depuis des années, toutes les histoires de brigands : « Le revolver luisait faiblement dans la demi-obscurité du salon, sur la table où l'avait posé Audotia Lataníef...

« Et vers la même heure, le prince Otto se glissait au rendez-vous. Le lendemain on lisait dans les journaux de Marbourg..... »

L'impression générale que laisse la lecture des *Rois* est au moins fort troublante. Sans doute, la politique, la psychologie moderne et la jalousie démocratique, peuvent avoir leurs raisons d'instituer une enquête sur l'état moral des cours européennes ; mais encore devraient-elles apporter, dans leurs procédés d'investigation, un peu plus de mesure. M. Lemaître raconte beaucoup de scandales incontestablement authentiques ; mais est-il bien sûr, malgré tout, d'avoir trouvé la juste proportion entre les vertus et les vices des cours contemporaines ? Avec la puissance formidable de la presse, les écarts d'un prince ou d'une princesse prennent tout de suite, dans l'opinion, une importance immense, et, pendant ce temps, les malheureuses et les vertueuses prient et pleurent en silence. Je doute fort, pour mon compte, que l'agaçante archiduchesse de M. Lemaître représente dignement et exactement, toutes les vertus féminines des familles royales d'Europe.

Il établit encore un rapport en quelque sorte mathématique, entre la décadence morale des cours et les progrès de l'idée républicaine : il me paraît se tromper un peu. Personne n'a jamais nié l'influence des mœurs d'un Louis XV sur le développement de la Révolution ; mais la chronologie et la logique ne marchent pas toujours d'accord. — Louis XV et son entourage provoquent des colères qui se déchaînent, contre qui ? contre Louis XVI et Mme Élisabeth. A l'heure présente il peut se trouver plusieurs Élisabeth dans les familles régnantes d'Europe. Il est fâcheux que le cœur de M. Lemaître ne lui ait pas inspiré le désir de peindre quelque fille de roi, pure, pieuse, vraiment fraternelle aux petits, très distinguée, malheureuse et résignée.

Enfin, il faut bien constater que le spirituel critique

manque parfois de gravité, dans l'exercice de ses fonctions judiciaires. Certes, la souplesse de son talent rend vraisemblables et presque naturels bien des changements d'attitude. Mais, jamais, non jamais, on ne se serait figuré le plus élégant des chroniqueurs, le plus sceptique des psychologues, transformé pour la circonstance, en Caton moderne et populaire. M. Lemaître s'exprime comme un apôtre, comme un martyr ; il joue de l'apostrophe et vibre. O dilettantisme, voilà de tes coups ! Et puis, on oublie sa haute mission ; le vieil homme reprend le dessus, et on se laisse aller à écrire des pages que réprouve la morale. Le prince Otto tient presque toujours des propos fort malhonnêtes, si malhonnêtes, qu'on ne saurait les transcrire ici.

Dépourvu de cette haute autorité morale dont il aurait besoin pour faire la leçon aux rois, M. Lemaître a-t-il au moins un coup d'œil politique qui lui permette de voir d'une vue nette la situation générale de l'Europe et de donner des conseils en conséquence ? Rendons-lui cette justice : il a mis beaucoup de crânerie dans son prophétisme. Tandis que d'autres écrivains prédisent d'ordinaire à de très longues échéances, il place bravement la réalisation de son rêve en 1900 : la plupart de ses lecteurs pourront vérifier ses dires, si toutefois ils s'en souviennent encore à cette époque. Mais, au fait, que nous annonce-t-il, M. Lemaître ? que l'Italie sera bientôt en République, que l'Angleterre l'imitera, que l'Espagne fera de même, et ainsi de suite pour les autres nations de l'Europe. Il nous apprend aussi que les rois perdent le sens de leurs devoirs et scandalisent souvent le commun des bourgeois.

Tout cela n'est pas bien neuf : il y a beau temps que les plus médiocres d'entre les journalistes n'osent plus intituler leur premier Paris : « les rois s'en vont ». Peut-être l'habitude de jouer avec les idées générales induit-elle nos publicistes à négliger la chronologie, peut-être prennent-ils l'état d'esprit parisien pour l'état d'esprit européen. En tout cas, s'ils ont tort ou raison, c'est ce que l'avenir montrera ; je n'ai pas à discuter leurs théories ni leurs prédictions, je constate seulement que M. Lemaître réédite par moments de vieux articles de journaux. Il s'en doute un peu, je suppose : il se rend fort bien compte qu'il ne nous a pas donné le pendant des *Soirées de Saint-Pétersbourg*.

Si du moins, les *Rois* constituaient une œuvre d'art supérieur, on pourrait pardonner à M. Jules Lemaître la faiblesse de sa morale et de sa politique. Mais il n'a rien créé. Eh quoi ? l'auteur des *Contemporains* essaie de donner la vie à ces documents, il mêle son esprit étincelant à des commérages ? Quelle erreur ! il ne fallait, ici, qu'un homme habile à manier les ciseaux. Le Roi géographe, sans doute, c'est Léopold II, le protecteur du Congo ; Hermann, c'est Rodolphe ; Otto ressemble au roi d'Orient dont les mésaventures ont provoqué tant de notes diplomatiques. Nous croyons reconnaître, sans peine, les autres souverains : Louis II de Bavière, le prince de Galles, la reine Christine, François-Joseph, etc. Les *Rois* ressemblent un peu trop à une mosaïque de reportages. En tous cas, si nous nous trompons, la faute en est à M. Lemaître; il nous incite, il nous force, pour ainsi dire, à chercher des clefs, à établir des ressemblances entre ses héros et les membres de toutes les familles royales d'Europe.

L'élément romanesque, qui s'étale un peu indiscrètement, ce me semble, cache mal le vide de l'action. M. Lemaître ne paraît pas avoir de grandes aptitudes comme romancier; ses descriptions manquent d'originalité et de vie, et dans ses dialogues il ne sait pas s'effacer derrière ses personnages. Le très spirituel critique est tombé à son tour dans ce poncif qu'il avait si vivement reproché à d'autres. Lisez, je vous prie, la confession de la princesse Wilhelmine, et voyez si elle est exempte de ces formules ultra-banales qui traînent dans tous les romans :

« Madame, dit le vieux Christian XVI à Wilhelmine, je suis votre père et votre roi ; j'attends votre confession. Domptée, elle dit d'une voix sourde :

— Eh bien oui, c'est moi qui l'ai tué (le prince Hermann, son mari).

— Oh ! malheureuse ! malheureuse !

— Oui, malheureuse. Car je l'aimais, et pour lui j'aurais donné mon sang. Je l'avais suivi à Lœwenbrünn, malgré lui !... Oh! quelle torture!... Je la sentais, cette fille, tout près... Si elle n'avait été que sa maîtresse, peut-être me serais-je résignée. Je savais quel est communément le sort des reines, qu'il n'y a guère parmi elles d'épouses heureuses, et que, trompées, il ne leur est pas permis, comme aux autres femmes, de se plaindre tout haut, ni de se venger, et puis j'avais tant demandé à Dieu de me délivrer de la jalousie! Un jour, un inconnu, — un émissaire d'Otto sans doute, — a remis pour moi un billet anonyme, qui me dénonçait le rendez-vous d'Hermann et de Mlle de Thalbergh et qui m'indiquait le moyen d'arriver jusqu'à eux. J'ai dit à Tauchnitz, un vieux serviteur dont je suis sûre, de m'attendre sur les huit heures du soir, au dehors des jardins, avec la voiture de service. A l'angle du parc d'Orsova, je suis descendue. J'ai suivi le mur, pendant quelques minutes, jusqu'à une poterne qui n'est fermée qu'au loquet. Je suis allée droit à la villa... La nuit était douce, et la porte du window était restée ouverte...Je les ais vus par le vitrage, elle et lui; et comme le salon était éclairé, ils ne pouvaient me voir. J'ai vu et entendu... J'ai entendu ce qu'elle disait à Hermann et ce qu'Hermann lui répondait. Je vous jure, sur mon salut éternel, que ce qu'elle me prenait, ce n'est pas seulement le cœur de mon mari, mais son honneur, et sa couronne, et celle de mon fils... Je suis entrée..., j'ai crié, je me souviens : « Ah ! misérable, misérable fille ! » Je l'ai traité, lui, de lâche et de déserteur. Je ne sais plus bien ce qu'elle a répondu... Elle s'était blottie contre lui et il l'entraînait vers la porte, en tournant sur moi des yeux pleins de terreur et de haine... J'ai compris que c'était fini, que si je les laissais partir, il ne reviendrait plus ; enfin que j'assistais au plus grand crime que puisse commettre un roi... Il fallait, il fallait empêcher cela... Ce que j'ai fait alors, comment l'ai-je pu faire ? Je l'ai fait cependant ; ces choses-là paraissent simples et nécessaires au moment où on les accomplit... Une arme s'est trouvée là... J'ai tiré sur eux au hasard ; ils étaient trop enlacés pour que je pusse choisir... C'est lui qui est tombé... après je suis partie. Je l'ai abandonné dans cette maison ; j'ai laissé, aux baisers de cette fille, le cadavre du prince héritier... J'ai rejoint Tauchnitz, au coin du parc, et je suis entrée, vers dix heures, à Lœwenbrünn. Je m'étais arrangée pour qu'on ignorât mon absence, et pour que mes femmes me crussent retirée dans ma chambre. Et maintenant, Sire, jugez-moi. »

Supposons que M. Lemaître ait oublié la page que je viens de citer ; on la lui met sous les yeux et on lui demande : De qui est cette page ? De quel roman a-t-on bien pu l'extraire ? M. Lemaître répondrait, sans doute : Je vois des poternes, un château isolé, un vieux serviteur dont on est sûr, un doux clair de lune, un coin de parc, etc., etc. Tout cela c'est l'appareil le

plus antique et le plus usé des romans les plus classiques. Je le reconnais pour l'avoir rencontré souvent dans
des œuvres dont je me moquais jadis. »

Les formules dramatiques et oratoires ne semblent
pas plus neuves que les descriptions : « Un jour, un
inconnu, un émissaire d'Otto sans doute... Je jure sur
mon salut éternel... Une arme s'est trouvée sous ma
main... »

D'où il est permis de conclure que si les *Rois* ont
obtenu un grand succès de curiosité, ils n'ont pas aug-
menté la gloire de M. Lemaître. Ses vrais amis regretteront qu'il n'ait pas consacré son temps à la littérature, oui, à cette littérature tant dédaignée à laquelle
on doit tout.

Maintenant, il est possible que le roman transformé
en vue de la scène ait plus d'agrément et de valeur ;
je ne saurais le dire. Mais l'accueil que la critique dramatique a fait récemment aux *Rois* n'est pas précisément des plus chaleureux.

Je viens de parler des vrais amis de M. Lemaître,
ou plutôt de ses sincères admirateurs. Dans l'intimité,
ils abandonnent sans trop de peine les *Rois* ; mais
pour peu qu'on les presse, ils se rattrapent volontiers
sur *Sérénus*. *Sérénus* ! cette « perle, ce chef-d'œuvre
du roman renaniste ! M. Lemaître triomphe dans ce
genre particulier qui tient de l'essai, de l'histoire et
de la fantaisie. *Sérénus* restera comme l'expression
la plus élevée de l'âme contemporaine. »

Et, d'abord, M. Lemaître intitule son petit travail :
Sérénus. Vous vous attendez, n'est-ce pas ? à lire
quelque chose de calme, de pur, d'élevé, de rassé-
rénant. C'est l'histoire la plus décevante, la plus
troublante, la plus désespérante que son auteur ait
pu imaginer. Cela me paraît ressembler infiniment

plus à une plaisanterie qu'à une surprise délicate.

Sérénus renferme aussi quelques considérations élevées et des études sur des âmes très pures et très religieuses. L'auteur les fait paraître dans un volume où se trouvent des histoires comme celles de *Garnoteau* et de la *Grosse Caisse*, histoires quelque peu scabreuses. M. Lemaître a commis là, non sans s'en douter un peu, une très grosse erreur de goût.

Il affirme, il est vrai, qu'il aime extrêmement ces sortes de mélanges (1) ; mais il sent tout de même ce qu'il y a de peu correct dans certains rapprochements.

Sérénus, c'est tout simplement l'histoire d'un pseudo-martyr. Un jeune patricien du temps de Néron a passé par toutes les crises intellectuelles et morales dont sont coutumiers les décadents de tous les pays et de tous les temps. Dégoûté de la philosophie, des richesses et des plaisirs, il se décide à se suicider, et se plonge dans le bain classique où périrent Lucain et tant d'autres avocats-poètes plus ou moins stoïciens. Mais voilà que Sérénus se sent revenir à la vie. Une voix douce murmure à son oreille des paroles d'encouragement : c'est la voix de sa sœur Séréna. On devine qu'elle est chrétienne. Après qu'elle a fait passer dans le cœur de son frère un peu du désir de vivre, elle le conduit à l'assemblée des chrétiens. Sérénus admire leur vertu et prend plaisir à leurs cérémonies ; mais il ne peut partager leur foi. Cependant, le prêtre Timothée

______

(1) « C'était exquis, ces conversations avec la religieuse, d'autant plus exquis que j'achevais alors un volume de critique mêlé de fantaisie, où je mettais le plus possible de renanisme, d'impressionnisme et de raillerie parisienne, à la fois ou tour à tour. Et souvent aussi, c'était après la lecture de quelque livre pervers que je me rendais à ces entrevues blanches. » (*La Mère Sainte-Agathe*, page 79.)

l'ayant mis dans l'obligation de devenir néophyte ou de quitter l'église, il se décide, quoique toujours incrédule au fond du cœur, à recevoir le baptême, et cela par sympathie pour les chrétiens, un peu aussi par point d'honneur et surtout, pour ne pas faire de la peine à sa très pieuse sœur Séréna. Bientôt une persécution s'élève qui atteint le sceptique Sérénus. Il ne proteste pas et se laisse conduire en prison, où il se suicide sans que les bourreaux ni même ses compagnons de lutte puissent soupçonner la cause et la nature de sa mort. Son corps obtient dans la suite les honneurs dus au martyre.

L'intérêt de cet essai ne gît nullement dans le dramatique du récit, ni dans la tentative de résurrection historique à laquelle s'est appliqué M. Lemaître. Il nous souvient tous d'avoir lu au collège, un délicieux roman chrétien appelé *Fabiola*, qui, à ce double point de vue, l'emporte de beaucoup sur *Sérénus*. M. Lemaître, qui, à tort ou à raison, se pique d'être au courant des choses cléricales, l'a lu sans doute dans son enfance. On peut s'étonner qu'il n'ait pas redouté une comparaison écrasante.

Un des principaux personnages du roman est le prêtre Timothée. Je ne sais trop pourquoi, en effet, M. Lemaître s'obstine à lui enlever son titre d'évêque :

« Un jour revint de Syrie, où il était allé visiter les Églises, un des chefs de la communauté de Rome, le prêtre Timothée, ancien esclave et d'origine africaine. Il était austère, désintéressé et croyait ardemment : fort ignorant du reste, parlant un mauvais grec, comprenant à peine le latin. Avec cela de brusques éclairs d'éloquence. Mais sa logique était étroite ; il connaissait mal les cœurs ; il ne comprenait rien aux nuances délicates du sentiment ou de la pensée ; son imagination était sombre, et son zèle avait quelque chose d'âpre et de farouche. Je vis clairement, par son exemple, les côtés fâcheux d'une foi trop absolue et trop militante, et ce qu'elle peut engendrer, chez certains esprits, de raideur désagréable, d'intolérance, presque d'inhumanité. »

Nul ne contestera que Timothée, disciple de saint Paul, ne fût un homme mortifié. Cependant on pourrait faire observer à M. Lemaître que cet évêque austère avait un mauvais estomac, et que sur les conseils ou plutôt les ordres de saint Paul, il buvait du vin : *Modico vino utere propter stomachum.* Loin de paraître rude et désagréable, il avait au contraire tous les charmes d'une gracieuse jeunesse, saint Paul le fait très clairement comprendre.

Ces détails n'ont pas une très grande importance ; mais ils contiennent la preuve implicite que M. Lemaître n'a pas lu les deux admirables épîtres adressées par saint Paul à Timothée. Car il est de toute évidence que M. Lemaître ne les a pas lues. Sans cela eût-il appuyé, comme il l'a fait, sur l'intolérance de son héros ?

« Le doux Callixte avait sagement permis au consul Clemens de prendre part extérieurement aux cérémonies de la religion romaine ; Timothée s'indigna de cette tolérance, dit qu'on ne pouvait servir deux maîtres, et remplit d'une telle terreur l'esprit un peu faible de Clemens, que le pauvre homme résigna subitement ses fonctions de consul, ce qui fut l'origine de sa perte. Après quelques avertissements, Timothée condamna à des pénitences publiques cette innocente Acté, parce qu'elle continuait à se farder, à porter des bijoux et à s'habiller avec trop de recherche. La bonne créature me raconta un jour, en versant des torrents de larmes, comme il l'avait traitée durement... » En vérité, si

Timothée avait un zèle âpre et farouche, saint Paul
nous a bien mal renseignés. « Pour toi, écrivait l'apôtre
des Gentils à son disciple bien-aimé, tu as suivi de
près mon enseignement..., ma douceur, ma charité...,
Je t'en conjure, devant Dieu et devant Jésus-Christ
qui doit juger les vivants et les morts, et au nom de
son apparition et de son royaume... exhorte avec toute
douceur (1). »

Timothée avait-il l'esprit aussi étroit que le prétend
M. Lemaître ? Il paraît que non, puisque saint Paul
lui disait encore : « Comprends ce que je dis, car
le Seigneur te donnera de l'intelligence en toutes
choses (2). » Non seulement ce disciple chéri de saint
Paul était intelligent, mais il s'occupait de science.
« Jusqu'à ce que je vienne, applique-toi à la lecture, à
l'exhortation, à l'enseignement. Ne néglige pas le don
qui est en toi et qui t'a été donné par prophétie, avec
l'imposition des mains... Occupe-toi de ces choses,
donne-toi tout entier à elles, afin que tes progrès soient
évidents pour tous (3). »

Toutefois, M. Jules Lemaître a raison de ne pas lire
les épîtres à Timothée, en ce sens qu'il serait peut-
être tenté de se décourager. Celui que Musset appelle
avec une sorte de crainte respectueuse, je crois, le
grand saint Paul, trouve des mots terribles contre le dilettantisme : « O Timothée, garde le dépôt en évitant les
discours malsains et profanes et les disputes de la fausse
science dont font profession quelques-uns (4). » Ne plus
chercher de jolis mots, ne plus renaniser ! mais alors
que deviendraient les chroniqueurs ? Évidemment saint

(1) II° à Timothée, III-IV.
(2) II° à Timothée, II, 7.
(3) I° à Timothée, IV, 13.
(4) I° à Timothée, VI, 20.

Paul est gênant ; il vaut mieux ne pas le lire et portraicturer Timothée à sa guise, en faire une sorte de pendant du bon et inepte abbé Constantin, c'est-à-dire un vieillard inintelligent et grincheux.

Tout ceci cependant n'est encore que l'accessoire. M. Jules Lemaître a cru formuler dans *Sérénus*, sa profession de foi théologique ; mais, au lieu de faire appel à un vicaire savoyard, il s'exprime par la bouche d'un Romain de la décadence. En dix pages, il juge le christianisme et le condamne, ou à peu près. Notez bien que, sur ces dix pages, deux ou trois au moins sont consacrées à des observations, en quelque sorte, enfantines.

« J'éprouvais tantôt un sentiment de mauvaise humeur, tantôt un méchant plaisir à surprendre, chez les chrétiens, ces faiblesses humaines, qu'à d'autres moments je leur reprochais d'avoir voulu dépouiller. Le consul Clemens, dans cette société de frères égaux devant Dieu, était traité avec des honneurs particuliers et y prenait plaisir. Les esclaves étaient aux derniers rangs. Il y avait, entre les femmes, des rivalités pour la préparation des agapes ou l'entretien des vêtements sacerdotaux. »

Ces sortes de choses frappent plus M. Lemaître que le dogme de l'Incarnation. Après cela, que reste-t-il pour les considérations sérieuses ? Peu de chose. M. Jules Lemaître, qui sait composer des séries de chroniques sur la foire au pain d'épice, sur les chansons de café-concert et autres sujets de ce genre, M. Lemaître a épuisé toute sa science théologique en une conversation de quelques minutes. Je sais bien qu'il est trop sceptique pour se considérer comme un conducteur d'âmes ; mais il a conscience de sa notoriété, de son influence sur un grand nombre de lecteurs et particulièrement de jeunes gens. A-t-il bien le droit de soulever devant eux d'aussi graves questions, n'y étant peut-être pas assez préparé ? Je ne le pense pas, et ce moqueur me paraît encourir, d'un cœur léger, de lourdes responsabilités morales.

M. Lemaître ne peut pas accepter le dogme de l'Eucharistie. C'est qu'il n'a sans doute pas assez médité sur les paroles de saint Jean : « Pour nous, nous croyons à l'amour immense, à tout l'amour que Dieu a pour sa créature. » Toujours par l'organe de Sérénus, l'auteur des *Contemporains* juge agaçante, la sécurité intellectuelle dans laquelle vivent les chrétiens : « Et alors j'étais choqué que ces saints fussent si sûrs de tant de choses, et de choses si merveilleuses, quand j'avais, moi, tant cherché sans trouver, tant douté dans ma vie, et mis finalement mon orgueil dans mon incroyance. »

M. Lemaître se trompe s'il croit que les chrétiens ont si fort confiance en eux-mêmes : ils ont conscience, eux aussi, de la faiblesse de leur propre raison ; mais ils pensent, en même temps, que Dieu, tenant compte de cette faiblesse, n'a pu l'abandonner à elle-même, qu'il lui a donné un guide, l'Église, et ils s'en rapportent à l'Église, et ils acceptent l'intégralité de son enseignement.

Mais le grand grief de M. Lemaître, contre les chrétiens, le voici : « Je les trouve, dit-il, par trop simples, fermés aux impressions artistiques et inélégants. » Inélégants, les chrétiens ! En vérité, M. Lemaître met trop souvent en pratique la célèbre théorie des opinions successives : deux pages plus loin, il écrira ce qui suit :

« Là surtout, j'ai connu *la grâce plus qu'humaine*, la douceur et la pureté de Séréna. Toutes les vertus qui, chez les autres chrétiens, me paraissaient tantôt unies à trop de rudesse et à une simplicité d'esprit excessive, tantôt gâtées par l'attente trop sûre d'une récompense ou par l'intolérance qui accompagne les croyances absolues, ces vertus semblaient, chez Séréna, les fruits naturels d'une âme exquise et vraiment divine. »

Certes, cela est bien dit; mais comment se fait-il que nos écrivains contemporains, même les plus incrédules, finissent, tous ou presque tous, par s'éprendre d'une noble passion pour les chrétiennes croyantes et pures ? Ils pourraient, ce semble, et, d'après leurs principes, ils devraient peindre des jeunes filles panthéistes, des femmes renanistes, des martyres éprises de modernité. Mais il paraît que tous ces systèmes ne conviennent qu'aux forçats de la plume, aux familiers des alcazars, aux électeurs amis ou contempteurs de M. Homais. Les êtres purs, les immaculés, dont la beauté morale suffirait à expliquer la raison d'être du monde, demandent leur lumière et leur force au Jésus du Calvaire et de l'Eucharistie. Si l'orgueil ne constituait pas l'essence même du dilettantisme, on pourrait dire aux plus délicats de ses représentants : Essayez d'un seul acte d'humilité, d'un seul prosternement de votre âme, et vous verrez ce que pèsent les objections de votre scepticisme. Car enfin, pour arriver à la vérité religieuse, le cœur pur d'une vierge comme Séréna est un guide plus sûr que l'esprit, fécond en contradictions élégantes, du plus spirituel des chroniqueurs.

Il convient d'ajouter cependant que M. Lemaître exprime ensuite, en toute liberté, son admiration pour le christianisme, quitte à atténuer par des plaisanteries l'impression produite sur l'esprit du lecteur.

« Toutes les vertus que les philosophes avaient déjà connues et prêchées m'apparaissaient chez les disciples de Christus, transformées par un sentiment nouveau, l'amour d'un Dieu homme et d'un Dieu crucifié, amour sensible, ardent, plein de larmes, de confiance, de tendresse et d'espoir. Évidemment, ni les forces naturelles personnifiées, ni le Dieu abstrait des stoïciens n'ont jamais inspiré rien de pareil.

« Et cet amour de Dieu, source et commencement des autres vertus chrétiennes, leur communiquait une pureté, une douceur, une onction et comme un parfum que je n'avais pas encore respiré. »

M. Lemaître dit ailleurs : « En dépit de ces menues faiblesses, les belles et bonnes âmes que j'ai rencontrées là (chez les chrétiens)! Et quelle foi animait ce petit troupeau ! »

De tels aveux sont précieux à recueillir; ils nous touchent d'autant plus qu'ils renferment, sans doute, des allusions précises. M. Lemaître n'est pas sans avoir connu quelque Séréna, parmi les Françaises contemporaines, humble et distinguée, partageant sa vie entre la prière et les œuvres charitables. Il reconnaît, ainsi, la supériorité morale des chrétiens de nos jours.

L'auteur des *Contemporains* fut élevé, je crois, par des ecclésiastiques. Il paraît leur conserver une certaine gratitude, encore qu'il la leur témoigne, trop souvent, par de cruelles railleries. Chanoines, dominicains, simples curés, ont senti les effets redoutables de son inquiétante sympathie. Mais le cœur humain a des mystères ; l'âme de M. Lemaître garde peut-être, dans l'un de ses replis, une reconnaissance respectueuse et profonde, pour quelqu'un de ses vieux professeurs. Je suppose donc que ce professeur vienne trouver M. Lemaître et lui parle avec la familiarité d'autrefois :

« Tu voulais, mon cher enfant, avoir du succès, une situation, quelque chose qui ressemble à la gloire ; tu as tenu compte des beaux esprits, tu as eu peur de leur mauvais sourire, tu as fini par penser presque comme eux ; mais ne revenons pas sur le passé. Puisque te voilà indépendant, aie du moins le courage de ne pas railler ce que ton cœur aimait, qu'il aime encore. Ne ridiculise pas la chasteté, n'attire pas l'attention sur les ombres très légères que forment parfois les plis des robes les plus blanches ; respecte la foi. Enfin prends garde de ne pas trop négliger ces classiques que nous t'avons appris à lire, car malgré tout, nous avons souci de la gloire ; nous souhaitons qu'elle soit grande et durable. »

Si M. Lemaître n'était pas devenu un puissant mandarin qu'on aborde difficilement, j'oserais lui dire :

« Que répondriez-vous à votre vieux professeur ? »

LE « LOURDES »

DE M. ZOLA

C'est un principe reçu dans le monde de la critique littéraire que, pour avoir le droit de juger un écrivain, il faut avoir lu toutes ou presque toutes ses œuvres. Au risque de scandaliser les hommes du métier et quelques autres, je dois avouer que je ne remplis nullement cette condition, en ce qui concerne M. Zola. De ses livres, je ne connais rien, sinon quelques pages du *Rêve*. Les bonnes âmes sont persuadées que ce roman est imprégné d'idéalisme ; sur leur recommandation, j'entrepris, un jour, la lecture de cette œuvre réputée mystique ; elle me parut grossièrement médicale et ennuyeuse : je ne pus aller jusqu'à la fin du volume.

Les chrétiens ne peuvent pas se désintéresser aussi facilement de *Lourdes*. M. Zola soulève, ici, toutes sortes de graves questions ; il met en cause des êtres qui nous sont chers ou des personnes qui portent un costume religieux. Il faut bien que quelques-uns étudient ce livre étrange, pour renseigner le plus grand nombre, et le dispenser d'une lecture peu nécessaire.

Le *Lourdes* de M. Zola est un volume compact, où il a fait entrer les éléments les plus disparates. On y trouve une thèse philosophique, un cours de médecine

assez détaillé, un essai historique, un roman, une
vaste satire qui se présente souvent sous forme de
vaudeville, quelques fragments épiques, des aperçus
sur le mouvement néo-mystique, un recueil d'insupportables commérages. Çà et là, s'offrent quelques
tableaux exquis ; ailleurs, on rencontre des pages
abominables, d'un cynisme inconscient et tranquille,
car M. Zola paraît n'avoir de parti pris que sur un
certain nombre de points ; il s'applique à tout voir,
puis à tout dire. Malheureusement, il ne comprend rien,
absolument rien, à l'essentiel de son sujet ; son livre
est un monument d'inintelligence. Un mathématicien
demandait un jour ce que prouve *Athalie* ; M. Zola a
entrepris son trop fameux pèlerinage et fait son enquête avec des dispositions analogues. Sa méthode
est encore pire ; il l'a empruntée aux sciences expéri-
mentales. L'auteur du *Ventre de Paris*, devant la Grotte,
produit un effet des plus étranges ; on dirait Gargan-
tua devant une toile de Fra Angelico.

Il y a seulement quinze ans, personne parmi les incrédules n'eût songé à établir une thèse contre Lourdes ;
le dédain suffisait. Aujourd'hui, les esprits forts sentent
le besoin de prouver aux autres et de se prouver à eux-
mêmes, la non-authenticité des miracles, soit que les
faits aient pris plus d'importance dans l'opinion générale, soit que la science ait appris à parler sur un
ton plus modeste. Par son nouveau roman, M. Zola
atteste cet état de choses avec éclat ; il était bon de le
constater.

La thèse qu'il soutient peut se réduire à ceci : tous
les faits dits miraculeux qui se passent à Lourdes, s'expliquent naturellement, sans qu'il soit nécessaire de
recourir à l'intervention directe de la puissance divine.
En effet, M. Zola résume l'histoire des principaux mira-

cles que tout le monde connaît ; mais il se donne le tort de parler en juge d'instruction ; il coupe son récit de remarques, dans le but évident de faire ressortir ou les illusions ou la mauvaise foi des miraculés. Écoutez la petite Sophie Couteau, dont le cas est parfaitement authentique, car, sous le nom de Sophie Couteau, M. Zola désigne Mlle Clémentine Trouvé :

« Alors, comme ça, mon pied était perdu ; je ne pouvais seulement plus me rendre à l'église, et il fallait toujours l'envelopper dans du linge, parce qu'il coulait des choses qui n'étaient guère propres... ».

« Monsieur Rivoire, le médecin, qui avait fait une coupure pour voir dedans, disait qu'il serait forcé d'enlever un morceau de l'os : ce qui m'aurait sûrement rendue boiteuse... Et alors, après avoir bien prié la Sainte Vierge, je suis allée tremper mon pied dans l'eau, avec une si bonne envie de guérir, que je n'ai pas même pris le temps d'enlever le linge... Et alors tout est resté dans l'eau ; mon pied n'avait plus rien du tout quand je l'ai sorti.... A Vivonne, quand Monsieur Rivoire a revu mon pied, il a dit : « Que ce soit le bon Dieu ou « le diable qui ait guéri cette enfant, ça m'est égal ; « mais la vérité est qu'elle est guérie. » Cette fois, des rires éclatèrent. Elle récitait trop, ayant tant de fois répété son histoire qu'elle la savait par cœur. Le mot du médecin était d'un effet sûr ; elle en riait elle-même d'avance, certaine qu'on allait rire. »

Le procédé de M. Zola est aussi d'un effet sûr ; mais il se laisse trop voir. On comprend tout de suite que l'écrivain veut détourner l'attention du lecteur, sur le talent de mimique et la bonne grâce de Sophie Couteau. Toutefois, ne se sentant qu'à demi rassuré, il ne craint pas d'entrer lui-même en scène, et d'interpréter, à sa manière, le cas de la jeune Sophie. « Elle ne montait pas, décidément ; il soupçonnait seulement, en elle, une simple déformation de la vérité, un embellissement bien explicable, dans sa joie d'avoir été soulagée et d'être devenue une petite personne d'importance. Qui savait maintenant si la prétendue cicatrisation instantanée, complète en quelques secondes, n'avait pas mis des jours à se produire ? Où étaient les témoins ? »

Ceci n'est plus de l'histoire, c'est un commentaire à tendances regrettables, et peu flatteur, du reste, pour une certaine catégorie de lecteurs. Est-ce que les hommes de science, pour lesquels écrit M. Zola, ont besoin de ces sortes d'explications ?

Parmi les miracles, le pèlerin du réalisme en choisit un qu'il croit topique, et il en fait la base de son argumentation. Marie de Guersaint, l'héroïne du récit, souffre, depuis sept ans, d'un mal mystérieux qui la réduit à vivre dans un appareil. « Les deux médecins qui avaient soigné la malade anciennement, l'un croyant à une rupture des ligaments larges, l'autre diagnostiquant une paralysie due à une lésion de la moelle, avaient fini par tomber d'accord sur cette paralysie, tous les symptômes y étaient ; le cas leur semblait si évident, qu'ils n'avaient point hésité à signer des certificats presque conformes, d'une affirmation décisive. Un troisième médecin, le jeune Beauclair, après avoir longuement considéré Marie, s'était inquiété de ses ascendants..... Il s'était écrié qu'il fallait la mener à Lourdes ; qu'elle y serait certainement guérie, si elle était certaine de l'être. Même il annonçait comment se produirait le miracle, en coup de foudre, dans un réveil, une exaltation de tout l'être, tandis que le mal, ce mauvais poids diabolique qui étouffait la jeune fille, remonterait une dernière fois et s'échapperait, comme s'il lui sortait par la bouche. »

La prédiction du jeune Beauclair se réalise de point
en point : Marie de Guersaint se croit guérie miraculeu-
sement ; en réalité, elle confirme une fois de plus les
théories scientifiques de M. Charcot. Ainsi tout s'explique naturellement, aux yeux de M. Zola.

J'ignore ce que vaut la consultation du jeune médecin ; mais elle n'exige pas, de ceux qui l'acceptent, un
acte de foi moindre que le plus étonnant des miracles.
Elle rappelle le classique diagnostic du médecin de
Molière. Le Beauclair de M. Zola ne dit pas : Et
voilà pourquoi votre fille est muette ; mais il trouve
une formule qui doit être très jolie, car on nous la
répète à satiété : « Un poids énorme lui remontait du
ventre à la gorge. Seulement, cette fois, il ne s'arrêta
pas, il jaillit de sa bouche ouverte. » Pourrait-on imaginer un plus puissant procédé de simplification ? Le
mal est dans les entrailles, il va sortir par la bouche
ouverte, il sort, il est sorti. Et dire que, par milliers,
les lecteurs de M. Zola se contenteront de cette formule ! Ils se persuaderont qu'ils comprennent toutes
choses, puis ils prendront en pitié, les esprits faibles
qui préfèrent recourir au surnaturel.

En fait, la thèse de M. Zola ne tient pas debout ;
mais quelques arguments qu'il laisse échapper, prouveraient plutôt en faveur de Lourdes. Je m'étonne qu'il
ne s'en soit pas aperçu, lui qui fait preuve, par
ailleurs, d'une incontestable habileté. Ce qu'il dit du
cas d'Élise Rouquet mérite d'être lu avec attention :

« C'était un lupus qui avait envahi le nez et la
bouche, peu à peu grandi là, une ulcération lente
s'étalant sans cesse sous les croûtes dévorant les mu-
queuses.

« La tête, allongée en museau de chien, avec ses
cheveux rudes et ses gros yeux ronds, était devenue

affreuse. Maintenant, les cartilages du nez se trouvaient presque mangés ; la bouche s'était rétractée,
tirée à gauche par l'enflure de la lèvre supérieure,
pareille à une fente oblique, immonde et sans forme.
Une sueur de sang, mêlée à du pus, coulait de l'énorme
plaie livide. »

Élise Rouquet s'en revint de Lourdes, guérie :
l'horrible lupus avait disparu. Le fait est prodigieux,
et M. Zola ne paraît pas le moins du monde mettre en
doute son authenticité ; mais aussi l'explication scientifique qu'il en donne est ridiculement insignifiante ; ce
monstrueux lupus résulterait d'une maladie des nerfs
de la peau, ce qui est possible après tout. Seulement, je
voudrais bien savoir quel sens M. Zola attache ici à ce
mot magique, nerfs : croit-il donc avoir dit quelque
chose ? Non, il a simplement constaté un fait très
étonnant qu'il ne comprend pas. Pourquoi ne pas l'a-
vouer ? En lisant ce très curieux récit, un incrédule non
prévenu et tant soit peu attentif ne manquera pas de se
dire : « Décidément, cette grotte de Lourdes a quelque
chose de bien extraordinaire ; Zola, qui se proposait de
détruire son prestige, pourrait bien l'avoir fortifié. Je
ne croyais pas qu'elle fût le théâtre d'aussi merveilleuses guérisons ; Zola explique l'inexplicable ; il aurait
dû se montrer plus habile. »

Cependant, sur cette question des miracles, M. Zola
semble s'être rapproché un moment de la vérité vraie.
Il a eu la sincérité d'établir une distinction entre les
enthousiastes prompts aux illusions faciles, qui voient
partout des miracles, et les esprits calmes qui tâchent
de discerner ce qu'il y a d'authentique, d'incontestable,
de définitivement prouvé, dans les récits de guérisons.
Son docteur Chassaigne, dans lequel on peut reconnaître quelques traits du docteur de Saint-Maclou, sou-

tient avec assez de vigueur la thèse des catholiques, qui appliquent à Lourdes la célèbre maxime : *fides quærens intellectum.*

« Vous demandez des certitudes : ce n'est sûrement pas la médecine qui vous les donnera. Écoutez un instant ces Messieurs, et vous serez édifié. N'est-ce pas beau, une si parfaite confusion, où tous les avis se heurtent ? Certes, il est des maladies que l'on connaît admirablement, jusque dans les plus petites phases de leur évolution ; il est des remèdes dont on a étudié les effets avec le soin le plus scrupuleux ; mais ce qu'on ne sait pas, ce qu'on ne peut savoir, c'est la relation du remède au malade, car autant de malades, autant de cas, et chaque fois l'expérience recommence. Et alors comprenez donc que les gens qui viennent discuter ici me font rire, quand ils parlent au nom des lois absolues de la science. Où sont-elles, ces lois, en médecine ? Qu'on me les montre... Sans doute les choses sont fort mal organisées. Ces certificats de médecins qu'on ne connaît pas, n'ont aucune valeur sérieuse. Il faudrait un contrôle des documents, très sévère. Mais admettez une rigueur scientifique absolue : vous êtes bien naïf, mon cher enfant, si vous croyez que la conviction se ferait éclatante pour tous. »

Il parle en homme sage, le docteur Chassaigne. Aussi, M. Zola craint-il d'avoir fait trop de concessions aux croyants, et bien vite, par l'intermédiaire de son triste abbé Pierre, il développe l'antithèse rationaliste. Seulement, il émet une opinion qui me paraît grosse de conséquences : « Et de tout cela sortait évidente l'impossibilité de prouver que le miracle était ou n'était pas. »

Ainsi donc, les rationalistes se déclarent impuissants à prouver la non-existence du miracle. Mais c'est très

grave cela ! Ces hommes qui ont confiance en leur raison, qui croient à la science, qui basent toutes leurs
certitudes sur l'observation physique et l'expérience,
qui vantent les progrès de la chirurgie et d'une certaine école de médecine, qui ont toute permission pour
vérifier les dires des pèlerins, ces hommes se reconnaissent incapables de prouver que le miracle n'est
pas. Ils sont même si peu sûrs de leur étrange opinion,
qu'ils se réservent une porte de sortie : ils formulent
une explication générale et anticipée de tous les cas
étonnants qui pourraient se produire. « Dès ce moment,
ajoute M. Zola, le miracle ne devenait-il pas une réalité pour le plus grand nombre, pour tous ceux qui
souffraient et qui avaient besoin d'espoir ? »

Mais alors, où gît, je vous prie, la supériorité de la
science, ou plutôt la supériorité de votre science, sur
la foi ? Ceux qui croient ont, d'après vous, autant de
chances d'être dans le vrai que le plus rigoureux positi-
viste, et ils gardent une fenêtre ouverte sur l'infini ;
ils trouvent dans la prière une consolation et une
force, ils font acte de très sage humilité, ils commu-
nient avec les humbles à l'amour divin... et ils peuvent
bénéficier d'un miracle.

Afin de donner plus de piquant à ses récits, M. Zola
a choisi pour héros un prêtre qui n'a pas la foi, l'abbé
Pierre Froment. Il nous donne cet ecclésiastique comme
un intellectuel. Mais, à en juger par ce portrait, il ne
semble pas que M. Zola se fasse une idée très nette de
l'intellectuel. M. Pierre Froment ne doute pas seulement des miracles de Lourdes, il ne croit à rien, il est
radicalement rationaliste. Or, il va à Lourdes chercher
des preuves de la divinité de la religion. Cette conception a quelque chose d'enfantin. M. Zola est persuadé
que la plus grande preuve que les chrétiens aient à

faire valoir en faveur de la divinité de la religion réside dans l'histoire miraculeuse de Lourdes. Certes, cette histoire a sa valeur ; mais elle n'est pas encore entrée dans l'apologétique classique. M. Zola confond deux choses d'une très inégale importance : le doute partiel sur Lourdes et le doute général qui englobe toutes les vérités religieuses. Si son abbé Pierre Froment n'était pas un ignorant et un penseur médiocre, jamais il ne ferait dépendre sa foi de la constatation d'un miracle. Quand un prêtre instruit « voit ces difficultés auxquelles succombent les esprits forts », il a recours, pour se prémunir contre le doute, aux Prophètes, aux Évangiles, à saint Paul, à saint Augustin, à Bossuet ou à d'autres grands maîtres ; puis il prie humblement ce Dieu de vérité, qu'invoquait Mabillon sur son lit de mort. Cette méthode est plus sûre, plus facile, plus scientifique qu'une enquête médicale sur Lourdes. Du reste, le prêtre dont nous parlons ne se privera pas de faire un pèlerinage à la grotte. Il aura toutefois d'autres pensées et d'autres sentiments que l'abbé de M. Zola. Voir un miracle bien authentique est chose enviable, assurément ; mais un prêtre s'appliquera de préférence à se mettre à l'unisson de toutes les belles et nobles âmes qui viennent, de tous les points du monde, chercher aux pieds de Marie Immaculée la lumière, la paix, la force qui est nécessaire pour les luttes obscures et douloureuses de la vie chrétienne.

On peut demander enfin à M. Zola s'il connaît bien le clergé. Il juge les ecclésiastiques à leur taille, à leur état de santé, à leur extérieur ; il en a vu de grands et de petits, de gras et de maigres ; quelques-uns portaient un costume négligé ; d'autres se faisaient remarquer par leur élégance. Voilà ce qui nous renseigne exactement sur la valeur du clergé contemporain. D'autre part, si nous résumons les indications psychologiques fournies par M. Zola, nous n'avons pas à lui témoigner une bien grande reconnaissance. Chez quelques-uns de ses types ecclésiastiques, l'égoïsme le dispute à l'imbécillité ; d'autres, comme l'abbé des Hermoises, représentent le dernier degré de l'abjection : les curés de campagne qui viennent à Lourdes par piété sont à peine indiqués, à côté des prêtres qui, d'après M. Zola, font leur pèlerinage par pure politique. Les religieux ont à se partager quelques éloges d'un goût douteux et une quantité considérable d'injures. Seuls, les prêtres incrédules donnent l'exemple de toutes les vertus.

Qu'a donc fait le clergé de France à M. Zola ? Les journaux ont assez dit l'accueil sympathique, trop sympathique, qu'il reçut à Lourdes. L'auteur des *Rougon-Maquart* a répondu à ces procédés par une galerie de portraits, dignes du fameux Courbet. Jamais peut-être l'Église de France ne fut attaquée avec autant de perfidie. On a vu M. Zola s'introduire dans le sanctuaire avec un air bénin, bénin. Il a marché, dit-on, derrière le Saint-Sacrement à côté des brancardiers, à la grande joie des pèlerins qui le croyaient converti, et tout cela, pour prendre les croquis qui ont servi à ses horribles caricatures.

Une telle conduite n'est pas d'un homme scrupuleux, et elle contraste avec les airs d'impartialité que se donne M. Zola.

Dans cette foule de prêtres et de religieux qui se presse autour de la grotte, l'auteur de Lourdes a découvert, cependant, un héros sympathique, le frère Isidore qui, après avoir contracté en Afrique une maladie incurable, vient expirer devant la grotte.

Croyez-vous que M. Zola cherche à scruter la profondeur de son dévouement, à pénétrer dans ses rêves mystiques, à nous décrire ses luttes, ses regrets, ses alternatives d'espoir et de découragement ? Il n'a garde. De cet héroïque et jeune missionnaire, il ne voit guère que le teint jaunâtre, le regard fixe, les traits grossiers, un instant illuminés par la foi. Le tableau n'est pas à dédaigner, nous en verrons tout à l'heure le beau côté, mais on aurait le droit de demander davantage.

En revanche, la prétendue science de l'abbé Pierre Froment, son amour, ses mérites occupent un très grand nombre de pages. L'âme du prêtre tombé au doute est fouillée dans tous les sens, étalée, embellie. La psychologie du jeune martyr, victime volontaire de sa foi — et aussi de son patriotisme, ne l'oublions pas, — M. Zola, c'est peut-être son excuse, l'ignore profondément. D'ailleurs, le portrait de l'abbé Pierre Froment, même au point de vue rationaliste, laisse beaucoup à désirer. J'imagine que si M. Renan vivait encore, il ne manquerait pas de railler M. Zola. Vous faites de votre héros, lui dirait-il, une sorte de sacris- tain automate ; vous lui prêtez des arguments théo- logiques, empruntés au répertoire des commis-voya- geurs, et vous n'établissez pas nettement sa situation. Sans doute, il refuse tout avancement, mais cette déter- mination, vous l'expliquez par des motifs d'un ordre peu élevé. Vous auriez dû, tout au moins, prêter à l'abbé Pierre Froment un profond sentiment religieux, en faire un conseiller, un directeur d'âmes, cherchant la vérité morale sous le symbole. Je ne vois, dans votre livre, qu'un spectateur passif, indifférent à tout ce qui est suprasensible.

Un roman se mêle, non sans quelque embarras, à la thèse médicale qui constitue le fond de *Lourdes*.

L'abbé Pierre Froment, le sceptique, aime d'un amour idéal, mais tourmenté, et parfois inquiétant, la

pieuse et pure miraculée, Marie de Guersaint. M. Zola
touche ici, de ses grosses mains de matérialiste, un fait
psychologique bien délicat. Nous avons tous lu avec
édification, l'histoire de sainte Chantal et de saint François de Sales ; nous en conservons un souvenir atten-
dri. L'abbé Pierre Froment, qui pense comme M. Zola,
fait dans cet essai très malheureux de roman idéaliste,
une étrange figure ! Il nous révolte... Mais il n'est pas
possible d'insister.

Avec un luxe de détails plus ou moins historiques et
une quantité considérable de documents empruntés
aux cours de Charcot, M. Zola essaie d'élucider le « cas
de Bernadette ». Il appelle la voyante une « irrégulière
de l'hystérie ». N'est-il pas acquis aujourd'hui que certaines dégénérées, les enfantines, frappées d'un rêve,
d'une hallucination, d'une imagination quelconque, ne
peuvent s'en dégager, surtout lorsqu'elles sont mainte-
nues dans le milieu où le phénomène s'est produit ?
« Bernadette cloîtrée, Bernadette ne vivant qu'avec son
idée fixe, s'y entêtait naturellement. »

On dit qu'avant d'écrire son *Lourdes*, M. Zola s'est fait
un devoir de lire beaucoup de livres de médecine, ce qui
est assez vraisemblable. Toutefois, si sa compétence
en médecine égale l'exactitude de ses renseignements
historiques, nous ferons sagement de nous défier. Il
raconte, par exemple, sur le village de Bartrès, où s'est
écoulée l'enfance de Bernadette, toutes sortes d'histoires assez curieuses. D'après lui, Bernadette passait
les longues soirées d'hiver à écouter, dans l'église, des
conversations édifiantes, et, elle avait l'habitude de contempler les peintures pieuses de l'autel. Or, le conseil
municipal de Bartrès vient d'opposer un démenti catégorique à cette double affirmation de M. Zola. Jamais
les réunions dont il parle n'ont eu lieu ; quant aux

belles images de l'autel, elles n'ont existé que dans son imagination de romancier. Joignez que les faits cités par M. Zola, même s'ils étaient authentiques, ne prouveraient que faiblement ses dires. En tout cas, puisqu'il prétendait fournir un exemple très curieux d'auto-suggestion, il ne devait pas négliger dans son enquête, ce qu'il y avait de plus important. Pas un instant M. Zola n'a songé à étudier les caractères intrinsèques d'authenticité que peuvent offrir les faits historiques considérés en eux-mêmes, ou les paroles que Bernadette attribue à l'Immaculée Conception.

Ces paroles dépassent de beaucoup l'esprit d'une pastourelle : M. Zola n'a pas remarqué leur beauté ni leur intonation céleste. Pesez tous les mots ; ils sont inattaquables, ils sont nécessaires, ils constituent un tout merveilleux. Une enfant hallucinée n'était pas capable de les trouver d'abord, puis de se borner ainsi ; elle eût développé, embelli, gâté les simples et grandes et théologiques déclarations de Marie Immaculée. Les silences et les sourires de l'apparition commentent merveilleusement ses paroles et ajoutent à leur caractère d'authenticité.

Quand Bernadette pose des questions par trop naïves, l'Immaculée ne répond pas. Il y a plus : si Bernadette n'eût pas été inspirée du ciel, elle aurait eu, pour ainsi dire, un don de seconde vue, un don de prophétie vraiment prodigieux. Elle demandait une église ; sur le rocher de Massabielle se dresse une basilique éclatante de blancheur ; elle voulait des pèlerinages, chacun sait comment son vœu a été exaucé ; elle découvrit une source à laquelle sont venus se laver les représentants de toutes les nations. Quel génie politique avait donc Bernadette, ou même, comme le prétendent les aigrefins, l'inspirateur de Bernadette ? Elle a demandé ou prédit tout ce qui est arrivé, mais elle n'a demandé ou prédit que ce qui est arrivé, et cela contre les règles les plus élémentaires de la vraisemblance.

Dernière particularité, dont M. Zola est ému plus qu'il ne veut le paraître : la Sainte Vierge emploie la formule la plus abstraite qui puisse se trouver : « Je suis, dit-elle, l'Immaculée Conception. » J'ignore si le mot Immaculée Conception, au sens abstrait, au sens où l'employait Bernadette, était usité, à cette époque, dans la chrétienté, et particulièrement dans les paroisses pyrénéennes. *A priori* le fait paraît peu probable. Lorsqu'un orateur chrétien s'efforce d'expliquer et de vulgariser un dogme, il n'emploie pas d'ordinaire les mots abstraits. Mais enfin, admettons que Bernadette ait entendu plusieurs fois une formule théologique équivalente à la parole célèbre : « Je suis l'Immaculée Conception », il n'est pas du tout naturel que son esprit se soit attaché, de préférence, à une expression qu'elle ne comprenait pas intégralement, difficile à retenir, plus difficile encore à intercaler à propos dans son miraculeux récit. Une enfant ne sachant pas lire eût évité ce mot.

Reste la fâcheuse et dernière hypothèse, devant laquelle recule M. Zola, non sans avoir préalablement hésité, l'hypothèse d'un prêtre soufflant un rôle à une inconsciente. Mais ce prêtre n'était pas M. Peyramale, puisqu'il ne connaissait pas Bernadette. M. Zola n'ose pas attribuer explicitement à M. l'abbé Ader ce rôle de magnétiseur à distance, mais il en a un grand désir. Est-ce que l'abbé Ader aurait eu la maladresse d'insinuer à une ignorante qu'il n'allait plus revoir, des mots savants, des mots abstraits, dans l'explication desquels elle courait risque de s'embrouiller ? Non, il n'est pas admissible que Bernadette ait fait d'elle-même un choix parmi les paroles du prêtre, il l'est encore moins qu'elle ait récité une leçon apprise.

Désireux de tout savoir et soucieux de donner à son œuvre toutes sortes d'agréments, M. Zola n'a pas craint de colliger tous les commérages qui courent les rues et les boutiques de Lourdes. Il a consulté les cochers, il a interrogé les coiffeurs, il a fait jaser les sous-sacristains. Je ne crois pas qu'un homme ait jamais manqué aussi gravement de tact. La grotte est-elle, oui ou non, un centre de rénovation religieuse, une source d'émotions saintes et pures ? M. Zola ne peut pas ne pas dire oui. Dès lors, il devait avoir la délicatesse de taire, ou d'indiquer, d'un trait rapide, les petites et, s'il y en a, les grosses misères inhérentes à toute agglomération humaine. Qu'importe aux pèlerins, qu'importe à tous les hommes assoiffés de prière et de surnaturel, qu'importe même aux intellectuels, aux sceptiques, aux incrédules militants, que des hôteliers fassent fortune à Lourdes ? M. Zola est auto-suggestionné par la question des gros sous. Au fond, c'est ce qui l'intéresse le plus à Lourdes. Ce malheureux reporter n'a pas compris qu'en laissant voir ainsi sa pensée intime, il compromettait singulièrement son autorité, aux yeux de tous les lecteurs compétents. On le voit, dans un même chapitre, calculer le rendement d'un paquet de bougies, sans oublier le port ni l'emballage, puis analyser les exaltations saintes d'une vierge chrétienne. Et comme il applique au sentiment religieux sa méthode d'observation physiologique, il achève de soulever chez les moins délicats, un mouvement de répugnance.

Une fois engagé dans cette voie déplorable, M. Zola ne s'arrête plus, et naturellement il dépasse toutes les limites. Comme il ne conçoit pas d'autre mobile aux actions humaines que l'argent, il pose des questions indiscrètes et il les résout d'une manière peu correcte. Combien gagne un tel? — Un tel, Monsieur, ne gagne rien du tout, mais il paie ses frais d'hôtel. M. Zola secoue la tête d'un air profond. Et cependant, il sait que des pèlerins, par milliers, par centaines de mille, s'imposent des sacrifices, souvent très lourds, pour venir goûter aux joies pures de la grotte. Au milieu de cette foule immense de désintéressés, il ne veut voir que quelques commerçants, avides de lucre. M. Zola nous fait penser à un touriste revenant des hautes cimes, qui, au lieu de nous décrire les lacs, les cascades, les glaciers, se contenterait de nous dire la rapacité des guides ou l'incurie des maîtres d'hôtel. C'est de la monomanie qu'il serait intéressant d'étudier d'après la méthode de Charcot. L'auteur de l'*Argent* auto-suggestionné, voilà un joli sujet de canevas pour roman réaliste.

M. Zola s'attaque aux Pères de la Grotte, avec un véritable acharnement. Serait-ce parce qu'ils ne l'ont pas suffisamment traité en grand homme? Auraient-ils quelque intérêt profond à flatter l'Académie?

M. Zola les accuse de simonie — tout simplement, — et il leur reproche de négliger le culte de Bernadette. Sans entrer dans cette double discussion, on peut cependant se permettre quelques timides remarques. Les Pères ont dépensé des millions autour de la grotte; encore fallait-il les trouver. Tous les visiteurs reconnaissent que les constructions récentes ne sont pas de très bon goût: plusieurs regrettent qu'on ait trop modifié l'aspect primitif de la grotte. Mais ces critiques faciles ne vont pas sans quelque injustice. Un million de pèlerins défilent chaque année devant la grotte; ils désirent avoir de la place pour s'agenouiller; ils tiennent à boire de l'eau miraculeuse. De là toutes ces transformations. Le pittoresque du paysage et le charme des vieux souvenirs ont été un peu sacrifiés. Mais on se figure sans peine le mécontentement de M. Zola, si des accidents se fussent produits, au cours du pèlerinage, par la faute de l'administration.

Les Pères pouvaient avoir des craintes analogues, en ce qui concerne la chambre de Bernadette. Les penseurs libres ont l'habitude de crier si facilement à la superstition ! La chambre de la voyante transformée en chapelle et attirant les foules, scandaliserait les amis de M. Zola.

Eh ! quoi, diraient-ils, les pèlerins delaissent la Vierge pour suivre Bernadette, qui semble avoir été choisie comme instrument de l'intervention divine, à cause même de son insignifiance ; ils oublient les paroles de l'Évangile : « Qui donc êtes-vous venus voir ? Un roseau agité par le vent ? » A la Vierge annoncée par les prophètes et glorifiée par les docteurs, ils préfèrent la petite bergère de Bartrès ? Non, il n'est pas facile de contenter M. Zola et ses amis.

On touche ici du doigt les très graves inconvénients de la méthode employée par l'auteur. Elle l'entraîne à mettre tout sur le même plan, à attacher plus d'importance aux diatribes d'un coiffeur aubergiste qu'aux paroles de la Sainte Vierge. Car, dans ce livre étrange on nous parle de tout, sauf de Marie Immaculée, de cette Vierge pure et toute belle, pour laquelle les saint Augustin, les saint Bernard, les Bossuet ont brûlé d'une si chaste et si vive tendresse.

Après cela, il ne m'en coûte pas d'avouer que *Lourdes* renferme quelques morceaux d'une belle venue. Il n'est peut-être pas aussi sûr qu'on le pense dans certains milieux que les 116 pages consacrées au fameux *train blanc* aient une allure d'épopée. Il y a, dans ce curieux prologue, de l'animation, un intérêt soutenu, de la vie et du bruit, un peu comme dans les batailles homériques.

Les roues tournent, — on nous le dit, sans exagération, plus de vingt fois, — les wagons gémissent, les locomotives font entendre des coups de sifflets stridents, les bagages s'agitent dans les filets à chaque secousse. Que de coups de lacet ! Que de roulis ! Quel bruit de ferraille ! Quand on arrive au bout de ces 116 pages, on éprouve une sorte d'accablement, comme un voyageur qui a subi 22 heures d'express, par une chaleur torride. C'est, à n'en pas douter, de la fatigue ; je me demande jusqu'à quel point ces descriptions appartiennent au grand art. On dirait plutôt une sorte d'harmonie imitative renouvelée de Delille et adaptée au goût réaliste.

Les processions n'ont pas, ce semble, très bien inspiré M. Zola. Il a vu des bougies innombrables, il a entendu les refrains de cantiques, il a noté quelques extravagances ; le sentiment des pèlerins lui échappe. Il se figure que tous les croyants viennent demander la santé à Notre-Dame de Lourdes. Il n'a pas même l'idée qu'ils puissent solliciter, par exemple, des lumières plus grandes, des conversions, ou la force d'accomplir des sacrifices héroïques. A côté de lui, cependant, priaient ou pleuraient des mères de soldats, des jeunes filles qui se préparaient à prendre la cornette, de jeunes marins qui confiaient leur avenir à la Sainte Vierge, des polytechniciens reconnaissants, de pauvres ouvrières. M. Zola ne perçoit qu'une masse humaine, pitoyable examinée d'un peu près, produisant de loin des effets d'harmonie et de lumière. Cette description manque d'âme.

Quelques épisodes intéressants se détachent avec vigueur sur l'ensemble de l'œuvre extraordinairement massive, et reposent l'esprit. Je connais peu de récits aussi touchants que celui de la mort du jeune missionnaire, le frère Isidore (pourquoi frère ?). Il est incomplet certes, mais il pourrait figurer avec honneur dans les morceaux choisis qu'on met entre les mains des enfants :

« C'était, en effet, un spectacle lamentable. Mme Sabathier avait le cœur retourné, à voir le frère Isidore, si jaune, si terreux, glacé d'une sueur d'agonie. Il ne montrait toujours, hors du drap, que ses mains jointes et son visage encadré de cheveux rares ; mais si les mains de cire semblaient mortes, si la longue face douloureuse n'avait plus un trait qui remuât, les yeux vivaient encore, des yeux d'amour inextinguible, dont la flamme suffisait à éclairer tout son visage expirant de Christ en croix. Et jamais le contraste ne s'était accusé si nettement, entre le front bas, l'air borné, bestial du paysan, et la splendeur divine qui sortait de ce pauvre masque humain dévasté, sanctifié par la souffrance, devenu sublime à l'heure dernière, dans le flamboiement passionné de la foi. La chair s'était comme fondue, il n'était plus même un souffle. Il n'était qu'un regard, une lumière.

« Depuis qu'on l'avait déposé là, le frère Isidore ne quittait pas des yeux la statue de la Vierge. Rien d'autre n'existait autour de lui. Il ne voyait pas la foule énorme, il n'entendait même pas les cris éperdus des prêtres, les cris incessants qui secouaient cette foule frémissante. Ses yeux seuls lui restaient, ses yeux brûlants d'une infinie tendresse, et ils s'étaient fixés sur la Vierge, pour ne jamais plus s'en détourner ; ils la buvaient jusqu'à la mort, dans une volonté dernière de disparaître, de s'éteindre en elle. Un instant, la bouche s'entr'ouvrit, une expression de béatititude céleste détendit le visage. Puis, rien ne bougea plus, les yeux demeuraient grands ouverts, obstinément fixés sur la statue blanche.

« Quelques secondes s'écoulèrent... Il venait de passer, sans un râle, sans un souffle, comme si la vie s'en fût allée dans son regard, par ses grands yeux d'amour, dévorants de passion. Il avait expiré en regardant la Vierge, et rien n'était d'une douceur comparable, et il continuait à la regarder de ses yeux morts, avec d'ineffables délices... Tâchez de lui fermer les yeux, murmura Mme Sabathier. Nous saurons bien.

« Marthe s'était levée ; et se penchant pour qu'on ne la vît pas, elle s'efforça de fermer les yeux, d'un doigt qui tremblait. Mais chaque fois les yeux se rouvraient, regardaient de nouveau la Vierge obstinément. Il était mort, et elle dut les laisser grands ouverts, noyés dans une extase sans fin... Et Gérard alors, écrasé contre la grille, entendit deux paysannes, que le défilé charriait, s'exclamer sur le spectacle des malades gisant devant elles. L'une d'elles venait d'être frappée par la face si pâle du frère Isidore, avec ses grands yeux, démesurément ouverts, fixés sur la statue de la Vierge. Elle se signa, elle murmura, envahie d'une admiration dévote : « Oh ! vois donc celui-là, comme il prie de tout son cœur, et comme il regarde Notre-Dame de Lourdes ! »

« L'autre paysanne répondit :

« Bien sûr qu'elle va le guérir, il est trop beau ! »

« « Dans l'acte d'amour et de foi qu'il continuait du fond de son néant, le mort, avec la fixité infinie de son regard, touchait tous les cœurs, faisait l'édification profonde de tout ce peuple dont le défilé ne cessait pas. »

Je ne puis résister au désir de citer encore la page où Marie de Guersaint, la miraculée, laisse éclater les sentiments de sa joie reconnaissante.

« *Magnificat anima mea Dominum...*

« C'était le cantique de gratitude déjà chanté à la grotte, qui de nouveau sortait des cœurs.

« *Et exultavit spiritus meus in Deo salutari meo.* Et cette montée rayonnante, cette ascension par les rampes colossales, vers la basilique de lumière, Marie la faisait avec un débordement de croissante allégresse. A mesure qu'elle s'élevait, il lui semblait qu'elle devenait plus forte, plus solide sur ses jambes ressuscitées, mortes si longtemps. Ce chariot qu'elle traînait victorieusement, c'était comme la dépouille de son mal, l'enfer d'où la Sainte Vierge l'avait tirée; et bien que le timon lui en meurtrit les mains, elle voulait le mener là-haut avec elle, pour le jeter aux pieds de Dieu. Aucun obstacle ne l'arrêtait ; elle riait au milieu de grosses larmes, la poitrine haute, l'allure guerrière. Dans sa course, une de ses pantoufles s'était détachée, tandis que la dentelle avait glissé de ses cheveux sur ses épaules. Mais elle marchait quand même, elle allait toujours, casquée de son admirable chevelure blonde, la face éclatante, dans un tel réveil de volonté et de force, qu'on entendait derrière elle le lourd chariot bondir, en gravissant la pente rude des dalles, ainsi qu'un chariot d'enfant. »

Mais si le *Lourdes* de M. Zola compte un certain nombre de beaux passages, il n'en mérite pas moins toutes nos défiances. Quiconque veut en prendre connaissance doit se condamner à lire des choses écœurantes. Ainsi, toute la biographie de l'abbé des Hermoises, ainsi encore certaines dissertations physiologiques, ainsi le tableau de la ville de Lourdes Mais, où M. Zola se révèle le plus odieusement réaliste, c'est dans l'éloge qu'il entreprend de la douce et pure Bernadette, pour laquelle il professe une bruyante

sympathie. Il cherche, en effet, dans Lourdes, un type
de jeune fille qui lui rappelle Bernadette, et il le
trouve... M. Zola, malgré toutes ses protestations,
traite Bernadette à peu près comme Voltaire traitait
la Pucelle. Dans un poème délicieux, publié par la
Revue des Deux Mondes, M. Émile Pouvillon représen-
tait naguère Bernadette, gardant son troupeau, dans la
vallée de Bartrès. Au milieu des brebis blanches, une
brebis noire, donneuse de mauvais conseils, apporte
comme un souffle d'enfer. Le Mauvais habite dans sa
peau : il s'efforce d'induire Bernadette en tentation de
paresse, de vol, de gourmandise et d'orgueil. De même,
M. Zola, dans la pure atmosphère de la prière, a apporté
un souffle malsain ; pendant que retentissent les *Ave
Maria*, il songe aux bénéfices de quelques marchands ;
au pays des âmes, il relève des scènes de goinfrerie ou
d'immoralité. Évidemment, dans le bercail de la douce
et pieuse pastoure, s'est glissée une brebis noire : elle
sent le roussi à plein nez, comme dirait le saint Bernard de M. Pouvillon.

Malgré tout, les chrétiens pardonnent sans peine à
M. Zola : il a fait parler de la grotte, et il est si facile à
ceux qui la connaissent de le compléter et de le corriger ! Ainsi, son abbé Pierre quitte, à un moment donné,
les splendeurs et les joies de la basilique, pour descendre dans la crypte. « Une forêt obscure de piliers
s'entre-croisait, il régnait là une mystique terreur, dans
les demi-ténèbres où frissonnait le mystère. Les murs
restaient nus, c'était la pierre même du tombeau au
fond duquel tout homme doit dormir son dernier sommeil. » C'est là que l'abbé Pierre pleure et blasphème,
épaississant autour de son âme l'ombre de la mort.
Cela prouve que M. Zola n'a pas compris Lourdes ,
on passe dans la crypte pour y laisser ses erreurs, ses

fautes, son doute ou son désespoir : on ne s'y arrête pas. Pour saisir le symbolisme de la colline sainte, sur laquelle s'étagent les sanctuaires formant une moderne échelle de Jacob, il faut se placer à un autre point de vue.

Il m'a été donné, cette année, de suivre à Lourdes les offices de l'Assomption. A l'heure des vêpres, des groupes compacts de pèlerins priaient devant la grotte, une foule énorme remplissait la grande église du Rosaire ; les représentants de toutes les classes de la société et de tous les pays, une famille royale dépossédée, chantaient sur un ton très suppliant, d'une douceur singulière, l'hymne virginale qui, depuis des siècles, berce les douleurs et les joies des chrétiens :

> Mala nostra pelle,
> Bona cuncta posce.

Puis, toujours à l'unisson, les rois vaincus et le peuple fier de sa force, disaient le verset du *Magnificat* : « Le Seigneur a renversé les puissants et exalté les humbles. » Au même instant, dans la basilique, Mgr Keane, ancien évêque de Richmond, recteur de l'Université catholique de Washington, prononçait, devant une centaine de pèlerins américains, un discours, à la fois, très moderne et très théologique. Il montrait comment le culte de l'Immaculée Conception répond à tous les besoins intellectuels et moraux du siècle. La cérémonie se termina par le cantique anglo-saxon, qu'au congrès de Chicago 4.000 représentants de la chrétienté chantèrent en chœur :

> Nearer, my God, to thee.
> Plus près de toi, ô mon Dieu, toujours plus près de toi.

Tel est le vrai symbolisme de Lourdes. Pauvres et riches, savants et ignorants, faibles et forts, ceux qui incarnent le passé et ceux qui représentent l'avenir, tous, à Lourdes, se sentent plus près de Dieu. L'humanité voit s'ouvrir devant elle un chemin qui monte jusqu'au ciel :

There let the way appear steps unto heaven.

LE CHRISTIANISME DE M. PAUL BOURGET

C'est du Nord seulement que nous venait jadis la lumière ; aujourd'hui c'est de tous les points du monde, grâce à l'interview. Un reporter a rencontré M. Paul Bourget sur le pont d'un navire américain, et, avec cette intrépidité qui distingue les gens de sa profession, il a interrogé le célèbre écrivain sur la question religieuse.

Et c'est ainsi que le monde littéraire a pu connaître, une profession de foi chrétienne assez explicite (1).

A vrai dire, il n'y a lieu de s'en étonner que dans une certaine mesure. Les travaux de M. Paul Bourget devaient le conduire tôt ou tard au christianisme. Puisque le voilà arrivé au terme de son évolution,

(1) La voici : « J'ai compris que la vie de l'homme qui dit :
« Je ne sais rien, et, ne sachant rien, je fais ce qui me plaît,
« est à la fois vide et pleine de désillusion. J'ai compris qu'en
« parlant ainsi, on exerçait une influence détestable sur la vie
« des autres, surtout sur celle des femmes. Je suis arrivé à re-
« connaître que les hommes et les femmes qui suivent les pré-
« ceptes de l'Église sont, dans une grande proportion, à l'abri
« des désordres moraux que j'ai décrits dans mes romans, que
« Feuillet, Tolstoï et tant d'autres ont montrés dans leurs
« œuvres, et qui sont presque inévitables lorsque les hommes
« se laissent guider par leurs sens, leurs passions et leurs fai-
« blesses. »

réjouissons-nous. Mais, comme cela se produit dans toutes les circonstances semblables, les membres de la grande famille chrétienne ne se contentent pas de fêter le nouvel arrivant ; ils lui prodiguent les encouragements respectueux, ils cherchent à le mieux connaître. « Vous êtes enfin des nôtres, Dieu soit « béni ! Laissez-nous d'abord jouir de votre gloire, « puis nous causerons. Vous nous permettrez bien, « n'est-ce pas ? d'établir comment vos nouveaux sen- « timents concordent avec les nôtres. Enfin, nous « fondons sur la puissance de votre talent les plus « brillantes espérances. »

La gloire de M. Paul Bourget est une de celles qui paraissent, à l'heure présente, offrir le plus de solidité. Il est assuré déjà, de compter parmi les écrivains de cette génération qui ont exercé le plus d'influence sur les sentiments et peut-être sur les idées. Il a eu le rare mérite de s'imposer à l'attention des purs lettrés et de s'attirer la sympathie des salons. Les femmes, les jeunes gens, les hommes du monde, professent pour lui un véritable culte, ce qui ne laisse pas d'être assez surprenant, son genre de talent n'ayant rien de bien frivole. M. Jules Lemaître le rappelait naguère avec une sorte de mauvaise humeur : « Auvergnat, vous dis-je, M. Paul Bourget est un Auvergnat. » Sans doute ; mais cet Auvergnat a su prendre possession de tous les salons, et il a su conquérir l'ardente admiration de l'aristocratie féminine. Avec des qualités plus bril- lantes et des visées mondaines, d'autres ne réussis- sent à se faire lire que des professeurs et des magis- trats.

Mais, si M. Paul Bourget s'impose à l'attention de tous, les hommes du métier expliquent de diverses façons les sentiments qu'inspirent ses œuvres. Il peut se faire

que nombre de lecteurs se sentent attirés vers lui par
la simple curiosité. Nul, plus que l'auteur de *Terre
promise*, n'excelle à régulariser le développement d'une
action. Ses œuvres frappent par leur caractère imposant d'unité : chaque page représente un pas en avant,
et chaque chapitre une sorte d'étape, dans la marche
générale de l'idée. Jamais de heurt, point de précipitation. M. Bourget n'appartient pas à l'école des improvi-
sateurs, il triomphe par la méthode. Aussi tient-il constamment ses lecteurs en haleine, pendant que se déroulent, avec une étonnante régularité, ses copieuses
explications psychologiques.

Certains jeunes gens, mus par une curiosité malsaine,
rechercheraient-ils les quelques passages scabreux
qu'on rencontre, çà et là, dans ses œuvres ? La chose
n'est pas absolument impossible. Des critiques ont, en
effet, accusé M. Paul Bourget d'immoralité, et il a vi-
goureusement protesté contre leurs dires, sans réussir
toutefois à désarmer leur défiance. Assurément, personne ne suspectera la sincérité de ses intentions : il a
bien trop de sérieux et d'élévation d'idées, il est trop
préoccupé des grands problèmes moraux pour prendre
plaisir à de certaines peintures, ou pour chercher de
condamnables procédés de réclame. Je lui reprocherai,
cependant, de ne pas tenir compte de l'état d'âme de
ses lecteurs. Sans doute, il parle de certaines misères,
comme le ferait un savant, un médecin, ou un prêtre.
Mais il a tort d'oublier qu'il n'est ni dans un amphithéâtre, ni au confessionnal. Par le seul fait qu'il les
présente sous forme romanesque, ses ouvrages s'adressent aux femmes, aux jeunes gens et même aux jeunes
filles. Dès lors, M. Paul Bourget a-t-il le droit d'ignorer
la faiblesse intellectuelle ou la jeunesse de ses lecteurs ? A-t-il le droit de dire : « Je parle en analyste impi-

« toyable, d'après les données de la pure philosophie ;
« j'écris l'histoire scientifique des maladies psycholo-
« giques de notre temps » ? Non ; si vous voulez faire
œuvre de philosophe, inscrivez-vous parmi les rédacteurs de la *Revue philosophique*.

Dieu merci, la plupart des admirateurs de M. Paul
Bourget vont à lui, pour des raisons bien différentes.
Seule, une élite se plaît effectivement dans la lecture de
ses écrits, tandis que les gros bataillons de lecteurs se
portent vers M. Ohnet ou M. Zola. Les intellectuels
aiment en P. Bourget quelque chose de très particulier
et même d'unique, en un sens. Il ne faudrait pas précisément chercher, dans ses œuvres, ce qu'on appelle des
caractères. Ses personnages manquent un peu de ce
relief, qui permet à notre mémoire de conserver à jamais
les traits d'un héros de Shakespeare ou de Balzac. Les
noms de Charlotte de Jussat, de Raymond Casal, de
Juliette de Tillières, rappellent moins des personnes
concrètes et vivantes, qu'une série de cas psychologiques très intéressants. Avec M. Paul Bourget, vous
éprouvez cette impression, parfois désagréable, que
produisent sur les parents ou amis des malades, les dia-
gnostics des médecins. Vous vous intéressez à un patient,
et pour savoir à quoi vous en tenir sur son état, vous interrogez le spécialiste renommé qui le soigne. Ce qui
vous tourmente, c'est l'issue probable de la maladie. Le
médecin ne se place pas à ce point de vue : il se préoccupe sans doute du résultat final, mais secondairement ;
avant toute chose, il cherche à suivre la marche du
mal ; il décrit longuement les phénomènes morbides,
il explique leur cause, il établit leur enchaînement.
Mais le malade guérira-t-il, oui ou non ? Voilà ce qui
vous inquiète. — Patience, répond le docteur ; et il
examine toute une série d'hypothèses contradictoires

au bout desquelles il trouve souvent... le doute. Ainsi
procède M. Paul Bourget : il s'applique, tout comme les
autres grands romanciers, à créer des types ; il décrit
des physionomies, des costumes, des attitudes, plutôt
qu'il ne compose de véritables portraits (1). C'est que
M. Paul Bourget, casuiste subtil, interrogateur prodigieusement habile, moniteur consciencieux, s'intéresse,
non pas précisément aux personnes, mais à leurs maladies morales.

Une passion naît dans un milieu favorable, comme,
sous l'action des microbes, se produisent les fièvres,
puis elle suit son cours, causant dans les familles, des
malheurs souvent irréparables. M. Bourget les étudie
avec méthode et patience. Il a ses instruments de précision, qui lui permettent de saisir les moindres oscilla-
tions du sentiment, et il arrive ainsi à établir des dia-
gnostics, d'une merveilleuse sagacité. Tous les hommes,
même les plus calmes et les plus énergiques, ont, aux
heures difficiles, des alternatives d'audace et de
crainte, d'hésitation et de fermeté, de faiblesse et de
force. Je ne sache pas qu'on ait jamais soumis, les
phases de cette lutte intérieure, à une analyse comparable à celle qu'en fait M. Paul Bourget.

Il s'agit, par exemple, de faire comprendre l'état
d'âme d'un homme, qui est partagé entre le remords
que lui laisse un passé orageux, et l'espérance d'un
avenir heureux et très prochain. Il ne faudra pas moins
d'un volume, pour expliquer la crise. M. Paul Bourget
emploie tous les procédés qui peuvent rendre percep-
tibles, les mouvements infiniment petits de la passion :
considérations philosophiques ou morales, comparaisons empruntées à l'histoire naturelle, souvenirs du

____

(1) On trouve cependant de très heureuses exceptions ; nous en
parlerons tout à l'heure.

passé, examen des motifs secrets qui portent à agir ou à ne pas agir, description parallèle du monde physique, au centre duquel se meut le héros, et des sentiments qui l'animent, contre-coup de ses paroles et de ses actes sur la condition de ceux qui l'entourent, prévision de tous les résultats probables, contraste ou ressemblance, précipitation, puis ralentissement brusque de l'action. Le même sentiment revêt, tour à tour, sous nos yeux, des formes innombrables, au point d'en devenir obsédant.

C'est ce qu'a voulu sans doute M. Paul Bourget, réalisant ainsi l'idéal littéraire de M. Taine. Un homme, par exemple, est en proie à un doute cruel : il ne suffit pas à l'écrivain d'en expliquer les causes ; il faut que son héros éprouve de constantes tortures, il faut que rien ne puisse le distraire de cette pensée fatale. Seul, il se livre à de longs et douloureux monologues; en société, il se dédouble d'une certaine façon pour écouter, à la fois, les conversations et cette voix mystérieuse qui le poursuit ; il perd peu à peu non seulement son calme, mais sa clairvoyance et sa volonté ; il en arrive à cet état aigu, où les actes de folie paraissent inévitables. De telles études portent en elles-mêmes leur preuve, tant elles sont complètes, minutieuses, tant elles se déroulent avec logique.

D'ailleurs, même sans connaître les hommes et les choses que dépeint M. Paul Bourget, on peut, jusqu'à un certain point, se rendre compte de sa spéciale compétence. Évidemment, il a beaucoup étudié les philosophes, les moralistes et les poètes contemporains, ceux-là surtout qui s'occupent de psychologie passionnelle. De nombreuses et copieuses dissertations, qu'on trouve à chaque instant dans ses œuvres, ne laissent aucun doute sur ce point.

D'autre part, M. Paul Bourget paraît tout à fait chez lui, dans ce milieu élégant où se passent tous ses drames. Rien n'est omis, de ce qui concerne les habitudes de la haute société ; on pourrait composer, avec ses seules descriptions, le manuel du parfait gentleman. Là-dessus, M. Lemaître a beaucoup raillé M. Paul Bourget ; il a même prononcé le mot de snobisme. Cette innocente manie du célèbre romancier prouve, tout au moins, qu'il connaît à fond le monde aristocratique, où il peut le plus facilement exercer son talent de spécialiste. Or, voilà déjà bien des années qu'il consacre ses efforts à un genre de travail pour lequel il était si bien préparé. On comprend qu'il jouisse d'une grande autorité dans les salons et dans le monde littéraire.

Enfin, il a un style soigné, sérieux, consciencieux et, chose curieuse, d'allure fort peu mondaine. Tandis qu'un bibliothécaire comme M. Anatole France s'applique avec bonheur à la recherche de toutes les grâces morbides d'un style alangui, tandis qu'un professeur comme M. Jules Lemaître éblouit ses lecteurs par une causerie vive et étincelante, M. Paul Bourget, homme de salon et voyageur cosmopolite, parle une langue grave et point toujours exempte de lourdeur ; certains critiques la trouvent monotone et un peu épaisse. En revanche, elle est pleine de sens, elle a de la solidité, du sérieux ; elle abonde en expressions sinon heureuses et, comme on dit aujourd'hui, trouvées, du moins justes, et c'est l'essentiel. Bossuet a dit : « Pour bien écrire, il faut savoir le fond et le fin de tout. » M. Paul Bourget connaît le fond et le fin de tous les sujets qu'il traite : il écrit bien.

Tel est l'homme qui vient mettre son talent, semble-t-il, au service de la foi. Il y a lieu de s'en réjouir, mais non de s'en étonner. Car si la distance qu'il a parcourue est grande, la direction qu'il a suivie n'a jamais cessé d'être la bonne.

M. Paul Bourget a fait son entrée dans la vie litté-raire sous des influences détestables. Dans ses premiers *Essais de psychologie*, il professait une doctrine légèrement disparate, qui procède à la fois du panthéisme allemand, du dilettantisme de M. Renan et du positivisme de M. Taine. Ses idées religieuses n'avaient certes rien de commun avec l'orthodoxie : « C'est une « question de savoir si les dogmes doivent disparaître « ou non, problème insoluble à l'heure présente. Outre « qu'il est téméraire, en effet, d'induire du passé à l'ave-« nir, puisque deux moments de la civilisation ne sont « jamais identiques, est-il un procédé pour mesurer ce « que l'âme humaine enveloppe en elle d'idéalisme ? « Tout au plus est-il licite d'indiquer quelques-unes « des conditions fatalement imposées, dans l'avenir, à « tout dogme ancien ou nouveau. De ces conditions, la « plus importante est assurément la science... La « science ne se contente pas de marquer, ce qui est in-« connu à l'intelligence humaine, elle marque ce qui « lui est inconnaissable. Le beau songe, qui fut celui « du xviiie siècle, d'une explication rationnelle de l'uni-« vers, s'en est allé en même temps que le songe, non « moins séduisant, d'une explication mystique... Ainsi « la science rend impossible toute croyance aux révé-«'lations du surnaturel, et du même coup, elle se pro-« clame impuissante à résoudre les problèmes que la « révélation résolvait jadis (1). »

A une incrédulité aussi radicale, M. Paul Bourget joignait une certaine faiblesse de sens moral. Il n'a-

---

(1) *Essais de psychologie contemporaine*, page 12.

vait pas l'air de croire au malsain : en morale, tout
lui semblait relatif. Il n'y a, dit-il dans un style évidemment calqué sur celui de Taine, « il n'y a que des
« états psychologiques, car il n'aperçoit dans nos dou-
« leurs et dans nos facultés, dans nos vertus et dans
« nos vices, dans nos volitions et dans nos renonce-
« ments, que des combinaisons changeantes mais fa-
« tales et partant normales, soumises aux lois connues
« de l'association des idées. Un préjugé seul, où réap-
« paraissent la doctrine antique des causes finales et
« la croyance à un but défini de l'univers, peut nous
« faire considérer comme artificiels et malsains, les
« amours d'un Baudelaire (1). »

Or, M. Paul Bourget les décrit, ces amours, en des
termes qu'on ne peut pas reproduire. Je ne suspecte
pas ses intentions : il croyait s'exprimer avec la froide
exactitude d'un savant, mais il est bien certain qu'il ne
connaissait pas ce sentiment d'horreur pour le mal
qu'éprouve toute âme vraiment chrétienne.

Les dispositions intellectuelles et morales, avec lesquelles M. Paul Bourget abordait la littérature, ne pré-
sageaient donc pas une évolution vers le christianisme.
Toutefois, même au début de sa carrière, un observateur avisé eût pu discerner, chez lui, certains symptômes
rassurants. Le jeune écrivain s'appliquait à la psychologie, avec une bonne foi évidente : il mettait beaucoup
de rigueur dans sa méthode d'observation : tôt ou
tard il devait arriver à la vérité profonde ; et pour ceux
qui le connaissaient, nul doute qu'il n'eût le courage
de la proclamer.

Ce double résultat ne tarda pas à se produire. *Le
Disciple* nous montre le travail immense qui s'était

____

(1) *Essais de psychologie contemporaine*, pages 92, 93.

opéré dans l'âme de M. Paul Bourget, en quelques années de labeur. Cette philosophie moderne, dont les hautes ambitions avaient séduit sa jeunesse, l'expérience de la vie lui en montrait les faiblesses, les dangers et les désastreuses conséquences. Son héros, Adrien Sixte, qui résume en lui Auguste Comte et Littré, reconnaît, à la fin, l'impuissance de la philosophie à résoudre les grands problèmes de la vie.

« Durant la nuit qui suivit cette scène tragique, certes, les admirateurs de la *Psychologie de Dieu*, de la *Théorie des passions*, de l'*Anatomie de la volonté*, eussent été bien étonnés s'ils avaient pu voir ce qui se passait dans la chambre n° 3 de l'hôtel du Commerce, et lire dans la pensée de leur implacable et puissant maître. Au pied du lit où reposait un mort, le front bandé, se tenait agenouillée la mère de Robert Greslou ; le grand négateur, assis sur une chaise, regardait cette femme prier, et tour à tour, ce mort qui avait été son disciple dormir son dernier sommeil ; et, pour la première fois, sentant sa pensée impuissante à le soutenir, cet analyste, presque inhumain à force de logique, s'humiliait, s'inclinait, s'abîmait, devant le mystère impénétrable de la destinée. Les mots de la seule oraison qu'il se rappelât de sa lointaine enfance : *Notre Père qui êtes aux cieux*, lui revenaient au cœur. Certes, il ne les prononçait pas. Peut-être ne les prononcerait-il jamais. Mais s'il existe, ce Père céleste, vers lequel grands et petits se tournent, aux heures affreuses, comme vers le seul recours, n'est-ce pas la plus touchante des prières que ce besoin de prier ? Et si ce Père céleste n'existait pas, aurions-nous cette faim et cette soif de lui, dans ces heures-là ? »

Le Disciple restera comme un vivant témoignage de la banqueroute de cette science orgueilleuse, qui s'est trompée sur ses propres forces. Les utopistes pensaient que du bien-être matériel naîtrait une immense amélioration morale ; pour le parfait bonheur du genre humain, il ne fallait qu'inventer de nouvelles machines. L'âge d'or allait revenir sur la terre, amenant le progrès indéfini, la paix universelle, la fraternité des peuples, un égal partage des richesses entre tous les hommes. Quel rêve ! mais aussi, comme il fut bientôt suivi d'un triste réveil ! En son nom et au nom de tous, le vieux Littré fit un solennel et touchant *mea culpa*. D'autres suivirent, comprenant enfin tout ce qu'il y avait d'étroitesse d'esprit dans ce matérialisme scientifique, qui florissait sous le second Empire.

De nos jours, on parle autrement. « La science orne « l'homme, mais ne le dirige pas : elle éclaire pour « lui le monde, jusqu'aux confins des étoiles, elle laisse « la nuit dans son cœur : elle est insensible et indif- « férente, neutre, immorale.

« Quand l'humanité se jette aux pieds du savant « et lui crie : « C'est toi, l'oracle de Dieu, le prêtre « des temps nouveaux ! Parle, que ferai-je ? » il ne sait « que jeter des flots d'amertume et de renoncement, à « une humanité qui pourtant ne voudrait pas mourir ; « ou bien il répond par l'ironie et le mépris des conseils « de volupté, au cri de sainte détresse des saints qui « valent mieux que lui, ou sentant l'impuissance et la « fragilité de toute sa science inassistée, il se frappe le « cœur en silence (1). »

Voilà bien les conclusions religieuses du *Disciple* ; elles sont encore un peu négatives ; M. Paul Bourget établit la nécessité de la foi, mais indirectement, et peut-être, avec trop de précautions dramatiques ou oratoires. On

_____

(1) James Darmesteter, *les Religions de l'avenir*.

voudrait quelque chose de plus net. Adrien Sixte est ému, il doute de la vérité et surtout de l'efficacité morale de son effrayante philosophie ; il récite même le *Pater*, et des lèvres et du fond du cœur. Est-il convaincu ? Je me le demande. Selon toute vraisemblance, s'il se sentait en danger de mort, il recevrait les sacrements, en souvenir de l'affaire Greslou, et peut-être aussi, pour faire plaisir à sa vieille bonne. On aurait le droit de lui demander davantage. Un terrible logicien comme lui, devrait se mettre sans tarder, à l'étude de ce christianisme toujours vivant, malgré tout, dont la morale incontestablement vraie et bienfaisante, se rattache à des dogmes précis. M. Bourget ne dit rien de tel.

Heureusement, il ne s'est pas arrêté en si bonne voie ; il nous a donné, avec *Terre promise*, un ouvrage franchement chrétien. Çà et là s'offrent bien quelques tableaux, qui sont de nature à scandaliser ou à gêner certaines âmes délicates ; mais lorsqu'il se croit obligé d'exprimer des choses condamnables, il laisse clairement voir, le dégoût que lui inspirent certains sujets. A un moment donné, Francis Nayrac confesse ses fautes à la vénérable Mme Scilly, une sainte : « Vous « devriez m'éviter, dit-il, le chagrin d'un aveu détaillé... « Vous voyez bien que vous ne me connaissez pas, « ni mon passé. Une pareille aventure est simple et « banale, dans le monde où j'ai vécu. Je comprends « que les mensonges et les trahisons qu'elle suppose, « fassent horreur à une sainte comme vous l'êtes. Et « pourtant, si je pouvais vous raconter, par le détail, ces « funestes amours, je vous le jure, vous me plaindriez « encore plus que vous ne me condamneriez. »

Le malheur est que M. Paul Bourget les raconte quelquefois par le détail, et, sans trop le condamner, nous souhaitons qu'il passe à d'autres sujets.

Malgré ces taches, en somme relativement légères, l'ensemble de *Terre promise* marque une aspiration constante vers le christianisme. Entre Francis Nayrac, le héros du roman, et Pauline Raffraye, une femme du monde, était née une de ces liaisons coupables et orageuses qui aboutissent à des ruptures irréparables. Or, neuf ans après leur séparation, Pauline et Francis se retrouvent dans un hôtel de Sicile, par une série de circonstances un peu extraordinaires, que l'auteur explique ingénieusement. Francis, heureux de pouvoir oublier les orages de sa jeunesse, est sur le point de s'unir à une très pure et très pieuse jeune fille, Henriette Scilly, qui vient en Sicile pour tenir compagnie à sa mère malade. Durant les jours qui suivent ses fiançailles, il découvre que Pauline Raffraye a une petite fille, la timide, délicate et déjà mélancolique Adèle. Puis il acquiert la certitude qu'il est bien, lui Francis, le père de cette charmante enfant. Henriette Scilly finit par en être informée et refuse de le recevoir. Ainsi se dissipent brusquement des espérances qu'il avait eu le tort de croire légitimes. Son passé coupable le prive d'un avenir heureux ; un instant, il avait entrevu les félicités de la Terre promise, et voilà qu'elles s'évanouissent pour jamais.

Le doute n'est donc pas possible : M. Paul Bourget a voulu faire une thèse, ou plutôt il a fait un sermon, sermon un peu scabreux parfois, mais très intéressant et très pratique. Il a dit aux jeunes gens : Ne vous figurez pas qu'il vous soit loisible de vous livrer, pendant votre jeunesse, à des plaisirs coupables, avec l'espoir d'échapper à leurs fâcheuses conséquences. Vous compromettez d'avance la paix de ce foyer, où vous espérez trouver le repos, après les agitations stériles et douloureuses. Soyez purs et laborieux et forts, si vous voulez mériter d'avoir, pour compagnes, les jeunes chrétiennes qui ont foi en votre honneur.

Toutes les pages de ce livre tendent à cette conclusion ; tous les personnages que M. Paul Bourget met en scène viennent la prêcher au lecteur, tantôt avec résignation, tantôt avec désespoir, mais toujours avec une douloureuse éloquence.

Francis Nayrac ressemble à beaucoup de jeunes gens distingués : il a de la fierté, du talent, un sentiment très vif de l'honneur, un désir assez sérieux de travailler. Une fois commise la faute d'amour, il connaît, successivement ou à la fois, toutes les misères morales, désespoirs, querelles violentes, soupçons injurieux, petits mensonges et grosses hypocrisies. Cependant, jamais la foi, obscurcie par les passions, ne s'éteint complètement en lui. La preuve en est dans le plaisir fort vif, que lui procure la société de deux ferventes chrétiennes, M. Paul Bourget n'a pas osé dire de deux dévotes. Le mot l'a sans doute effrayé ; mais il convient à Mme et Mlle Scilly. Celle-ci voulait entrer au couvent ; elle fait la communion fréquente, elle ne lit que des livres d'une austère piété, elle trouve tout naturel de se sacrifier, par esprit de foi, à la conversion de son fiancé. Supposons-la mariée avec Francis Nayrac ; elle le conduirait à la messe tous les dimanches, elle lui demanderait d'entrer dans les œuvres ; bref elle n'aurait pas trop de peine à le transformer en catholique pratiquant. Or, Francis est, de tous les personnages du roman, le plus éloigné du christianisme.

Il convient en effet de ne pas condamner trop vite la très malheureuse Pauline Raffraye : elle rappelle, par bien des traits, cette Phèdre de Racine, malgré soi criminelle, qui désarmait la sévérité bien connue d'Arnauld. Pauline Raffraye a été entraînée au mal par des

circonstances qui ne la justifient nullement, mais qui
mettent en pleine lumière, certains beaux côtés de son
âme. Elle se sent de douloureuses révoltes de conscience. Enfin, si elle a péché, elle expie noblement et
chrétiennement sa chute. Que d'humiliations ! Quels
remords ! « De feuilleter seulement les lettres que con-
« tenaient ces enveloppes, avait fait passer dans ses
« beaux yeux gris, cernés d'un tel halo de lassitude,
« une tristesse plus grande, et elle avait refermé cette
« correspondance, pour ouvrir tour à tour les deux
« volumes qu'elle gardait à son chevet : l'un était le
« *Nouveau Testament*, l'autre l'*Imitation*..... Elle reli-
« sait les versets divins : « Je vous ai dit ces choses, afin
« que vous ayez la paix en moi. Vous aurez des afflic-
« tions dans le monde ; mais ayez confiance, j'ai vaincu
« le monde. » Elle se répétait avec le solitaire : « Les
« malheureux ! Ils sentiront, à la fin, combien était vil,
« combien n'était rien ce qu'ils ont aimé. » Elle les avait
« souvent redits, ces mots, qui sonnent le glas de toutes
« les affections mortelles (1). »

La précision de ces textes semblerait prouver que
M. Paul Bourget lit quelquefois, et peut-être d'une manière régulière, les *Évangiles* et l'*Imitation*. Le sérieux
avec lequel il s'exprime permet de supposer qu'il
sent vivement le charme de la piété.

De sévères théologiens relèveraient dans son œuvre
quelques erreurs dogmatiques ou morales. Par exemple, il ne paraît pas se faire une idée très exacte de
ce qui constitue, aux yeux de l'Église, une vie vraiment
pénitente. Son héroïne regrette plus son bonheur qu'elle
ne pleure ses péchés. M. Paul Bourget, cependant, a
droit à quelque indulgence ; il ne se pique pas, sans

______

(1) *Terre promise*, pages 212-213

doute, de remplacer Bourdaloue ; il frappe sur l'adultère, mais non comme un sourd.

D'ailleurs, le plus grand mérite de Pauline Raffraye
est d'avoir chrétiennement élevé la petite Adèle,
si douce, si affectueuse, déjà familiarisée avec les
tristesses de l'exil. Il appartenait à un moderne comme
M. Paul Bourget de décrire avec une telle perfection
cette créature idéalement délicate. Dans toute sa carrière littéraire, il n'a peut-être jamais rien écrit d'aussi
touchant :

« Mais devinez à quel jeu jouait Adèle..... Elle avait
« entre les bras une poupée presque aussi grande qu'elle
« et elle l'enveloppait de couvertures et de châles pour
« la conduire à la promenade. Elle lui parlait en l'em-
« paquetant, et c'était un tendre babil de conseils sans
« fin. Elle plaignait cette poupée d'être malade, bien
« malade. Elle lui rappelait que les médecins l'avaient
« envoyée en Sicile pour se guérir, que c'était bien
« loin et qu'il fallait profiter de ce voyage, se garder
« du vent et surtout du coucher du soleil. Elle la
« grondait d'être restée la veille trop tard dehors,
« qu'elle avait toussé toute la nuit et qu'Annette avait
« dû se lever. — Annette, c'est le nom de sa bonne...
« Enfin toutes les recommandations, presque avec
« des termes techniques, qu'elle entend les docteurs
« faire à sa mère. »

Avec la famille Scilly, nous nous élevons dans une
pure atmosphère de haute vertu. Mme Scilly représente la mère chrétienne dans sa sereine beauté ; elle a
connu le monde, tout en se gardant de ses moindres
souillures ; elle a cette indulgence délicate des nobles
âmes, qui ont une longue expérience de la douleur et
de la vie. On ne peut se défendre d'une émotion respectueuse, en présence de cette femme qui a le talent

de rendre la vertu si aimable. Un je ne sais quoi de
discret, d'atténué, de volontairement effacé achève
de donner à sa physionomie un attrait incomparable.

Le portrait de sa fille, Mlle Scilly, s'enlève avec plus
de vigueur ; il a évidemment les préférences de M. Paul
Bourget, qui s'est efforcé d'y mettre tout son talent et
tout son cœur. Le succès a répondu à ses efforts. Comme
le *Polyeucte* de Corneille, la jeune fille occupe le sommet d'un groupe d'âmes, inégalement belles, mais toutes
sympathiques, toutes cherchant à s'élever vers le ciel.

Qu'y a-t-il d'aimable et d'admirable chez Henriette
Scilly ? D'abord sa candeur, son ingénuité, l'absolue
transparence de son âme. En traçant ce portrait,
M. Paul Bourget a su éviter les deux graves défauts,
dans lesquels tombent d'ordinaire beaucoup d'écrivains
même expérimentés. Son héroïne échappe à la fois à la
mièvrerie et à la niaiserie, ce qui est plus rare qu'on
ne pense. Dès lors, nous pouvons nous laisser aller
sans crainte à partager les émotions qui font battre
son noble cœur. Henriette Scilly a d'abord entrevu,
dans ses rêves, la vie de couvent, et M. Paul Bourget
a raison d'insister sur ce fait. Celles-là ont porté au
plus haut degré, la pureté du foyer chrétien, qui ont
hésité, au seuil de la vie, entre le mariage et la profession de virginité perpétuelle. Si M. Paul Bourget voulait se donner la peine de consulter, là-dessus, des confesseurs éclairés, il pourrait faire une ample provision
de données psychologiques.

Toutefois, lorsque l'auteur de *Crime d'amour* emploie le
mot de couvent, il ne paraît pas se représenter exactement
la chose. En fait, il ne précise rien. Or, l'idée de couvent,
chez les jeunes filles comme Henriette Scilly, répond à
un ensemble d'idées très concrètes. Presque toutes,
ayant achevé leur éducation dans une maison religieuse,

en connaissent les règles, les habitudes et l'esprit. Une comparaison se fait toujours, dans leur pensée, entre les épreuves de la vie de famille et la difficulté de vivre, d'une part, et de l'autre, la sévérité et le charme mystique du couvent. Avec une habileté consciente et peut-être trop motivée, M. Paul Bourget a supprimé cette comparaison. Il est permis, je pense, de le regretter : les rapports qui existent entre le couvent et les jeunes filles chrétiennes auraient pu lui inspirer de bien belles pages.

Telle qu'elle est cependant, Henriette Scilly charme les lecteurs qui s'intéressent aux choses religieuses. Elle sent couler dans ses veines le sang d'un héros ; et comme, dans sa candeur, elle se plaît à parer son fiancé des plus hautes qualités morales, elle s'efforce naïvement de réunir en elle, les vertus correspondantes. Avec cela, tendre et franche dans l'expression de sa tendresse, comme seules peuvent l'être les âmes très distinguées et très pures. Quand tous ses rêves de bonheur s'écroulent à la fois, son âme, d'un seul coup d'aile, atteint les plus effrayantes hauteurs du sacrifice. Après avoir découvert les fautes de Francis Nayrac, elle pourrait ou pardonner, ou se contenter de rompre, comme cela se fait souvent dans le monde. Mais non : elle trace au jeune homme sa ligne de conduite, elle cherche à lui communiquer le goût du sacrifice, et elle-même s'engage à souffrir, pour une faute dont elle est absolument innocente (1).

(1) Je regrette de ne pouvoir citer en entier son admirable lettre à Francis Nayrac : « Je viens de demander à mon crucifix le courage d'écrire à celui dont j'ai rêvé de porter le nom, à celui que j'ai aimé comme je n'aimerai jamais plus, et je veux qu'il sache que, séparée de lui par la plus irrévocable des résolutions, je ne cesserai pourtant pas de penser à lui, comme à ce que j'ai de plus cher après ma mère. Je veux qu'il le sache, et qu'ayant

Ici, les sages seront tentés de formuler quelques réserves ; les sages pourraient bien se tromper. Nous vivons dans un siècle qui est, certes, peu exposé à la contagion des folies sublimes. Décourager un écrivain, dans ses envolées vers un idéal d'abnégation et de sacrifices me paraît dangereux. Il faut bien reconnaître cependant, que l'héroïsme de Henriette Scilly revêt une forme peu usitée, même dans les milieux chrétiens. Cette sensibilité, surexcitée au point de provoquer dans tout un frêle organisme, un frémissement continu, ces prodiges de délicatesse, ces froissements dans un être presque immatériel, tout cela peut amener une crise d'un tragique saisissant. Mais ce n'est pas avec de tels éléments qu'on fait une vie obscure et pénible de religieuse. M. Paul Bourget envoie son Henriette au couvent : fort bien ; mais je doute que l'arrivée de cette ardente et poétique jeune fille mette les supérieures en joie. Que M. Paul Bourget ne s'y trompe pas : presque toutes les religieuses sont plus ou moins des maîtresses d'école ou des garde-malades ; de ces deux fonctions la

été sa fiancée je ne serai plus celle de personne ici-bas. Je lui garderai jusqu'au tombeau la foi que je lui ai jurée, quoique d'une manière qui n'est pas celle du monde. Mais je puis dire de moi-même ce que disait de ses disciples le divin Ami, le Consolateur dont j'ai l'image devant moi : Je ne suis plus du monde. Si je n'avais à remplir mon devoir envers ma sainte et douce mère, je pourrais dire ces mots avec plus de réalité encore, sinon avec plus de vérité. C'est dans cet esprit que j'essayerai d'écrire ces pages, et je désirerais qu'elles fussent lues ainsi par la personne à qui elles seront remises dans quelques heures, avec ce sentiment particulier qui rend le vœu d'une morte plus respectable et plus solennel. Peut-être ai-je le droit de demander qu'il en soit de la sorte, car si c'est la souffrance qui donne à la mort le caractère sacré pour tous, je crois que j'ai souffert autant qu'une créature humaine peut souffrir.....

« Mon cher bon Dieu ! si c'était un aveuglement d'orgueil, que j'en ai été punie...! »

plus méritoire n'est, peut-être, pas celle qu'on pense ; mais toutes deux exigent des actes, ou plutôt des séries ininterrompues d'actes d'humilité, de charité, une application constante à des détails, répugnants pour la nature. Voilà pourquoi les supérieures de communautés demandent à leurs sujets, non pas de l'exaltation, si noble soit-elle, mais du calme, de l'énergie, l'habitude de se vaincre en toutes choses.

Si M. Paul Bourget a voulu nous montrer, dans Henriette Scilly, une glorieuse et admirable et très intéressante exception, il a fort bien réussi ; mais s'il a cru saisir et expliquer le principe de ce dévouement féminin, qui fait la gloire de l'Église, il s'est un peu trompé.

On me dira qu'il n'avait pas à se préoccuper de l'opinion des supérieures, et qu'il a voulu seulement tracer un type. Sans doute ; mais il faut bien lui signaler ce qu'il y a d'extraordinaire et, en définitive, de peu pratique, dans sa conception de la jeune fille chrétienne. Qu'Henriette Scilly soit une création charmante, personne ne le contestera ; mais il est difficile de soutenir qu'elle représente toute une classe de jeunes filles ; il serait peut-être imprudent de la citer comme modèle.

L'œuvre de M. Paul Bourget n'en mérite pas moins la reconnaissance de tous les croyants, et de tous ceux qui ont à cœur le relèvement moral de la patrie. Il a fait, sans s'en douter, œuvre d'apologiste, car on pourrait tirer, de la comparaison de ses derniers écrits avec les précédents, un argument qui n'est pas à dédaigner, en faveur du christianisme. Certains commentateurs de Pascal ont donné, naguère, un exemple saisissant de cette application de la littérature à l'apologétique. Quel est le thème le plus vraisemblable des *Pensées ?* Celui-ci probablement : l'homme, avec ses aspirations contradictoires, apparaît à Pascal comme une sorte de monstre incompréhensible. Pyrrhoniens et stoïciens ont renoncé à en expliquer la nature. Seule, la religion chrétienne peut « démêler cet embrouillement » : par le péché originel et la grâce, elle rend compte des misères et des grandeurs de l'homme.

Les œuvres de M. Paul Bourget fournissent une occasion nouvelle de constater la mystérieuse correspondance qui existe entre les aspirations supérieures de l'âme humaine et le christianisme. Livré à ses propres forces, le cœur de l'homme n'offre guère qu'impuissance de goûter un bonheur durable, incohérence, matière à douleur ou à crime ; mais, sous l'influence d'une religion tendre et forte, il devient capable des plus hautes comme des plus sérieuses vertus. La femme, vivant presque exclusivement d'une vie de sensibilité, c'est particulièrement au cœur féminin que s'appliquent et les observations de M. Paul Bourget et les conclusions qu'on peut tirer de ses études. Ainsi donc, au déclin de ce siècle, qui fut jadis voltairien, l'âme humaine, tout comme au temps de Tertullien et de Pascal, se sent naturellement chrétienne ; et, dans ses innombrables détresses, elle a absolument besoin de la même foi.

Remercions M. Paul Bourget de l'avoir affirmé nettement, avec preuves modernes à l'appui.

Il peut rendre d'autres services à la cause chrétienne. Les quelques tableaux, gravement ou très légèrement scabreux, dont il a été parlé plus haut, disparaîtront, il y a tout lieu de l'espérer, de ses prochains ouvrages : la véritable vie chrétienne y prendra plus de place ; nous aurons alors le roman moral, le roman sain et fortifiant que la France catholique attend depuis de longues années.

On dit que M. Paul Bourget s'est fixé, pour quelque temps, en Amérique. Son attention se portera sans doute sur le magnifique essor que le catholicisme a pris dans le Nouveau-Monde. A la création ou au développement de ces œuvres merveilleuses, qui portent si haut la gloire de la jeune Église des États-Unis, de nobles âmes se dévouent. M. Bourget étudiera ces âmes, puis il les fera connaître à ses lecteurs. Mais il n'oubliera pas cette vie religieuse de la vieille Europe, dont il a commencé à sentir si vivement, la beauté et la distinction morale. Il a fait briller à nos yeux, les horizons lointains de la Terre promise : nous attendons les raisins, les beaux raisins du pays de Chanaan.

« OUTRE-MER »

DE M. PAUL BOURGET

Depuis Balzac, les romanciers se posent volontiers
en docteurs ès sciences sociales : ils découpent, comme
ils le disent un peu prétentieusement peut-être, des
tranches de vie, et les offrent à leurs lecteurs. Quelquefois, à une intrigue romanesque ils mêlent des
dissertations philosophiques, que les hommes du métier
peuvent, seuls, comprendre. Il n'est donc pas surprenant, qu'à un moment donné, le désir leur vienne de
laisser là le traditionnel appareil amoureux pour rédi-
ger des notes et des observations.

M. Paul Bourget donne cette joie aux lecteurs
d'*Outre-Mer*. Pas un seul cas de psychologie passionnelle ; point de ces tableaux scabreux où se révèle,
paraît-il, la connaissance de la vie. Sauf en un chapitre
un peu piquant, consacré à la jeune fille américaine,
M. Paul Bourget s'exprime comme un voyageur, uniquement soucieux de rendre avec exactitude, des impressions et des souvenirs. Par une sorte de coquette-
rie littéraire que je crois, pour ma part, très heureuse,
il a évité jusqu'à l'apparence de la composition. A force
de voir des outils américains, il a désiré s'en approprier

les avantages, la précision, la simplicité, la puissance de réceptivité. M. Paul Bourget, qui semble se défier de son imagination, ne veut que voir. Louable scrupule qu'il ne faudrait peut-être pas pousser trop loin, et dont les Américains, ses amis, ne lui auront pas une très grande reconnaissance. Se voir tels qu'ils sont, mais ils n'y ont pas grand'peine, puisque leur lucidité d'esprit est si grande. Peut-être, au contraire, seraient-ils très friands de connaître l'impression, que produit la vue de leur pays sur l'imagination et la sensibilité européennes.

L'enquête de l'auteur de *Cosmopolis* ressemble à un voyage triomphal. Tandis qu'il explique la force et les qualités du puissant paquebot américain qui l'emporte vers le Nouveau-Monde, nous nous figurons tous les officiers, et les plus qualifiés représentants de *Cosmopolis*, empressés autour de lui, et les mots de Bossuet nous reviennent à la mémoire : « On voit, pour ainsi dire, les ondes se courber sous lui et soumettre leurs vagues au roi de la littérature mondaine. » — La haute société américaine l'attend ; elle s'empare de lui et lui prodigue ses plus aimables sourires. Le haut journalisme met à sa disposition toutes ses immenses ressources ; des lettres de recommandation lui permettent de pénétrer dans la vie intime d'un colonel puritain, aux allures de héros antique ; la police le fait gracieusement accompagner dans les bouges les plus infects de New-York ; un gentilhomme français du Far-West lui raconte la vie du ranch. Même le hasard, — qui est un peu américain, — se met de la partie. Dans une ville de Géorgie, M. Paul Bourget assiste à la capture d'un serpent à sonnettes et à la pendaison d'un brigand célèbre. Oui, M. Paul Bourget a fait un beau, un triomphal, un très agréable voyage.

Mais toutes ces facilités, que lui a values sa gloire,

n'ont-elles pas leurs inconvénients ? La légende de Potemkin pourrait bien s'être réalisée, une fois de plus. Non pas que les Yankees aient eu à construire des maisons à 14 étages, en l'honneur de M. P. Bourget, uniquement pour l'éblouir. Mais j'ai toutes les peines du monde à croire que la brillante société de Newport, se sachant observée par un psychologue illustre, n'ait pris aucun soin de cacher quelques-uns de ses côtés faibles.

L'excès d'optimisme était d'autant plus difficile à éviter, que M. Paul Bourget se sentait plus vivement attiré vers les hommes et les choses du Nouveau-Monde. Il ne dissimule, d'ailleurs, ni sa chaude admiration ni son ardente sympathie pour la grande république. Enfin M. Paul Bourget a voulu tout connaître et tout dire : l'Est et l'Ouest, les riches et les pauvres, la question nègre, les tendances séparatistes du Sud, l'alcoolisme et les différends de race, les progrès matériels et les progrès intellectuels, les chemins de fer et les cercles littéraires, rien n'est omis. De là, nécessairement, beaucoup d'affirmations générales, qu'il est assez difficile de contrôler, et des rééditions d'histoires connues. Tel est son chapitre sur le Far-West, qui est très intéressant et très curieux, mais qui a, peut-être, le tort d'arriver après plusieurs études analogues, plus complètes et pour le moins aussi pittoresques. M. de Mandat-Grancey a écrit l'histoire d'un ranch français dans le Dakota, bourrée d'anecdotes comiques, en comparaison desquelles, les récits de M. Bourget sont nécessairement un peu succincts.

Voici, par exemple, dans *Outre-Mer*, un portrait d'Américaine du Far-West bien réussi :

« Cette créature, sorte de femme-bandit, était d'une adresse à la carabine bien autrement remarquable que celle d'Herbert. Je l'ai vue, non pas une fois, mais dix, percer une gourde à cent mètres, en envoyant sa balle par le trou déjà préparé pour le bouchon, sans effleurer seulement le rebord. On remarquait, dans chaque chambre de son hôtel, l'inscription suivante, tracée par elle-même, en énormes caractères rouges : « Ne vous couchez pas sur votre lit avec vos bottes. Ne crachez pas sur vos draps. Soyez un homme... » Elle avait commis plusieurs meurtres, et, avec ses habits d'homme et ses éternelles imprécations, elle était la digne compagne de Bob, qu'elle eût certainement vengé, si elle avait connu ses assassins. »

M. de Mandat-Grancey avait trouvé mieux, comme pittoresque :

« Cette pauvre dame tient ici un bar. L'autre jour, ayant eu une petite discussion avec un de ses clients, elle lui a cassé une bouteille de whisky sur la tête. Et le coup était si bien appliqué qu'il a failli mourir. Alors le shérif l'a arrêtée. Mais il est sur pieds, maintenant, et elle en a été quitte pour une huitaine de jours de prison et 200 dollars d'amende.

— « Il paraît qu'il ne fait pas bon de se disputer avec elle ?

— « Non ! C'est une femme très musclée ! Il y a quelques semaines, elle a eu déjà une discussion avec un autre de ses adorateurs, un petit Allemand employé dans une banque. Elle lui a proposé de vider leur différend, au moyen d'un combat de boxe. J'y ai assisté, cela était très curieux...

— « Vous m'intéressez vivement ! Et comment cela s'est-il passé ?

— « Oh ! très régulièrement. C'est Mabel qui a reçu le premier coup sur le nez. Regardez, elle l'a encore un peu de travers. Elle est tombée sans connaissance. Mais son second lui a fait avaler un verre de whiskey, et elle était sur pieds, en moins de trois minutes. A partir de ce moment-là, elle a eu constamment le dessus. Au bout d'une demi-heure, l'Allemand avait les deux yeux bouchés, trois dents cassées, et la poitrine toute couverte de bleus. A la fin, les seconds n'ayant pas pu le remettre sur pieds, en temps voulu, l'arbitre a déclaré qu'il était vaincu. »

De son côté, Mme Arvède Barine a résumé, sur ces mêmes mœurs des cow-boys, un travail extrêmement suggestif, paru en Angleterre (1). C'est la biographie d'un certain John Nelson, qui a vécu par goût au milieu des Peaux-Rouges. Si vous êtes friands d'histoires, à la fois amusantes et déconcertantes, vous pouvez vous procurer ces *Mémoires d'un évadé de la civilisation.*

Une des choses qui ont le plus vivement frappé M. P. Bourget aux États-Unis, c'est le développement merveilleux de l'Église catholique. Elle formait, il y a cent ans, une petite communauté insignifiante ; elle se glorifie, aujourd'hui, de compter neuf millions de fidèles. Elle montre en même temps, avec une légitime fierté, les édifices qu'elle a construits, ses écoles remplies d'enfants, ses œuvres de bienfaisance. Au lieu de vivre comme une étrangère, une voyageuse parmi les nations, selon le mot de Bossuet, elle s'identifie au monde américain, elle se déclare satisfaite de son installation confortable, et elle témoigne volontiers de sa sympathie, où il entre de la commisération, aux Églises de la vieille Europe, *Old Country.* M. P. Bourget adopte absolument cette manière de voir : pour lui, le salut

(1) *Fifty years on the t... par* Harrington O'Reilly.

est dans l'imitation de l'Église américaine, c'est-à-dire, dans la séparation de l'Église et de l'État.

J'admire avec quelle promptitude, sur d'aussi graves et difficiles questions, des esprits réfléchis comme M. Paul Bourget, osent se prononcer. Sans doute il est de bon ton aujourd'hui, parmi les amis du catholicisme, de vanter les avantages de l'indépendance, et il faut reconnaître qu'ils ont su trouver une bien belle formule : « L'Église libre dans le pays libre. » Mais qui leur a prouvé, à ces amis désintéressés, que la séparation de l'Église et de l'État, c'est-à-dire la suppression du budget des cultes, assurera l'indépendance des forces catholiques ? En fait, la diminution des traitements ecclésiastiques n'a nullement empêché, jusqu'ici, les empiétements civils sur le domaine religieux ; au contraire, les deux choses se sont toujours produites parallèlement. Je voudrais donc que M. P. Bourget nous expliquât comment, selon lui, la liberté pourra s'établir en France.

On ne saurait jamais trop dire que la séparation de l'Église et de l'État est une œuvre très difficile. Elle exige préalablement une série d'enquêtes que personne n'a songé à faire. Sur ceux qui auront à l'accomplir, c'est-à-dire, sans doute, sur les évêques, pèseront de bien lourdes responsabilités. Ils pourront compter sur leurs prêtres et sur les fidèles, mais il y a lieu de se demander s'ils seront suivis par les journaux, dont on ne peut pas dire qu'ils aient contracté de vieilles habitudes de discipline. En Angleterre, toutes les fois que l'honneur national est en cause, les journaux donnent une note unique, comme s'ils obéissaient à un mot d'ordre. Cette unanimité constitue une des grandes forces de la diplomatie anglaise. En France, quelque événement qui se produise, les journaux catholiques se divisent. Ils ne manqueraient pas de le faire, si un conflit éclatait inopinément entre l'Église et l'État. J'indique cette difficulté ; il en est bien d'autres, et de plus graves, qu'il faudrait prévoir.

Est-ce à dire qu'on doive rejeter la conclusion de M. Paul Bourget, sans l'examiner ? Pas le moins du monde ; mais les choses sont aujourd'hui trop avancées pour qu'on joue impunément avec cette idée, ou qu'on se contente de l'émettre. Il s'agit de savoir, dans quelles limites précises la séparation est possible, s'il convient de la précipiter ou s'il est sage de la retarder. Il importerait surtout d'être fixé sur les chances de durée du Concordat. Supposons prouvé que le Concordat doive disparaître tôt ou tard : il est évident que des mesures s'imposent en vue de ce dénouement. Se laissera-t-on prendre au dépourvu, et attendra-t-on que des adversaires, plus ou moins scrupuleux, choisissent le moment le plus favorable pour tirer parti, contre nous, de l'acte même de la séparation ? Voilà, ce me semble, tout autant de sujets qu'il faudrait traiter, à fond, avec calme, et sans se laisser influencer, en rien, par les accidents presque quotidiens de la vie politique. Le temps des formules générales est passé.

Les exemples que M. Paul Bourget apporte d'Amérique ne prouvent que très faiblement en faveur de sa thèse. D'abord, les différences entre les Églises du Nouveau-Monde et celles de l'Ancien sont si grandes que ce qui réussit là-bas risque fort d'échouer, ici. De plus, il faut bien le dire, l'enquête de M. Paul Bourget manque d'ampleur. Il a assisté, une fois, à une messe dans une église riche, et il s'est demandé : Où donc les pauvres ont-ils leurs églises ? Puis, il a négligé de se répondre à lui-même. Pourtant, New-York compte au moins 600.000 catholiques, en majorité irlandais, et nous savons, d'abord, que les Irlandais appartiennent plutôt aux classes pauvres, ensuite, qu'ils ne manquent pas les offices, le dimanche.

M. Paul Bourget semble s'appuyer avec confiance, sur l'autorité du cardinal Gibbons et sur celle de Mgr Ireland. Il n'est, je crois, personne en France, qui n'admire ces deux grands évêques. Quelle ferme et sage hardiesse chez le premier ! Quelle éloquence, quelle intrépidité chez le second ! Mais leurs admirateurs les plus fervents peuvent et doivent se demander si ces deux prélats connaissent, aussi bien que les nôtres, les conditions historiques et sociales qui, seules, peuvent faire comprendre la situation présente de la France catholique. Les âmes les plus chrétiennes se rattachent au passé par des liens que les sages hésitent à couper.

Et puis, sommes-nous bien sûrs de comprendre les discours de Mgr Ireland ? Il faut n'avoir pas beaucoup lu pour ne pas connaître la grande piperie des mots. M. Paul Bourget a dû écrire deux volumes pour bien expliquer que le mot *démocratie* n'a pas du tout le même sens en Amérique et en France. *Démocratie*, de l'autre côté de l'Océan, signifie, quoi donc ? Mais *aristocratie*, c'est-à-dire tout le contraire de ce que nous entendons ici. Vous pouvez donc vous figurer l'énorme malentendu qui se produit nécessairement entre un orateur américain et un public français. Toutes les fois que Mgr Ireland dit « le peuple », ses admirateurs français se représentent les mineurs d'Anzin ou de Carmaux, les ouvriers de Saint-Ouen et de Saint-Denis, ou les canuts de la Croix-Rousse. Mais lui-même, il pense aux travailleurs de Minneapolis, qui sont devenus propriétaires, capitalistes, rois des chemins de fer. Il ne connaît pas et ne veut pas connaître les innombrables révolutionnaires qui donnent tant de mal à la police de

New-York, et inspirent de si vives inquiétudes aux sta-
tisticiens et aux économistes.

Admirons donc, avec M. Paul Bourget, le magnifique
essor de la jeune Église d'Amérique ; souhaitons-lui
d'heureuses et grandes destinées; mais ne nous hâtons
pas d'appliquer à notre vieille France de nouvelles formules, et attendons... Les Églises d'Orient et d'Afrique
ont jeté, pendant quelque temps, un très vif éclat. Que
reste-t-il aujourd'hui, de ces grandes institutions? Rien,
que les souvenirs des saints qui les ont illustrées et
les écrits des Pères. Notre Église de France dure depuis 1700 ans, au moins, et il ne semble pas probable
que nous voyions arriver de sitôt, le terme de ses glorieuses destinées.

Toujours est-il que, pour le moment, l'Église de
France ne dépend, en rien, de l'Église d'Amérique, et
qu'inversement l'Église d'Amérique reçoit encore beau-
coup de l'Église de France. Aucune œuvre scientifique
ou apologétique ne nous vient d'outre-mer ; mais ces
Messieurs de Saint-Sulpice dirigent les séminaires de
Baltimore et de Boston, où se forme tout le clergé des
États-Unis.

M. Paul Bourget répondra-t-il que les rôles pourraient bien changer avant longtemps? Nous entrons
alors dans le domaine de la prophétie, domaine peu
sûr, on en conviendra. Je ne refuse pas, cependant,
de discuter des probabilités. M. Paul Bourget prévoit
qu'un jour, l'Église catholique d'Amérique comptera
des centaines de millions de fidèles, mais il n'ignore
pas que deux grandes questions sont posées, devant
l'Europe chrétienne, qui lui permettent de professer
un optimisme équivalent. D'ici à 150 ans, l'Église angli-
cane et l'Église russe, ne seront-elles pas réunies à
l'Église romaine ? Nous n'en savons rien; mais leur

retour au catholicisme n'est pas plus invraisemblable
que l'existence de 400 millions de catholiques américains. Or, si on se livre au petit jeu des hypothèses,
il est facile de voir que la jeune Amérique n'a pas le
droit de traiter en douairière la *Old Country*. Les missions françaises, russes et anglaises représentent, à
l'heure actuelle, le plus glorieux effort de l'humanité,
dans la grande lutte de la lumière contre les ténèbres.
Elles ont pénétré dans presque toutes les régions de
l'Afrique, elles occupent toutes les îles de l'Océanie.
Quant à l'Asie, la France l'attaque par le Tonkin, l'An-
nam et le Yunnam, l'Angleterre naturellement par les
Indes et la Birmanie, la Russie par le Nord. Dans une
dizaine d'années, le transsibérien aura peut-être boule-
versé toutes les conditions économiques et religieuses
du monde entier.

Il y a deux cents ans, Bossuet s'écriait, en présence
des délégués de l'Église de France :

« Qu'elle est belle, cette Église pleine de science et
de vertu ! Mais qu'elle est belle dans son tout, qui est
l'Église catholique ; et qu'elle est belle, saintement et
inviolablement unie à son chef, c'est-à-dire au successeur de saint Pierre ! »

Et cependant, il n'était pas encore sûr que l'Église
de France eût échappé au schisme; lui-même, aidé de
Leibnitz, il avait échoué dans sa généreuse tentative
d'union chrétienne : il ne se faisait aucune illusion sur
les progrès de l'athéisme (on était en 1688, six ans
seulement avant la naissance de Voltaire). Que dirait-
il aujourd'hui, s'il pouvait aller causer avec un pape
comme Léon XIII, ou engager une action parallèle à
celle d'un lord Halifax ?

M. Paul Bourget, qui parle assez brièvement, en
somme, des choses de l'Église américaine, s'étend, au

contraire, avec complaisance, sur les distractions du
monde élégant. On reconnaît là les procédés d'observation habituels au romancier mondain, dont presque
toutes les études ont, directement ou indirectement,
pour objet, *Cosmopolis*. En voyant Newport, il songe à
Biarritz, à Cannes, à Cowes, et il se prononce avec
une compétence que personne ne songe à mettre en
doute. Il note, comme traits du caractère américain,
l'amour de la complication dans le confort, et une sorte
de passion pour les exercices physiques. Le goût des
Yankees manque d'originalité. Les hommes, absorbés
par les affaires, jouent un rôle assez effacé dans la vie
mondaine ; les femmes copient, les unes Paris, les autres Londres, et rarement avec bonheur. Malgré son
penchant pour les Américains, ou, si l'on veut, malgré
sa bienveillante indulgence, M. Paul Bourget se voit
obligé de le reconnaître :

« Des intérieurs de Newport, une première impression se dégage, qui doit être exacte, tant elle se rac-
corde au reste de l'existence américaine et au dehors
même de ces villas. C'est, à nouveau, l'évidence du trop,
de l'abus, de l'absence de mesure. Il y a trop de tapis
précieux, de Perse et d'Orient, sur le parquet des halls,
qui sont trop hauts. Trop de tapisseries, trop de tableaux, garnissent les murs des salons. Les chambres
d'amis renferment trop de bibelots, trop de meubles
rares, comme il y a, sur la table du lunch ou du dîner
trop de fleurs, trop de verdure, trop de cristaux, trop
d'argenterie. Je revois en ce moment, au milieu d'une
de ces tables, un vase d'argent massif, large et profond
comme le cache-pot d'une plante grasse, et d'où débor-
dait une grappe de raisin, d'un raisin-prodige, aux
grains aussi gros que de petits boulets. Je revois un
paravent, fait avec un tableau italien de l'école des Car-

rache coupé en trois morceaux. La toile n'a pas été gâtée et le travail a été très bien exécuté ; mais quel symbole de cette constante outrance dans le luxe et le raffinement ! »

M. Paul Bourget devait étudier, avec une attention particulière, la jeune fille américaine, et parce qu'il est romancier, et parce qu'il sait combien, en France, pour toutes sortes de raisons dont quelques-unes mauvaises, on désire être renseigné, sur cet être un peu mystérieux et troublant. Il n'y a pas manqué. C'est toute une galerie de portraits qu'il nous offre à son retour de voyage. Le « type de jeune fille qu'il trouve le plus « attendrissant, c'est la *Beauté* : il y en a deux ou trois « pour chaque ville. Je connais ma valeur sociale, disait « l'une d'elles à l'auteur d'*Outre-Mer* : « *I know my* « *social value.* » Elle parlait d'elle-même comme d'une « action du New-York Central ou du Chicago Burling- « ton Quincey. » Voilà qui est attendrissant en effet ! Mais que dire des autres types de jeune fille ? La *Convaincue*, par exemple, trace un programme matrimonial puritain, qu'elle propose ou qu'elle impose à tous ses prétendants. L'*Ambitieuse*, qui se fait une spécialité de la politique, veut avoir la réalité du pouvoir dont elle laissera les apparences, soit à un père, soit à un frère, soit à un mari. Elle peine pour que les deux premiers soient sénateurs, députés, ambassadeurs ; elle peinera pour que le troisième occupe quelque situation semblable, peut-être pour qu'il réside à la *Withe House*. En France, les jeunes gens distingués manifestent une répugnance de plus en plus marquée pour les luttes violentes et déloyales de la politique. Ils ont peut-être tort, hélas ! Mais que penser d'une jeune fille qui affronterait ces polémiques outrageantes, qui sont aujourd'hui comme le condiment nécessaire d'une campagne électorale? Moins intéressante encore est la *Bluffeuse*, nous dirions en France, l'aventurière; quant à la *Garçonnière* et à la *Savante*, elles paraissent tout à fait insupportables, et elles manquent de sens moral.

M. Paul Bourget témoigne, quand même, à toutes ces jeunes filles, une indulgence qui ressemble parfois à de la sympathie. Une jeune Américaine va au théâtre, quelques semaines seulement après la mort de sa mère. Ne dites pas à M. Paul Bourget qu'elle n'a point de cœur : ce mot lui paraîtrait peu philosophique ; il exige que nous nous contentions de dire simplement : La sensibilité américaine diffère de la sensibilité européenne.

Heureux ceux qui connaissent bien les rapports philosophiques des choses !

De même il ne faut ni se scandaliser, ni craindre pour l'avenir, si la vie de famille n'existe plus, dans la société américaine. M. Paul Bourget a constaté, à maintes reprises, que l'amitié entre frère et frère, entre sœur et sœur, entre fille et mère, entre fils et père, est tout à fait élective. Remarquez, je vous prie, avec quelle élégance américaine, ces choses-là sont dites.

Il est vrai que les jeunes filles Yankees ont une audace, une intrépidité et une énergie, qu'on ne voit guère chez leurs sœurs d'Europe, elles ont peut-être aussi plus de franchise. De quelques-unes d'entre elles, M. Paul Bourget trace un portrait charmant :

« Ici (en Amérique), au contraire, elle a conservé son équilibre de nature, au milieu de l'existence la plus comblée, la plus abandonnée et la plus compliquée. Mais ni la fortune de son père, ni le luxe dont elle est enveloppée, ni la fièvre du monde où elle est emportée, n'ont pu prévaloir contre sa faculté raisonnable et raisonneuse. Elle a, d'elle-même, fait le départ entre toutes les sensations que lui a données son milieu, reconnu celles qui sont saines, celles qui sont malsaines, choisi les unes, repoussé les autres. Elle s'est fait un caractère, en entière concordance avec sa position dans la société, individuel cependant et particulier. Pour cette jeune fille-là, on le sent, aucune épreuve ne sera dangereuse, aucune fortune ne la trouvera inférieure à ce qui convient. On comprend, tant on la devine énergique, lucide et douce, que la vigueur de sa race, si effrénée partout ailleurs, atteint chez elle son point de mesure. Ce qu'il y a de si absolument libre, dans les mœurs féminines de son pays, n'a pas altéré chez elle une seule des grâces de son sexe, et ces grâces se doublent d'une force qui assurera son mari, non pas seulement de la plus irréprochable fidélité, mais d'un appui dans n'importe quelle crise. »

Cette jeune fille, que M. Paul Bourget appelle l'*équilibrée*, ne laisse pas d'être admirable. Resterait maintenant une petite question de statistique à élucider : pour une équilibrée, combien compterait-on de bluffeuses ou de politiciennes ou de savantes ?

Les femmes mariées n'excitent pas moins notre étonnement que les jeunes filles. Il paraît qu'elles gardent, dans la vie conjugale, une indépendance absolue de pensée et d'action, sans compter qu'elles jouissent de toutes les facilités possibles. M. Paul Bourget, qui s'est fait une âme américaine, en explique clairement les raisons. « La principale réside dans cette extraordinaire facilité du divorce, dont gémissent les moralistes sévères. S'ils sont dans le vrai, au point de vue du plus grand bien, ils sont assurément dans le tort, au point de vue du moindre mal. Ici encore les Américains ont obéi à leur instinct de voir les choses comme elles sont, et de se laisser conduire par les faits, en les admettant

sans les discuter. Ils sont partis de cette idée bien
simple, — mais nos esprits latins ne l'ont pas encore
admise, — que le divorce n'est jamais un danger pour
les bons ménages, et qu'il y a un grand intérêt, public
et privé, à ce que les mauvais soient brisés le plus vite
et le plus aisément possible. »

L'enquête de M. Paul Bourget, sur la femme et la
jeune fille américaines, est donc très documentée et
intéressante; mais je doute fort que ses lecteurs acceptent ses conclusions optimistes, sur l'avenir des
États-Unis. Nous autres, gens d'Europe, nous persis-
tons à croire que la famille est la base de la société,
et le savant Le Play, dont M. P. Bourget invoque, à
plusieurs reprises, le témoignage, a singulièrement
fortifié, chez nous, ce préjugé.

Des élégances de Newport aux abattoirs de Chicago,
les relations n'apparaissent pas tout d'abord. M. Bourget les a vues et il n'a pas hésité à les mettre en lumière.
Pourquoi s'est-il cru obligé, d'étaler le spectacle de ces
millions de porcs, hurlant, s'agitant, et mourant et se
transformant en charcuterie, avec une rapidité verti-
gineuse ? On devine, dans ces pages, l'admirateur de
M. Zola qui veut rivaliser avec le maître. Je sais bien
que la littérature contemporaine n'est point autorisée
à se montrer trop délicate, mais il me semble qu'aux
psychologues, pour lesquels écrit M. Paul Bourget, il
suffirait de savoir combien on tue de bœufs, de porcs
et de moutons, chaque jour, à Porcopolis.

Un grand journal offre plus d'intérêt aux psychologues, qu'une charcuterie, si colossale et si bien outillée
soit-elle.

« Le rêve de l'Américain serait de faire du journal un
moulage total de la réalité, une sorte de carte en relief,
qui fût un raccourci non pas même d'un jour, mais de

l'heure, de la minute, si universel et si complet, que demain cent mille, deux cent mille, un million de personnes aient devant elles, à leur déjeuner, un tableau sommaire de toute leur ville d'abord, puis de leur État, puis de tous les États de la Confédération, puis de l'Europe, de l'Asie, de l'Afrique, de l'Australie. Cette ambition ne lui suffit pas ; il veut que ces cent mille, ces deux cent mille, ce million de lecteurs, trouvent dans leur feuille favorite de quoi répondre à toutes les questions, de tout ordre, qu'ils peuvent se poser sur la politique, sur la finance, sur la religion, sur les arts, sur la littérature, sur les sports, sur la société, sur les sciences. C'est une encyclopédie quotidienne, mise au point de l'instant qui passe, qui est déjà passé. Ce projet colossal est visible partout, dans cette maison où le journal est chez lui, naturellement et de toute manière. »

Oui, c'est gigantesque ; mais que m'importent les soixante pages de grand format ? J'aimerais mieux savoir quelle influence réelle ces journaux immenses exercent sur l'intelligence de leurs lecteurs. Ne rempliraient-ils pas, un peu, les fonctions des murailles couvertes d'affiches, sur lesquelles se lisent des réclames comme celle-ci : Louis XIV a été consacré roi de France à l'âge de cinq ans (1643). La Pepsine X... a été couronnée par le succès, comme un remède contre l'indigestion, avant qu'elle n'ait été connue du public, à un an. — Ces journaux prouvent donc la puissance du commerce américain, l'importance de la réclame et le savoir-faire du directeur ; mais il n'est pas démontré que leur influence politique soit proportionnelle à l'étendue de leur clientèle. Tel article de la *Gazette de Cologne* a failli mettre l'Europe en feu ; tel article du *Times* a contribué à assurer définitivement la paix menacée.

Est-ce l'effet de l'éloignement? Mais si l'habileté des reporters du *Herald* américain à saisir les nouvelles ne fait doute pour personne, l'autorité universelle de ses rédacteurs politiques ou littéraires s'affirme avec moins d'éclat. Il faut avouer, cependant, que ces feuilles américaines représentent un prodigieux et colossal instrument de réclame, même littéraire. M. Zola a pu et su les mettre à profit pour son *Lourdes*.

Au moment où M. Bourget parcourait Chicago et son exposition, le fameux Parlement des religions tenait ses séances dans une des salles de l'Art Institute. M. P. Bourget a vu cette Église d'un nouveau genre ; il a assisté à deux séances, ce dont il n'y a pas lieu de le louer outre mesure, car il aurait pu, sans inconvénient grave, abréger un peu ses excursions aux abattoirs et réitérer ses visites au congrès des religions. Les journaux illustrés et les revues qui ont pour objet la vulgarisation scientifique décrivent assez souvent les abattoirs des grandes villes. Les congrès dans le genre de celui de Chicago n'entreront pas de sitôt dans les mœurs : il faut donc les étudier très attentivement quand ils ont lieu.

Cependant, de ce que l'on nous offre il faut nous contenter.

M. Bourget a très bien vu deux choses : le côté grotesque de ces réunions cosmopolites, et le prosélytisme ardent de l'anglicanisme. Que cet ensemble de prêtres bouddhistes et catholiques, de pasteurs protestants et de dames fût nécessairement bizarre, on s'en doutait bien un peu; mais que les cocasseries de Barnum aient pris une si grande place dans ce congrès, voilà ce dont M. Paul Bourget a sagement fait de nous avertir. L'idée ne viendra à personne de convoquer le Parlement des religions à Paris, pour l'Exposition de 1900. Vous représentez-vous ce spectacle dans l'une des salles du Trocadéro ?

« Trente personnes siégeaient là, par ce matin, l'un des derniers de cette session. Un Japonais, d'abord, en paletot mastic, mufle de chien avec des lunettes sur son nez aplati, des moustaches noires sur une peau luisante et jaune.... Un Chinois, en robe bleue, le torse pris dans une veste de soie violette, coiffé d'une calotte noire à bouton rose, tournait de tous côtés une face chafouine pâle et maigre, le nez pas très droit. Un archevêque grec se carrait, superbe, sa longue barbe brune étalée sur une robe grise, presque havane... Un Indien venait ensuite, de vingt ans peut-être, glorieux de jeunesse et d'ardeur, avec une robe violemment rouge, et un turban violemment jaune ; et c'était, autour de ces Orientaux, une rangée de pasteurs anglais, rasés et rosés, des faces d'Allemands, toutes barbues, avec des yeux aigus sous des lunettes d'exégètes.... Deux femmes se tenaient dans un coin.... Et, pour achever en vulgarité ce que cette exhibition composite avait de presque forain, un homme de quarante-cinq ans, gros et familier, étalé sur le devant, se fourrageait le nez avec les doigts, pendant qu'un *chairman* à voix de Barnum se levait, entre deux mesures d'orgue, pour donner la parole aux orateurs, avec des boniments d'impresario. »

Cependant, pour la plus grande gloire des *novelists* français, M. P. Bourget s'est intéressé au fond même de la question débattue au congrès. Il admire l'éloquence d'un pasteur anglican qui exprime par une formule concrète un grand principe social : Non ! — s'écrie l'orateur à un moment, — ce n'est pas la nation anglaise qui a fait l'Église d'Angleterre ; c'est l'Église d'Angleterre qui a fait la nation anglaise. Et M. Paul Bourget pense au vieux puritanisme protestant, nourri de souvenirs bibliques ; il invoque Lincoln « jetant au peuple des États-Unis cette phrase étrange, annonçant que la guerre durerait jusqu'à ce que chaque goutte de sang versée sous le fouet ait été payée par une autre versée par l'épée. » Dans cette éloquence du pasteur anglican, ne faudrait-il pas voir le contraire de ce qu'affirme M. Bourget? Si les contemporains de Cromwell revenaient au monde, ils ne manqueraient pas d'anathématiser ces pasteurs anglicans, qui préparent l'union des Églises chrétiennes, et qui ne craignent pas de siéger entre les païens et les papistes. Tandis que M. Paul Bourget rédigeait ce compte rendu, un reporter arrachait à M. Alphonse Daudet l'interwiew que voici :

« Dîné avec deux hommes d'État très curieux : sir Balfour, neveu de Salisbury, et sir John Morley, ministre pour l'Irlande, auteur de beaux livres sur le xviii siècle français. Balfour, lui, a écrit des livres de philosophie, dont Wyzewa a parlé, dans le dernier numéro de la *Revue des Deux-Mondes*. Dîner très intéressant. Les deux hommes, quoique ennemis à la Chambre, sont intimes. Après une discussion avec nous sur Voltaire et Diderot, eux tenant pour Voltaire, ils sont partis pour la Chambre, à onze heures du soir, dans la même voiture. »

Le pasteur anglican de Chicago et M. Paul Bourget après lui n'auraient-ils pas commis un anachronisme?

En sa qualité de sociologue, M. Bourget étudie attentivement l'éducation américaine. Il décrit les collèges, les écoles primaires de garçons, les collèges de filles, les universités, et il synthétise les théories pédagogiques en honneur chez les Américains. M. Bourget, comme tout bon Français qui vit en l'an de grâce 1895, se prononce énergiquement pour l'indépendance des Universités ; il émet le vœu que les collèges français ne ressemblent plus à des prisons ou à des casernes. Il y a bien des années déjà que tous les pédagogues qui ne sont pas absolument dépourvus d'éloquence, multiplient ces sortes de recommandations. Cependant, M. Bourget a noté une particularité de l'éducation américaine, à laquelle on ne saurait attacher trop d'importance :

« Il arrive souvent qu'une jeune fille, toute préparée pour l'examen, s'établit caissière ou vendeuse dans une boutique, secrétaire d'hôtel ou copiste, pour parfaire cette somme. D'autres rendent à leurs camarades des services de couturière ou de modiste, font des chambres, se chargent des commissions. Ici, ce travail d'à côté n'est pas seulement toléré, il est estimé. »

Ce n'est pas dans notre pays égalitaire qu'on verrait se reproduire des faits de ce genre. Ils prouvent que, dans la société américaine, les castes n'ont pas eu le temps de se former. Mais on éprouve quelque embarras quand il s'agit de tirer de ce fait des conséquences pratiques. Faut-il souhaiter qu'en France les servantes aillent s'asseoir dans les pensionnats à côté des jeunes filles appartenant à la haute bourgeoisie ? Il serait curieux d'avoir là-dessus l'opinion des mères de famille éclairées, des maîtresses de pension, et des hommes éminents qui s'occupent de pédagogie. Il serait aussi intéressant de savoir si deux républiques, également passionnées pour le mot démocratie, ont chance de se rencontrer jamais sur ce point. Verra-t-on les domestiques françaises tenir salon, une fois par semaine, chez leurs maîtresses, ou bien, au contraire, les bourgeoises américaines relégueront-elles définitivement leurs servantes dans la cuisine ? Dans quel sens marchons-nous ?

La grande idée que M. P. Bourget apporte d'Amérique, celle qui domine toute son œuvre, c'est l'idée de décentralisation. Ici encore, il suit, comme on dit, le courant. Eh bien, oui, décentralisons... si c'est possi-

blo. Car tout s'oppose, chez nous, à la décentralisation :
la configuration du sol d'abord. Essayez donc de vous
rendre rapidement de Chambéry à Périgueux, ou de
Tours à Clermont-Ferrand ; il vous faudra un temps
infini. Mais, au contraire, de Brest et de Calais, de Nice,
de Nancy et de Bayonne, on arrive très facilement à
Paris et très vite ; les vallées semblent s'être creusées
exprès pour faciliter les communications entre la
grande ville et les parties les plus excentriques de la
France. Et puis, peut-on supprimer d'un trait de plume
400 ans de notre histoire ? Si nous souffrons à ce point
de cet excès monstrueux de centralisation, la faute en
est à la Révolution, sans doute, mais aussi à Richelieu,
mais à nous tous, à nos amis et à nos ennemis. Il se
trouve enfin des publicistes pour défendre, aujourd'hui
encore, l'état anormal qui est le nôtre.

« Je ne suis pas suspect, a dit M. E. Faguet, de manie
centralisante, ni de fétichisme à l'égard de la Révolution française ; mais je ne cesserai de répéter que personne n'est responsable de la centralisation effrénée
dont nous souffrons. Elle est une nécessité historique, que la Révolution française a subie comme l'ancien régime et un peu plus, et que nous subissons
comme la Révolution française et un peu davantage.
Contre les grandes nations européennes centralisées
à outrance, nous ne pouvons être que centralisés à
l'excès. Le premier peuple européen qui s'émiettera
sera dévoré. Je sais bien que c'est nous qui avons
donné l'exemple ; mais il n'est plus temps pour nous
d'en donner un autre.

« On me dira : » Oui ! la centralisation, dans tout ce
qui a rapport à la défense du territoire, et la décentralisation la plus large, pour être la plus féconde, dans
tout ce qui n'a pas rapport au salut public. » Le mal-

hour c'est qu'il n'y a rien de plus difficile à faire que ce départ, et que tout, à bien peu près, a rapport direct au salut public. Je conseille à M. Bourget, et même, si ce n'est pas manquer de respect, à la Commision de décentralisation qui vient d'être instituée, de lire de près tous les discours du grand centralisateur, Thiers, depuis 1830 jusqu'en 1870. C'est un cours complet de centralisation. »

Évidemment M. Faguet s'amuse un peu à nous faire peur ; mais quelques-unes de ses craintes ne sont pas tout à fait sans fondement, et il a raison, en ce sens que le règne de la décentralisation n'est pas près de devenir une réalité. D'ailleurs il est douteux que l'imitation générale d'un pays par un autre pays produise de bons résultats. Après nos défaites de 1870, nous nous sommes mis bravement à copier l'Allemagne ; on commence à comprendre, aujourd'hui, que sur bien des points nous nous sommes trompés. Il n'en irait pas autrement avec l'Amérique. Les États-Unis forment un organisme vivant, qui se développe d'après des principes déterminés, et dans des conditions particulières.

Certes, elles sont grandes, les œuvres difficiles menées à terme en si peu de temps par les Américains ; les vastes espoirs qu'ils proclament joyeusement à la face du vieux monde n'ont peut-être rien de chimérique. Quel spectacle offrirait une république composée de 400 millions d'hommes libres ! Mais cette république idéale existera-t-elle jamais? Et si par hasard elle existe, durera-t-elle? Enfin, laissera-t-elle de ces œuvres d'art qui immortalisent un peuple? Les Assyriens, les Chaldéens, les Perses ont fondé des villes colossales et d'immenses empires; les ruines de leurs palais font encore l'admiration des architectes et des archéologues. Cependant, leur influence morale dans le monde ne

saurait être comparée à celle de ces deux petits pays,
qui s'appellent la Judée et la Grèce. Donc, attendons
avant de nous prononcer ; ou, plutôt, il est inutile d'attendre, nous ne saurons jamais ; nos arrière-neveux
sauront peut-être, et s'ils s'occupent de M. P. Bourget,
ce qui est probable, ils auront maintes fois l'occasion
de sourire en parcourant *Outre-Mer.*

L'auteur caractérise lui-même son œuvre, avec beaucoup de justesse :

« En les relisant, ces notes prises au jour le jour, je
les ai jugées bien incomplètes et bien superficielles.
Ce n'est pas huit mois, c'est des années qu'il faudrait
passer ici, et avec des connaissances spéciales de poli-
ticien, d'économiste, d'ingénieur, de géologue, d'an-
thropologiste, pour lever un moulage exact de cette
énorme civilisation en train d'installer ses quelque
cinquante États ou territoires sur une étendue de sol
presque aussi vaste que l'Europe, et dans des conditions
prodigieusement complexes de climats et de races.
Malgré les travaux de la valeur de ceux de Tocqueville
il y a un demi-siècle, et de M. Brice voici quelques années, le livre qui résume une pareille société reste à
écrire. S'il doit jamais être composé, c'est à la condition que beaucoup de monographies particulières aient
été rédigées par des voyageurs de bonne foi, qui se
bornent à transcrire leurs impressions. Cette modeste
ambition d'un service à rendre m'encouragerait seule
à donner ce journal de route.... »

La modestie de M. P. Bourget ajoute un charme très
particulier à ses mérites littéraires ; mais elle n'exagère
rien. Il ne faut pas chercher dans *Outre-Mer* autre
chose que des notes de voyageur avisé et consciencieux.
Cela pourrait s'appeler, dans la langue moderne, une
série d'instantanés.

Pour moi, je serais porté à croire que cet ouvrage, qui se compose de deux volumes, n'est en réalité qu'une préface. M. P. Bourget, qui est encore jeune, ressentira, avant qu'il soit longtemps, la nostalgie de l'Amérique : il recommencera son étude avec un but plus précis, peut-être avec des arrière-pensées religieuses ; il s'attachera à un ou deux aspects, tout au plus, de la vie sociale au nouveau monde, et il ne se contentera pas de deux volumes.

En attendant, il y a plaisir à suivre les évolutions diverses par lesquelles passe le talent de M. P. Bourget. Sa méthode littéraire demeure à peu près la même, si nous nous en tenons à ce qu'il y a de positif dans son œuvre. car s'il n'a rien ajouté, il a beaucoup supprimé. Il conserve l'habitude des investigations scientifiques. Il compte les variétés de lavabos, dont il a eu l'occasion de se servir dans les hôtels, comme son maître M. Taine comptait jadis les genres de pantoufles qu'il trouvait dans sa chambre à coucher de Londres. La physiologie demeure toujours l'objet de ses préférences. Il a soin de se tenir toujours au courant, comme on dit, et de ne jamais heurter l'opinion : sur la décentralisation, sur la Révolution, sur la science même, il traduit avec exactitude les idées de l'élite qui prévalent en ce moment. Il laisse entrevoir son admiration pour M. Zola, toutes les fois qu'il en a l'occasion ; enfin il donne libre cours à ce goût d'exotisme qu'il a professé toute sa vie. Il y a là, peut-être, un danger pour le développement ultérieur de son talent. M. P. Bourget s'est formé à l'école de maîtres puissants, originaux, mais s'écartant sensiblement de la grande tradition française : Stendhal, Taine, Flaubert, Renan. Depuis, il a vécu sur toutes les plages, il a parcouru toutes les grandes agglomérations, il a pris part à toutes les fêtes de cette vaste Babel moderne, qui s'appelle *Cosmopolis*. Ne craint-il pas de faire trop de concessions aux idées exotiques ? Les étrangers, qui possèdent à un si haut degré la science du confort, ne comprennent pas les délicatesses de l'esprit français.

Mais si les procédés d'observation et de style ont peu varié, combien différentes sont les idées qu'il professe aujourd'hui des idées qu'il expliquait autrefois ! Où est le panthéisme matérialiste d'antan ? M. P. Bourget ne craint pas de dire hautement ses profondes sympathies pour le christianisme en général et pour l'Église catholique en particulier. Même il se croit profondément chrétien, et il se proclame tel, sans réticence. Nous l'en félicitons respectueusement.

Il est toutefois quelques points sur lesquels nous voudrions bien être fixés, nous autres lecteurs simples, naïfs et peu habiles à saisir les finesses de la haute stratégie littéraire. M. Paul Bourget va-t-il à confesse ? Lorsqu'il dînait chez les protestants de New-York, faisait-il maigre, le vendredi ? A s'en tenir aux notes d'*Outre-Mer*, il ne semble pas qu'il ait assisté souvent à la sainte messe. Eh bien, alors !...

Peut-être ai-je tort de poser ces questions ; mais c'est, je crois, comme un malaise, pour les amis chrétiens de M. P. Bourget, de ne pouvoir les résoudre avec certitude. A l'heure présente, du reste, l'Église a un peu le droit d'interroger les enfants, qui lui viennent de tous côtés, et qu'elle n'a pas portés en son sein. Elle a un *Credo*, des sacrements, une liturgie, une hiérarchie complète et vivante, et il est des marques certaines, auxquelles on reconnaît le vrai catholique. Si nous laissions les nouveaux chrétiens parler et agir à leur guise, nous serions bientôt débordés par une sorte de religion vague, indépendante, infiniment plus voisine du protestantisme que du catholicisme. Plus les hommes qui rentrent dans nos rangs ont de célébrité et d'autorité, et plus il est nécessaire de leur demander des déclarations catégoriques. M. P. Bourget ne saurait s'offenser de cette inquiétude ; elle lui prouve l'ardent désir que l'on a de le compter parmi les enfants de l'Église et la haute estime qu'on professe pour son talent.

Du reste, la situation nouvelle impose aux écrivains catholiques une nouvelle manière d'agir. Il y a seulement quelques années, lorsqu'un homme de lettres daignait se montrer respectueux envers l'Église, nous nous croyions presque tenus de lui témoigner de la reconnaissance. On nous avait si peu habitués à ces bons procédés !... — Aujourd'hui, — il ne s'agit pas ici de politique, je n'ai pas sans doute à le faire remarquer, — presque tous les hommes distingués viennent à l'Église ; presque tous lui offrent leurs sympathies, leur services ; la plupart lui prodiguent des conseils, quelques-uns lui intiment des ordres. Évidemment, elle a besoin, avant tout, de se dégager un peu, de modifier l'ardeur parfois gênante de ses nouveaux amis ; elle peut sans doute parler avec autorité. M. Zola s'imaginait, naguère, acquérir des droits, par son *Lourdes*, à l'admiration des catholiques. Outre qu'il avait écrit de bien tristes pages, il s'était trompé de date. M. P. Bourget s'occupe des sujets religieux avec infiniment plus de délicatesse que M. Zola. Mais il s'en tient encore à de trop vagues formules religieuses : les catholiques attendent mieux de son caractère et de son talent, et ils attendent avec confiance.

AME SAINTE

« C'est maintenant l'heure des âmes ! » s'écriait naguère un philosophe, dans une sorte d'extase. Il semble bien, en effet, que les questions psychologiques prennent chaque jour, aux yeux de l'opinion publique, une importance plus grande. Pendant de longues et sombres années (c'était le temps de ce qu'on appelle la littérature brutale), le monde réservait toute son attention et toute son admiration pour les progrès matériels. Sans les négliger aujourd'hui, on les apprécie à leur véritable valeur. Il est beaucoup de personnes qui s'intéressent, par-dessus tout, aux exercices obscurs d'une vie d'abnégation : elles aiment le son que rend une belle âme. Pour ces personnes-là seulement, je viens raconter ici, en toute simplicité, ce que je sais d'une belle âme, on pourrait dire, d'une âme sainte.

J'ai eu le bonheur de la connaître, dans une intimité de douze ans ; je l'ai entendue prier, gémir, s'épancher en de mélancoliques et surnaturelles conversations, puis se relever dans des élans d'enthousiasme. L'admirable vie ! Qu'on ne s'attende pas, toutefois, à une biographie détaillée. Les saints peuvent n'avoir rien que de très ordinaire dans leur vie extérieure ; celle dont je viens parler n'offre rien d'exceptionnel aux yeux du monde. M. Louis Dumoulin appartenait à une famille patriarcale des environs d'Autun ; il a fait ses études dans un petit séminaire, puis il est entré dans la Compagnie de Saint-Sulpice. On l'a nommé, successivement, professeur au grand séminaire de Rodez, supérieur du séminaire de philosophie de Bordeaux, directeur au séminaire de Nîmes. Et c'est tout ; ou plutôt, il convient de dire que tout cela n'est rien. Ce qui nous intéresse en M. Dumoulin, c'est la vie de l'âme, c'est l'âme elle-même. Étudions-la, sans préoccupations des événements extérieurs ; essayons de l'analyser : nous verrons quels éléments entrent dans sa haute piété.

La physionomie de M. Dumoulin n'apparaissait sous son vrai jour que dans le cadre qui lui convenait, c'est-à-dire au grand séminaire, et mieux encore dans la chambre qu'il occupait. Elle était connue d'un assez grand nombre de prêtres, cette chambre à l'aspect monacal ; et les heures qu'ils y ont passées leur ont laissé de bien délicats et bien touchants souvenirs. Il sera doux, j'imagine, à plusieurs d'entre eux de faire, par la pensée, ce pieux pèlerinage. Supposons donc, pour un instant, que M. Dumoulin vit encore et allons frapper à sa porte. Une voix douce, flûtée, chantante, nous invite à entrer. On se trouve en présence d'un homme jeune encore, mais que les infirmités ont prématurément vieilli. Il salue avec une timidité aimable, et il prie le visiteur de s'asseoir.

Est-ce bien une physionomie de saint que nous avons devant les yeux ? Un teint bilieux, des sourcils en broussailles, un regard de myope dont il faut saisir l'expression au passage, produisent d'abord une sensation étrange ; mais quel bon sourire éclaire toute la physionomie ! Comme il s'incline doucement, ce front dont la surface polie brille de reflets mystiques ! Comme l'ensemble de la personne et l'accent de la voix révèlent l'humilité vraie et la douceur !

Jetez les yeux maintenant autour de vous. Sur un vaste bureau noir et disgracieux, un entassement de gros et vieux livres ; au centre, mais à portée de la main gauche, un grand christ en cuivre, dont les pieds sont polis par les baisers. Cependant l'art met comme un rayon sur ce pêle-mêle un peu triste. Cherchez attentivement au milieu de ces in-folio : vous trouverez quelques fines gravures représentant les chefs-d'œuvre des primitifs italiens. Sur la cheminée, dans un tableau d'un charme naïf, semble revivre l'âme d'un mystique allemand. Par la fenêtre, souvent ouverte, même en hiver, on voit la chapelle, et, le soir, on distingue les faibles clartés de la lampe, qui se consume devant le Saint-Sacrement. Quand la saison est froide, un petit feu brûle dans la cheminée, mais si faiblement, si faiblement que sa chaleur se fait à peine sentir : les habitués de la maison savent ou plutôt devinent pourquoi.

Voilà ce qu'un rapide coup d'œil permettait de conjecturer de M. Dumoulin. Les conversations prolongées, les visites renouvelées confirmaient cette première impression. Souvent on le voyait, ce cher directeur, se pencher sur ses livres comme pour demander à leurs pages la solution d'une difficulté. Mais, d'ordinaire, il se tournait vers son interlocuteur, et il devenait facile alors de remarquer l'habitude d'élever, en même temps que le cœur, le regard vers Dieu, des soupirs fréquents, rapidement étouffés, et surtout le geste familier qui avait tant de signification et de charme. M. Dumoulin fermait à demi ses doigts tournés vers le ciel, qui d'abord paraissaient enserrer quelque chose de précieux et qui s'ouvraient ensuite brusquement comme pour laisser s'envoler des prières. On s'étonnera peut-être que j'insiste sur ces détails ; mais l'attitude de M. Dumoulin, l'expression de sa physionomie préparaient en quelque sorte sa conversation ou l'expliquaient.

Il ne nous reste plus qu'à écouter sa parole, à nous pénétrer de sa pensée, à nous élever jusqu'aux sphères sereines où vivait son âme.

A la base de cette haute piété, que tout le monde s'accordait à reconnaître en M. Dumoulin, il convient de mettre d'abord la science. Saint Bernard avait coutume de dire à ses religieux : « Sans la science la piété est peu de chose. » Qu'eût-il pensé de nos jours, où la science est devenue un si puissant instrument de propagande et de domination ? M. Dumoulin, qui connaissait le mot de saint Bernard, s'appliquait constamment à l'étude. Aussi avait-il amassé une somme considérable de connaissances. Jusqu'où s'étendaient-elles ? On peut affirmer que M. Dumoulin savait par cœur des livres entiers de la sainte Écriture et de nombreux chapitres de l'*Imitation*. Non seulement il les citait avec aisance, mais il adaptait à chaque verset des commentaires empruntés à la meilleure exégèse ou aux auteurs mystiques. Il ne fallait pas lui parler des travaux récents de la critique rationaliste : il ne les connaissait pas et ne voulait pas les connaître. « Je laisse à d'autres, disait-il naïvement ou malicieusement — on ne sait trop, — je laisse à d'autres l'hypercriticisme. »

Le droit canon avait pour lui beaucoup de charmes. Il ne m'appartient pas de dire jusqu'à quel point il avait étudié les lois de l'Église, dans leurs rapports avec les lois civiles. Mais il est bien certain, d'une part, qu'il mettait beaucoup de flamme dans l'explication de ses auteurs ; d'autre part, qu'il se faisait une très haute et très belle idée de son enseignement. Il concevait l'histoire du droit canonique, comme le développement de l'action de l'Église sur les peuples et les sociétés. Voilà qui est bien de nature à rendre agréable et féconde en aperçus lumineux cette science réputée si aride.

Mais, entre tous les sujets d'étude, M. Dumoulin préférait ce qui se rapporte au mysticisme ou à l'art chrétien. Il connaissait à fond les vies de saints ; il goûtait vivement la beauté des chants liturgiques, il réfléchissait sur ce qu'on pourrait appeler l'esthétique surnaturelle. Avec un amour tout particulier, il lisait et relisait les dialogues de saint Grégoire, les *Fioretti* de saint François, les hymnes de Jacopone de Todi, les révélations de sainte Françoise Romaine ou de Marguerite-Marie.

Que de délicieux petits récits, empruntés pour la plupart à la vie des saints, ont entendus ses élèves ! Il les donnait en souriant, avec un mélange de bonhomie, de confusion, de joie, de naïveté, qui touchait tous les auditeurs. « Je crois cela, bonnement, » disait-il. C'est là, pour ceux qui ont connu M. Dumoulin dans l'intimité, un nouveau motif d'admiration. Nous oublions trop, en ce siècle rationaliste, les paroles du divin Maître : « Si vous ne devenez petits enfants, vous n'entrerez point dans le royaume des cieux. » M. Dumoulin se faisait petit enfant, par l'esprit comme par le cœur et la volonté. Dans les légendes chrétiennes, il allait toujours de préférence à ce qu'il y a de plus enfantin, de plus miraculeux et de plus antirationnel. Seul, dans sa chambre, il s'excitait à la piété, en chantant, de sa petite voix très claire et très douce, une des hymnes qu'il aimait le plus, le *Salve Regina* ou l'*Ave, maris Stella*. Parfois, il contemplait avec une sorte de joie extatique une belle gravure représentant la Vierge de Fra Angelico, puis ses yeux profonds se levaient lentement vers le ciel, pendant que ses lèvres murmuraient : *Pulchra ut luna, electa ut sol.* Tout cela n'est-il pas d'une belle âme ? M. Dumoulin vivait comme naturellement dans cette atmosphère particulière, qui est celle des enfants au cœur pur, des héros et des saints.

Ces habitudes morales et intellectuelles nous font déjà comprendre combien était ardent l'amour de M. Dumoulin pour l'Église. D'intimes amis ont dépouillé tous les cahiers de retraite qu'il a écrits, depuis le jour où il entra comme élève au grand séminaire, jusqu'au moment de sa mort. Sur chacun de ces cahiers se trouve consignée, sous une forme ou sous une autre, la résolution de s'exercer au zèle des âmes et de se dévouer au bien de l'Église. Fermement convaincu que rien ne se perd dans le monde surnaturel, que chaque acte moral produit une série de résultats dont nous pouvons difficilement mesurer la portée et les conséquences, M. Dumoulin s'efforçait d'édifier toujours ses collègues, ses dirigés et ses élèves.

En même temps, il s'appliquait à faire connaître l'Église, il établissait ses droits, il célébrait ses gloires ; il la défendait avec cette chaleur d'âme qu'on mettrait à défendre une mère outragée ou méconnue. Des séminaristes, pour mieux jouir des vertueuses indignations de M. Dumoulin, ne craignaient pas de se constituer momentanément les avocats du diable : « Voyons, disaient-ils, Monsieur le Directeur, est-il bien prouvé que l'Église de Dieu doive exercer une telle prépondérance sur la société civile ? Vous parlez bien sévèrement de ses ennemis ; peut-être ne se rendent-ils pas compte de tout le mal qu'ils accomplissent. »

Alors l'humble prêtre se transformait ; il se penchait en avant dans une attitude de combat : un de ses bras rejeté en arrière décrivait un geste de défi ; ses énormes sourcils froncés, la fixité de son regard donnaient

à sa physionomie un aspect tout nouveau. Le très doux
M. Dumoulin paraissait presque dur. C'est qu'il comprenait, comme il le disait si bien lui-même, la valeur
des âmes.

Son amour pour l'Église revêtait une grâce particulière ; il se confondait avec son amour pour sa famille.
Le fait n'a rien de surprenant, quand on songe au
genre de vie qui était en honneur dans cette famille
patriarcale, laquelle se composait de douze enfants.
Tous avaient été élevés dans une discipline sévère,
et d'après des principes particuliers que nos modernes
théoriciens feraient sagement de méditer. M. Dumoulin, le père de notre cher et vénéré directeur,
redoutait pour ses enfants les inconvénients du sur-
menage. Aussi se contentaient-ils, jusqu'à l'âge de huit
ans, d'apprendre la lecture et le catéchisme. Le jeune
Louis Dumoulin, notre héros, se faisait remarquer par
son zèle à apprendre les éléments de la religion chrétienne, sous la direction d'une sœur aînée. Il s'assi-
milait si bien les vérités religieuses qu'il éprouvait
le besoin de les prêcher à son tour. « Vois-tu, disait-
il à son jeune frère, si le bon Dieu le voulait, ce petit
arbre qui est là deviendrait tout d'un coup aussi
grand que cet autre ; ce pré, qui n'a point d'herbes,
serait aussitôt couvert de foin ; si le bon Dieu ne rete-
nait pas les étoiles, Eugène, elles tomberaient. »

L'histoire authentique nous apprend qu'Eugène se
sentait peu ému par cette persuasive éloquence. N'é-
prouvant aucune inquiétude sur la solidité des étoiles,
il trouvait un peu longs les discours de son frère-
grand, et il manifestait le désir de retourner à ses jeux.

Trois des sœurs de notre doux héros ont embrassé
la vie religieuse ; un de ses frères, obéissant à la plus
belle et à la plus sainte des vocations, a consacré sa

vie à la conversion des Chinois. Ses autres parents, dispersés dans presque toutes les régions de la France, demeurent fidèles à la foi de leur enfance. Notre cher directeur a toujours été comme le centre où se réunissaient toutes les affections de cette nombreuse parenté. Lorsque venait le mois de juillet, on voyait le bon M. Dumoulin, armé de son petit sac traditionnel, se diriger vers la gare de Nîmes, d'un pas plus léger et le visage encore plus souriant que de coutume. Il allait, le saint homme, voir sa chère famille, il allait consoler des douleurs, fortifier des amitiés saintes, communiquer à tous un plus grand amour de Dieu. Sainte Claire reçut un jour à dîner saint François d'Assise. Au premier plat, on parla de l'amour de Dieu au point d'en oublier le manger ; au second plat, il en fut de même, et ainsi de suite, en sorte que tout le temps du repas se passa en conversations saintes. Il serait absolument injuste de penser qu'on oubliait de faire dîner M. Dumoulin, à l'abbaye de Pradines, où demeurent deux de ses sœurs religieuses ; mais il serait intéressant de connaître ses pieux propos. Comment parlait-il de la vie présente et de la vie à venir ? C'est le secret de Dieu sans doute et de quelques âmes. Mais ceux qui ont connu de très près M. Dumoulin peuvent imaginer là-dessus de bien belles et bien charmantes choses.

Outre la science et l'amour de l'Église uni à l'amour de la famille, la piété de M. Dumoulin offrait quelques caractères qui méritent l'attention. Faut-il énumérer ici toutes ses dévotions et toutes ses pratiques spirituelles ? Non, d'abord parce qu'elles sont trop nombreuses, et ensuite parce que nous ne les connaissons peut-être pas toutes. Et puis les pratiques qui accompagnent la sainteté ne sont pas la sainteté elle-même.

Notons cependant l'aménité et surtout la distinction

de M. Dumoulin. A Dieu ne plaise que je veuille établir
ici des classifications sociales. Mais on peut bien dire,
à tout le moins, qu'il existe plusieurs genres de piété.
M. Dumoulin n'avait rien de cette étroitesse qui rend
parfois les personnes dévotes si antipathiques aux
gens du monde. Il s'inspirait des mystiques les plus
délicats ; il s'appropriait leurs sentiments ; à l'instar
de saint François de Sales, il savait rendre aimable la
pratique des vertus chrétiennes.

A mon sens, la piété de M. Dumoulin se manifestait
principalement par trois habitudes d'âme, qui me paraissent constituer une sorte de critérium.

D'abord, il réalisait pleinement l'union de l'âme avec
Dieu. Son oraison était constante. Quelle chose au
monde, en effet, aurait bien pu l'interrompre ? Les
lectures de M. Dumoulin étaient toutes surnaturelles ;
ses travaux ne sortaient jamais de ce cercle, dans
lequel Dieu apparaît toujours comme l'objet immédiat
de la pensée ; ses conversations n'avaient jamais rien
de profane ni de banal. Parfois, ses interlocuteurs
l'entraînaient sur un terrain différent, et, par charité, il
semblait se prêter quelques instants à leur tentative ;
mais bien vite il s'efforçait de ramener les esprits et
les cœurs vers Dieu. Ses yeux laissaient bien *transparaître* ces célestes aspirations de son âme : « Ils cher-
« chaient toujours par delà les choses visibles, les
« assises de la Jérusalem nouvelle, de ce grand jour à
« venir qui s'élèvera plus haut que le ciel, à la gloire de
« Dieu. » On comprenait que son cœur s'épandait en
doux et mystérieux dialogues avec Celui par qui il
avait été blessé d'amour : « Mon âme a trouvé celui
qu'elle aime. »

Une seconde preuve de la sainteté de M. Dumoulin,
je la trouve dans cette pleine possession de soi-même

qui, dans le monde moral, est le signe caractéristique des victoires définitives. Non pas qu'il n'eût reçu de la nature son contingent de misères et certaines tendances à la révolte, à l'orgueil et à l'égoïsme : il paraît qu'au sein de sa famille le jeune Louis Dumoulin donnait quelquefois des preuves d'entêtement. Un soir, la bonne s'avisa de découper la viande dans l'assiette de Louis. « Si ce n'est pas le papa qui coupe ma viande, dit le petit bonhomme (il était alors âgé de trois ans), je ne mangerai pas. » La maman et la grande sœur l'exhortèrent en vain à l'obéissance ; notre jeune entêté voulut avoir le dernier mot : en quoi il se trompa grandement, car, sur l'ordre formel du papa, il alla se coucher sans souper. La vie religieuse transforma cette nature impétueuse ; les violences firent place à une exquise douceur. D'aussi belles victoires ne s'obtiennent qu'à force de sacrifices, de luttes, de souffrances ; et ces sacrifices, ces luttes, ces souffrances ne sont autre chose que la sainteté.

Enfin, M. Dumoulin avait remporté un triomphe plus décisif : il avait supprimé le haïssable *moi*. Jamais il ne parlait ni de lui ni des siens ; il ne revendiquait aucun droit, il ne faisait valoir aucun titre. Il en était même arrivé à ne pas se déprécier lui-même. Car telle est l'infirmité de notre nature humaine, que nos professions de modestie les plus explicites dissimulent, trop souvent, le plus subtil et le plus irritant orgueil. M. Dumoulin se taisait, s'effaçait, disparaissait volontairement dans l'ombre.

Faut-il s'étonner qu'arrivé à ce degré de perfection il ait pris la terre en dégoût et se soit consumé du désir du Ciel ? Depuis quelques années il n'aspirait qu'à mourir : Dieu l'a beaucoup trop tôt exaucé.

Du moins, sa mort a été digne de sa vie : calme dans sa glorieuse humilité, douce, presque joyeuse. Un jour, les prêtres de Nîmes apprirent que M. Dumoulin était allé se reposer d'une fatigue persistante, à Pradines, dans cette belle abbaye où l'appelaient l'affection de ses sœurs et sa prédilection pour la grande famille religieuse de saint Benoît. Tout le monde approuvait cette détermination : on se disait que « le bon M. Dumoulin » jouirait en paix de cette pieuse solitude et que sa santé y recevrait tous les soins nécessaires. Malheureusement, les nouvelles qui arrivèrent de Pradines devinrent bientôt alarmantes. Il fallut s'avouer qu'un dénouement fatal approchait.

Durant ces longues journées de souffrances, M. Dumoulin ne cessa pas un seul instant de prier ; il ne se plaignit en aucune façon, il ne manifesta pas plus le désir de guérir, que celui de mourir. « Que préférez-« vous, cher Père ? lui demanda-t-on un jour : aller au « ciel ou guérir pour travailler encore ? » Il répondit nettement : « Je préfère la volonté de Dieu. »

Ce mot nous fait comprendre toute l'âme de M. Dumoulin. La volonté de Dieu, il l'a accomplie toute sa vie en silence, avec une calme énergie ; il l'a accomplie en souriant, jusqu'au moment de sa mort.

Recueillons encore un mot de père, sur les lèvres de ce cher mourant ; je pense qu'il ira au cœur de tous les prêtres de ce diocèse (1).

Un de ses collègues vint lui demander de prier pour les élèves d'un grand séminaire du centre de la France. « Bien volontiers, répondit M. Dumoulin ; mais je prierai avant tout pour les élèves du grand séminaire de Nîmes et pour les prêtres qui sont mes dirigés. »

_____

(1) Ces lignes ont été écrites pour le grand séminaire de Nîmes.

Il convient enfin de signaler un détail à la fois édifiant et douloureux de cette belle agonie. La règle du couvent défendait aux deux sœurs de M. Dumoulin de pénétrer dans sa chambre. Elles entendaient seulement, d'une chambre voisine, ce bruit de pas, ces sanglots étouffés, ces murmures et ces prières qui bercent les mourants dans leur agonie. Cependant, une grande consolation leur a été donnée après la mort de leur frère. On a exposé son corps dans une chambre où les Religieuses pouvaient le voir à travers les grilles de leur parloir. C'est ainsi que les sœurs de M. Dumoulin ont passé en prières tout le temps qui s'est écoulé entre la mort et les funérailles.

Celles-ci ont été belles, paraît-il, au delà de ce que l'imagination peut se représenter. Les Religieuses ont chanté la Messe de *Requiem*, comme on ne sait le faire que dans les couvents bénédictins, avec cet accent, cette unité majestueuse, simple et un peu austère qui remuent si délicieusement et si profondément les âmes. Puis, le cortège s'est déroulé à travers les jardins de l'abbaye jusqu'au cimetière des religieuses. Là, le cercueil encore découvert a été déposé sur le bord de la tombe. On a vu deux religieuses se détacher des rangs, s'agenouiller, écarter les fleurs sous lesquelles disparaissait le corps du saint, saisir ses mains et les baiser longuement. C'étaient les sœurs de M. Dumoulin.

Le cimetière dans lequel il repose occupe, dit-on, une place admirable dans un paysage riant et pittoresque, comme au centre d'un nid de verdure, sur les bords d'un mignon ruisselet. Lorsque viendra le printemps, des chants d'oiseaux et des massifs de fleurs éclatantes traduiront les sensations de douce espérance que fait naître la vue de ce coin de terre, où repose l'humble admirateur de saint François d'Assise. La terre lui sera légère, cette terre bénie qui recouvre tout près de lui tant de tombes virginales.

J'oserai, en terminant, formuler un regret. Que n'a-t-il été donné à M. Dumoulin d'exprimer ce qu'il éprouvait, soit par la parole, soit par la plume ? Cet homme était poète, ou, plutôt, il avait du poète le sentiment et une certaine illumination. En présence de la nature, son âme entrait en de douces extases comme celle de saint François d'Assise ; son imagination se figurait les cieux étincelants où rayonne la gloire de cette radieuse Vierge qu'a chantée l'Époux des Cantiques. Il ne nous reste rien, dans les écrits de M. Dumoulin, qui soit vraiment digne de son imagination et de son cœur. Il en est sans doute du monde surnaturel comme du monde physique. La mer renferme, dans ses profondeurs, des saphirs éblouissants, qui ne paraîtront jamais au jour ; sous les entrailles de la terre se cachent des diamants que personne ne découvrira. De même les saints ont reçu de Dieu des trésors de sentiments délicats et de pensées exquises que les hommes ne peuvent même pas soupçonner.

Si du moins leurs actes étaient connus d'un plus grand nombre ! Mais, sauf une vingtaine d'ecclésiastiques et les élèves du grand séminaire, qui a pu apprécier l'humble héroïsme de M. Dumoulin ? Un prêtre qui a consacré quelques lignes, dans la *Semaine Religieuse* d'Autun, à la biographie de notre cher directeur, compare son âme aux lacs des hautes montagnes. La comparaison me paraît tout à fait juste. Seulement combien sont-ils les privilégiés qui jouissent de ces belles eaux ? Quelques-uns à peine. Il est vrai que ceux-là se font une idée plus complète et plus juste de la transparente pureté du ciel.

Pareillement, les prêtres ou les chrétiens qui ont pu vivre dans l'intimité d'une âme comme celle de M. Dumoulin et la contempler à loisir ont vu le ciel se refléter en elle ; et de cette contemplation ils emportent, pour le reste de leur vie, un sentiment plus profond de l'infinie bonté de Dieu.

M. MAURICE BARRÈS

Une comédie politique retentissante vient de ramener l'attention publique sur M. Barrès. La fortune du jeune écrivain est assez extraordinaire, sa personnalité s'affirme avec assez de vigueur pour qu'on essaie de les étudier d'un peu près l'une et l'autre.

M. Barrès s'était révélé fondateur de religion ; le culte du *moi*, où s'exerçait son imagination inventive, se recommande par des facéties d'un haut comique, qui provoquent l'admiration de quelques délicats, aristocrates de lettres. Brusquement, M. Barrès s'est jeté dans la mêlée électorale, puis il a eu ses journées au Palais-Bourbon. Le caprice des électeurs l'a rendu à ses chères études, en sorte que ce jeune homme de 35 ans environ nous apparaît comme une sorte de vieux débris politique. Interrogeons-le, mais sans avoir la prétention de le consoler. Marius, abandonné par la démocratie ingrate, se lamentait avec une dignité sombre devant les ruines de Carthage ; M. Barrès, remercié par les électeurs de Nancy, se rend à Jersey, et là, « riant d'avoir un thème à méditer, court s'installer « sur un rocher en face de l'océan salé ». Il n'y a aucun inconvénient, je suppose, à s'exprimer librement sur ses méditations. Dans sa tour d'ivoire, M. Barrès dispose d'une si grande provision de dédain intense, qu'il tient sans doute pour non avenus les éloges comme les critiques de ses contemporains.

Il a débuté dans la vie littéraire par une très curieuse plaquette, intitulée : *Huit jours chez M. Renan*. C'est une délicieuse caricature du célèbre Breton vieilli, parvenu au comble de la gloire. Jamais on n'a saisi avec plus de finesse les riches nuances d'une vanité qui ne prend plus autant la peine de se dissimuler et s'épanouit avec une habile discrétion. On voit M. Renan dans son rôle de pontife de la libre pensée, ému sur lui-même, protégeant ses amis et bénissant ses ennemis, s'essayant à des entrées officielles dans les gloires de la postérité. D'un côté, se dresse la flèche légère de Tréguier, de l'autre « la mer s'étend, brille à l'infini », et, entre les deux, la silhouette de l'ancien séminariste de Saint-Sulpice se détache immense, goguenarde, légèrement prud'hommesque.

Les critiques, tous plus ou moins admirateurs et disciples de M. Renan, ont reproché à M. Barrès cette satire, comme un crime de lèse-littérature ; ils lui ont dit : Vous avez très bien rendu les tics de M. Renan, son extérieur ; grâce à vous, nous savons comment il se promenait, comment il dormait après déjeuner ; nous pénétrons dans ses rêves d'ambition politique ; même nous pouvons, si cela nous plaît, attraper quelques-unes de ses jolies manières de dire. Mais la pensée du maître, l'avez-vous comprise ?

Oui, la pensée du maître, l'élève Barrès l'a-t-il comprise ?- Avant de chercher une réponse, il faudrait peut-être se demander, comme M. Challemel-Lacour, si cette pensée existe. Les renanistes ont traité de blasphémateur le président du Sénat ; l'un d'eux, M. Rod, a fait à l'ombre du maître de publiques réparations ;

mais, en vérité, ils n'ont pas montré un très grand sang-
froid. Car, enfin, ils ont de vastes espérances, ils veulent placer M. Renan parmi l'élite des penseurs. Or,
si ce n'était là qu'un rêve, si la vaste personnalité de
M. Renan se dégonflait peu à peu !... En tout cas, la
question de son rang d'immortalité ne sera pas tran-
chée de sitôt, et s'il arrivait qu'elle le fût, selon les désirs des renanistes, il n'en resterait pas moins que
M. Barrès a vu juste sur un point essentiel. Sans paraître appuyer, avec une dextérité merveilleuse, et
aussi avec des protestations infinies de respect et d'affection, il a mis en pleine lumière le côté *fumiste* de
M. Renan. C'est pourquoi le susceptible vieillard lui en
garda quelque rancune.

On a beaucoup écrit sur l'auteur de la *Vie de Jésus* ;
on a peut-être trop écrit. Critiques, savants, orateurs,
apologistes l'ont tour à tour accablé de textes anciens,
de tirades éloquentes, d'argumentations ou même de
plaisanteries. Peu de ces écrits méritent d'être relus ;
mais, dans le nombre, je n'en sais pas de plus incisif,
de plus fin, de plus agréable, de plus impertinent que
celui de M. Barrès (1).

Avec *Sous l'œil des Barbares*, le jeune écrivain, qui
jusqu'ici s'était montré disciple éclairé mais indépendant, essaie de se poser en maître. Cet ouvrage étrange

---

(1) Voici deux exemples de la manière dont il *loue* son maître :
« Cette fois encore, je fus frappé de l'écrasante bienveillance de
M. Renan, et je lui sus gré de ce qu'elle témoigne de mépris pour
le monde extérieur. Son ironie métaphysique est une excellente
attitude, en face d'un univers qui manque décidément d'imprévu.
Ce n'est pas l'optimisme facétieux d'un homme pour qui le hasard
fut généreux, mais la clairvoyance d'un haut esprit, résigné à
l'irrémédiable bassesse du plus grand nombre des minutes que
vivent les hommes et qu'il vit lui-même. Tandis qu'il roule sur
ses épaules sa tête grossièrement ébauchée et qu'il tourne ses

résume des conversations fort libres d'étudiants aussi laborieux que dépourvus de préjugés, conversations sur lesquelles M. Barrès brode d'étranges fantaisies. L'objet propre en est d'établir la seule réalité qui existe, à savoir l'opposition entre le *moi* de M. Maurice Barrès et le reste de l'univers, y compris le genre humain, *les Barbares*.

Il faut dire que ces barbares sont tous ceux qui compriment le « moi » de l'auteur ou qui gênent le développement de sa puissante personnalité. Le héros du livre (il s'appelle Philippe) a lu avec application un grand nombre d'ouvrages à 7 fr. 50, et, généreusement, il tient à vous faire partager les bénéfices intellectuels qu'il a su en retirer.

Tout d'abord, il rencontre le vieux bonhomme Système, monté sur la bourrique Pessimisme. Le gros Système tient à Philippe des propos d'un cynisme révoltant : « Ayez de l'argent, soyez considéré, méprisez les hommes en vous servant d'eux, » etc., etc. Heureusement, l'attitude de la bourrique nous console du langage inconvenant de son conducteur :

« Vous fûtes sage, bourrique, à cette heure. Un fossé vous présentait son herbe drue et son eau éclatante que fendillent les genêts. Vous arrêtâtes leurs discours et votre marche ; vous saviez les habitudes, la halte ombreuse, le pain tiré de la poche et qu'on se partage.

pouces sur son ventre merveilleux d'évêque, tous lui sont indifférents. Il ne s'intéresse qu'aux caractères spécifiques, l'individu n'existe pas pour lui ….

« Simon, qui a ses habitudes, venait d'entrer dans la petite pâtisserie de Perros. J'allai le rejoindre, car je sais que Renan aime à marcher seul. Et puis, il affectionne un certain nombre de considérations étymologiques sur l'île de *Tomé*, par exemple, dont le nom vient de *stoma*, grec, ou de *San Tomé*, espagnol, qui, je l'avoue, m'ennuient infiniment. »

Des paroles, même excellentes, ne troublaient point votre judiciaire, et, les yeux discrètement fermés, avec la longue figure d'un contemplateur qui dédaigne jusqu'aux méditations, vous demeuriez entre deux, remâchant votre goûter et vos longues oreilles d'argent dressées comme une symbolique bannière par-dessus leurs têtes inquiètes, cependant que votre maître et le mien reprenait son enseignement. »

Ce chapitre n'a rien de très neuf, et il n'échappe pas à la vulgarité ; mais il amène assez bien l'explication de l'état moral de Philippe. Épouvanté par les décevantes théories du bonhomme Système, l'âme du jeune homme demeure, parmi tant de débris, solitaire au premier fossé du chemin. La jeune fille, qui règne dans tous les romans anciens et nouveaux, ne tarde pas à paraître. Elle tente de consoler le mélancolique héros de M. Barrès, en lui tenant des propos qui ressemblent à une application fort malheureuse d'un texte tiré de l'Écriture Sainte : « Vivons et couronnons-nous de fleurs, car nous mourrons demain. » Mais lui, tout entier à de hautes pensées, il contemplait là-bas, plus loin que tout désir, le temple de la Sagesse éternelle.

Il y a, dans ces pages, quelque chose de naïvement prétentieux qui désarme ; M. Barrès découvre, avec transport, une foule de choses remarquables par leur antiquité. Tel, un élève de philosophie en rupture de ban, mêle à des récits peu convenables des phrases de son manuel : la Sagesse, l'Absolu, l'Idéal, le Moi, le Non-Moi, la Sentimentalité et les Contradictions se livrent, dans l'imagination de M. Barrès, à des luttes aristophanesques.

Mais si grande est l'attraction qu'exerce sur lui ce genre de phraséologie qu'il reproduit, aussitôt après, les mêmes récits coupés des mêmes tirades. Seulement, on a changé les titres. Nous sommes à Alexandrie, et nous entendons les noms les plus harmonieux et les plus connus de l'antiquité la plus classique... Amaryllis représente la sentimentalité féminine dans sa forme la plus spontanée. Athéné personnifie l'intelligence, le jeune et beau Luscius (mettons que ce soit le Maurice Barrès d'Alexandrie) unit dans un même culte les deux héroïnes. Ils disparaissent tous dans une émeute, provoquée, nous dit l'auteur, par des chrétiens. Ce chapitre ravit d'admiration les néo-psychologues, et séduit même les ennemis de M. Barrès ; on le compare aux plus belles pages de M. Anatole France. La comparaison n'a rien de choquant ; mais il m'est impossible de comprendre le plaisir que trouvent les hommes d'aujourd'hui à revivre le faux et très malsain mysticisme de la décadence gréco-latine. Il sera curieux de voir où aboutit toute cette religiosité. De l'alexandrinisme de M. Barrès se dégagent des parfums violents qui écœurent... ou qui endorment. Quand le bohémianisme littéraire dont nous sommes envahis aura changé de forme, alors seulement on pourra juger à sa véritable valeur l'histoire de Luscius.

Rentré à Paris, Philippe-Luscius Barrès retrouve, avec la clarté, beaucoup d'esprit et d'aisance. Nous passerons néanmoins — et pour de trop bonnes raisons — sur certains récits. Mais il faut bien s'arrêter sur l'histoire du vénérable M. X***. C'est, à mon sens, la partie la plus curieuse de l'ouvrage. Dans le vénérable M. X*** reconnaissez, je vous prie, M. Renan. L'auteur ne craint pas de le mettre en fort mauvaise compagnie ; il lui prête ensuite des attitudes et un langage tout à fait révoltants.

« Le vénérable M. X*** sourit et se frotta les mains.

S'il vous plaît, continua-t-il, goûtons quelque absin-

« the. Voilà des années que je célèbre les jouissances
« faciles, sans les connaître. A mon âge, imaginer ne
« suffit pas; de petits faits, de menues expériences
« me ravissent. »

Et battant son absinthe avec une délicieuse gauche-
rie, l'illustre vieillard se complut encore à quelques
compliments ingénieux, tandis qu'à chaque gorgée
leur soir se teintait de confiance : « Mon jeune ami,
« permettez que je retouche légèrement votre univers.
« Il est assez du goût récent, le meilleur; je voudrais
« seulement le retoucher çà et là.

« Vos maîtres, leurs livres et leurs pensées diffuses,
« vous firent une excellente vision, un monde d'où est
« absente l'idée du devoir (l'effort, le dévouement),
« sinon comme volupté raffinée; c'est un verger où
« vous n'avez qu'à vous satisfaire ingénument, par
« mille gymnastiques (je vous suppose quelques rentes
« et la santé). »

Suit un cours assez amusant d'intrigue parisienne,
véritable manuel de l'ambitieux que ne gêne aucun
scrupule. L'aventure se termine de la façon la plus
humiliante.

« Le vénérable M. X*** se prit à rire un peu lourdement, puis se leva, et sur le talon, malgré sa corpu-
lence, pirouetta : ce fut presque une gambade. Ensuite,
excusez-moi, il porta les mains à son cœur, en ouvrant
brusquement la bouche, comme un homme incommodé
qui va vomir... »

Il ne convient pas, à nous catholiques, de défendre la
mémoire de M. Renan. L'auteur de *l'Abbesse de Jouarre*
a voulu jouer un instant avec la boue : il en a été écla-
boussé par ses disciples. Nous ne les excuserons pas,
parce qu'ils frappent l'un de nos adversaires. Ce vieillard, qui tient des propos infâmes, calomnie la science

et mérite enfin d'être bâtonné, quel tableau ignominieux ! M. Barrès a dépassé le but. Sans doute, il réussit à faire rire quelques lecteurs ; mais ceux-là se sentiront profondément humiliés d'avoir ri. Les évêques et les apologistes, lorsqu'ils combattaient M. Renan, employaient d'autres armes.

En terminant, le jeune écrivain prête une voix à toutes les basses passions de l'humanité, à l'égoïsme, à la peur, à la haine, aux honteuses solidarités ; il rédige l'hymne des satisfaits, — lisez peut-être — de ceux qui nuisent à l'avancement politique ou littéraire de M. Maurice Barrès.

« Nous sommes les Barbares, chantent-ils en se tenant par le bras ; nous sommes les convaincus. Nous avons donné à chaque chose son nom ; nous savons quand il convient de rire et d'être sérieux. Nous sommes sourds et bien nourris, et nous plaisons, car de cela encore nous sommes juges, étant bruyants. Nous avons au fond de nos poches la considération, la patrie et toutes les places. Nous avons créé la notion du ridicule (contre ceux qui sont différents), et le type du bon garçon (tant la profondeur de notre âme est admirable). »

Il y a du mouvement et de la force, dans ce horrible cri de guerre ; mais le lyrisme de M. Barrès manque d'ampleur. Tout compte fait, *Sous l'œil des Barbares* dénote à la fois une remarquable aptitude à bien écrire, une étonnante faiblesse de pensée et une volonté énergique d'arriver à la gloire. On s'amuse des tours de force littéraires, on s'inquiète de la direction déplorable donnée à une jeune vie, on retient çà et là quelques mots étincelants, et, arrivé à la fin du volume, on ne peut se défendre d'un vif sentiment de déception.

Allons-nous enfin assister, avec *Un homme libre*, à l'épanouissement complet d'un talent inconte-table ? Point encore. Philippe a trouvé dans la personne de Simon un confident et un ami, presque un confesseur. Qui est Simon ? Philippe l'a déjà présenté, sans trop de façons, à Tréguier ; il nous apprend maintenant que Simon est riche, sanguin, capable de bonnes digestions, épris de chasse et de philosophie positive.

Au demeurant, Simon a pour mission principale de former un contraste parfait avec Philippe, lequel est nerveux et digère difficilement. Tous deux vont se livrer, de concert, à des exercices, qu'ils croient variés, de haute acrobatie littéraire. Ils se rendent d'abord à Jersey, où leur intelligence, « tonifiée par l'air de l'Océan et soutenue par le thé, » ne tarde pas à faire des découvertes dont l'importance ne peut échapper qu'à des barbares. Les savantes investigations de Philippe et de Simon aboutissent aux deux principes suivants :

Premier principe : Nous ne sommes jamais si heureux que dans l'exaltation.

Deuxième principe : Ce qui augmente beaucoup le plaisir de l'exaltation, c'est de l'analyser. — Conséquence : Efforçons-nous de sentir le plus possible en analysant le plus possible.

Mais pour faire rendre à des principes aussi profonds, tout ce qu'ils ont de substantiel, il faut du travail, il faut une longue méditation favorisée par la solitude. Philippe et Simon décrètent qu'ils vont désormais vivre en ermites. Après s'être installés confortablement dans une campagne située sur les confins des deux départements des Vosges et de Meurthe-et-Moselle, ils commencent leur retraite spirituelle. Un médecin compétent vient les ausculter et les déclare tous deux, délicats mais sains, condition indispensable pour jouir d'un parfait équilibre de l'âme. De l'examen du corps, Philippe et Simon passent à celui de l'âme : ils se découvrent quantité de fautes et se les remémorent avec componction. C'est ainsi qu'ils ont péché par pensée, par parole et par œuvre. Remarquons bien vite que, d'après la doctrine de nos ermites, les péchés par œuvre n'ont pas une bien grande importance. « Toutefois, il y a des cas : ainsi le tort que je me fis, en me refusant un fauteuil à oreillettes où j'aurais médité plus noblement. »

Cette confession serait fort amusante, si elle ne faisait penser à une parodie de la vie religieuse, en général, et du sacrement de Pénitence, en particulier. Car M. Barrès emploie, à peu près exclusivement, les termes par lesquels les chrétiens désignent les diverses opérations de la vie spirituelle : état de grâce, communion, extase, colloque, oraison, intercession, amour de Dieu, etc. L'auteur ne s'interrompt jamais de citer les *Exercices spirituels* de saint Ignace.

La plaisanterie est mauvaise.

M. Barrès, qui imite certainement Montaigne, et peut-être Xavier de Maistre, ne s'expose jamais à prononcer leur nom. En revanche, non content de mêler saint Ignace de Loyola à une œuvre inconvenante, il se permet toutes sortes de sous-entendus, d'un goût plus que douteux. Au fond, il dit simplement ceci : « Le mécanisme spirituel que saint Ignace a inventé pour abêtir les âmes, je m'en empare, moi Barrès, pour développer, fortifier, ennoblir mes puissantes facultés intellectuelles. »

Tant pis pour ceux qui trouvent ces choses spirituelles.

L'exercice de la mort suit immédiatement l'examen de conscience ; mais que les lecteurs ennemis de l'austérité se rassurent : il n'a rien de bien lugubre.

« Nous serons un jour (mais qui de nous deux le premier ?) meurtris par notre cercueil ; nos mains jointes
seront opprimées par des planches clouées à grand
bruit ; nos visages d'humoristes n'auront plus que les
marques pénibles de cette lutte dernière que chacun
s'efforce de taire, mais qui, dans la plupart des cas, est
atroce... Tout ce que j'aurai emmagasiné d'idées ,
d'émotions, et mes conceptions si variées de l'univers,
s'effaceront. Il convient donc qu'au milieu même de ces
enthousiasmes si désirés,nous n'oubliions pas d'en faire
au fond peu de cas, et il convient en même temps que
nous en jouissions sans trêve. »

Et la méditation, à mesure qu'elle se développe, devient moins convenable. Nous ne sommes encore qu'à
la page 80, du volume qui est assez compact, et cependant l'analyse est achevée. M. Barrès, n'ayant plus rien
de personnel à dire, rédige un résumé de ses lectures
et un historique de ses voyages. Sous prétexte de prier
ses intercesseurs, il analyse leurs œuvres, et alors se
succèdent, jusqu'à la table des matières, de fantaisistes
critiques littéraires ou artistiques.

Saluons d'abord Benjamin Constant, le premier des
intercesseurs. Il paraît que Benjamin Constant eut l'in-
signe honneur de ressembler à Maurice Barrès. Il ne
comprenait que les affaires publiques dans un grand
centre, ou la solitude. Heureux Benjamin Constant! il a
goûté les joies que donne la politique, la philosophie,
la littérature,joies mêlées d'une aristocratique tristesse.

Saluons aussi Sainte-Beuve, cependant que M. Barrès
remplit, devant son buste, tous les devoirs d'une dévotion minutieuse :

« Tu n'as pas d'yeux pour vivre sur un décor, tu ne te
satisfais qu'avec des idées, et tu te dévorerais à l'interroger, si l'on ne te jetait précipitamment des systèmes

et des hommes à éprouver. Dans la suite, la sécheresse t'envahit parce que tu étais trop intelligent. »

Réunir en soi Benjamin Constant et Sainte-Beuve,
ce n'est déjà pas banal. M. Barrès, par surcroît, sent
vibrer, en lui, l'âme de la Lorraine ; il est René II, il est
Jeanne d'Arc, il est Drouot. Il fallait bien prouver qu'on
connaît son Taine, et qu'on sait faire d'ingénieuses applications de la théorie du milieu. Fâcheuse inspiration ! M. Barrès a emprunté au puissant génie de
Taine... des exagérations : d'où une nouvelle raison
de craindre que *l'Homme libre* ne vieillisse rapidement.

Les derniers chapitres du livre ont pour objet de
faire comprendre les relations étroites qui unissent
l'être de Venise à l'être de M. Barrès.

« Venise, pour avoir été héroïque contre les étrangers, amassa dans l'âme de ses citoyens les plus beaux
désintéressements. Ainsi, je fus toujours ému d'une
sorte de générosité naturelle ; je fuis l'hypocrisie des
austères, l'étroitesse des fanatiques et toutes les bana-
lités de la majorité...

« Venise, qui jusqu'alors luttait pour exister, ne se
forme une vision personnelle de l'univers que sous une
légère atteinte de douceur mystique ; Memling, venu
d'Allemagne, fait naître Jean Bellin. De même, c'est par
ce besoin de protection que connurent toutes les enfan-
ces mortifiées, et par l'enseignement métaphysique
d'outre-Rhin que je fus éveillé à me faire des choses
une idée personnelle. »

La plaisanterie vénitienne se prolonge indéfiniment.
De même que M. Barrès concentre les traits épars de
plusieurs génies littéraires, il résume plusieurs âmes de
grands peintres, le Titien, Vinci, Tiepolo ; ce dernier
surtout remplit Philippe d'enthousiasme. Tiepolo, Tiepolo, c'est sa « tarte à la crème ».

Le *Jardin de Bérénice* diffère un peu des deux précédents volumes. Un esprit vulgaire, peu familiarisé avec les mystères du « moi », serait tenté d'y voir une sorte d'apostasie. C'est que certaines circonstances s'étaient produites dont il n'est pas possible de ne pas tenir compte. Le jeune et illustre serviteur du « moi » avait daigné quitter les hauteurs où il s'enivrait d'encens, pour se mêler aux misérables querelles de la politique. M. Maurice Barrès, pour prouver une fois de plus sa ressemblance avec Benjamin Constant, avait fait son entrée au Palais-Bourbon, comme boulangiste. Vous entendez les cris d'étonnement dont retentit le monde littéraire! Sans se départir de ce calme qui participe de la sérénité transcendante des Allemands et du flegme britannique, M. Barrès répondit à ses adversaires et à ses amis par le *Jardin de Bérénice*.

Comme début, un dialogue entre l'inévitable M. Renan et Chincholle, l'étonnant reporter. Ils se demandent si le général Boulanger a du génie. Cette question, qui alors intéressait la France et l'Europe, ne produit guère aujourd'hui qu'une impression d'humiliante tristesse et de pitié. Décidément la chronologie a joué ici, à M. Barrès, un bien vilain tour, et il est fort à craindre qu'elle n'en ait pas fini de sitôt, avec lui.

Dans le *Jardin de Bérénice*, Philippe compatit aux misères des humbles, parce que, malgré leur ignorance, ils lui paraissent dignes de sympathie. Il se persuade que l'âme populaire s'incarne en Bérénice ou Petite-Secousse, dont l'éducation s'est faite dans un théâtre parisien, et que Philippe retrouve, dans une petite villa d'Aigues-Mortes. Notre héros s'éprend pour elle d'un amour absolument idéal et platonique, et se constitue son mentor.

Leurs conversations fraternelles ont pour théâtre,

tantôt le sommet de la Tour Constance, tantôt les environs d'Aigues-Mortes, tantôt les boulevards de Nîmes. En somme, le jardin de Bérénice comprend la campagne d'Aigues-Mortes, sûrement, mais peut-être aussi le champ de bataille électoral, et le champ de bataille de la vie. Comme on le voit, la géographie de M. Barrès ne brille pas par la clarté ; elle nous jette en plein mystère.

Çà et là cependant, s'offrent quelques pages facilement intelligibles. Ainsi, lorsque Bérénice épouse l'ingénieur Martin, en qui se personnifient tous les préjugés de la bourgeoisie, ou, si vous voulez, de l'opportunisme, Bérénice ne tarde pas à mourir d'une mort de doux petit animal ; mais elle apparaît ensuite à Philippe, pour lui révéler les lois générales du monde. Nous savons enfin à quoi nous en tenir : Bérénice, c'est la secousse par où chaque parcelle de l'univers témoigne l'effort secret de l'inconscient.

Le *Jardin de Bérénice* devait, primitivement, porter un autre titre : M. Barrès aurait voulu mettre en grosses lettres sur la couverture : *Qualis artifex pereo* ! Mais, par égard pour les personnes qui ne savent pas le latin, il a bien voulu parler français.

Une ambition évidente de renouveler le paysage se révèle dans le *Jardin de Bérénice*. M. Barrès a-t-il réalisé son dessein ?

Donnons-lui d'abord la satisfaction de constater qu'il a très bien choisi son modèle. Aigues-Mortes, avec ses tours et ses remparts moyen âge, merveilleusement conservés, qui se reflètent dans les étangs, avec ses solitudes tristes que borne une mer d'un bleu intense, entrevue à travers de minuscules pyramides de sel, Aigues-Mortes rappelle des souvenirs glorieux et saints de notre histoire nationale, en même temps qu'elle évoque les visions d'un Orient idéal, aux monuments dorés par le soleil. Un néo-psychologue trouverait sans doute difficilement un jardin mieux approprié à ses rêveries. S'il s'est servi de son Bædeker, à la manière de Simon, M. Barrès a su le compléter. Toutefois ses paysages me paraissent un peu maigres. Cet analyste subtil, si habile à saisir les moindres nuances du sentiment, ne sait pas embrasser les paysages. Je me figure que Loti aurait su voir dans la campagne d'Aigues-Mortes des choses plus grandes, plus épiques et plus orientales.

Peintre de paysage, M. Barrès veut encore faire comprendre à ses lecteurs le vif intérêt qu'il porte à la démocratie. Il l'a vue de près certainement, puisqu'il a donné de sa personne, dans des réunions électorales où dominaient les ouvriers. Mais dans *Bérénice* je ne vois rien de démocratique. Cependant, aux environs d'Aigues-Mortes, il y a de rudes ouvriers qui remuent la terre, qui, au temps des vendanges, portent sur leurs épaules des faix écrasants. On dit que les travailleurs des salines voisines ont une tâche plus pénible encore. M. Barrès ne parle pas de ces pauvres gens ; il aime mieux décrire la coquette villa de sa Bérénice. Les conclusions politico-sociales du livre achèvent de nous édifier : M. Barrès a fréquenté les humbles durant l'espace d'une période électorale, et il trouve cela bien suffisant pour eux, comme pour lui. Il annonce donc au monde qu'il va se retrancher, dans une forte indépendance matérielle. Voilà qui est très consolant, pour ceux qui manquent de pain.

Cette hégire de décadent fait songer à une caricature qui obtint, naguère, un grand succès. Un groupe de misérables, hâves, loqueteux, mordus par la neige qui tombe à gros flocons, attendent vaguement quelques secours. Passe une riche calèche et, par la portière ouverte, un monsieur confortablement enveloppé de fourrures leur fait entendre ces consolantes paroles : « Mes amis, je connais vos sentiments ; vos aspirations sont les miennes ; je sais que vous ne voulez pas d'une constitution, calquée sur l'orléanisme : je saurai faire mon devoir. » Tel apparaît M. Barrès, lorsqu'il veut concilier ses habitudes de dandysme misanthropique avec ses ardeurs d'apostolat populaire.

Comme toujours, la partie satirique du *Jardin de Bérénice* est celle qui offre le plus de charme. M. Barrès se venge, en nous amusant. Ici, il frappe tous ses adversaires politiques sur le dos de Charles Martin, l'ingénieur :

« Saura-t-il jamais combien je l'ai goûté, l'excellent sot ! C'était un ingénieur de trente ans, avec une figure confiante d'adolescent, un regard très pur et le charme d'un jeune animal. Tout en lui était énergie. Comme il tenait pour droiture parfaite chacune de ses pensées ! Avec quel entrain il méprisait ceux qu'il désapprouvait ! Ses certitudes, ses affirmations, son exclusivisme, étaient pour moi choses si folles, si dénuées de clairvoyance, qu'il n'aurait jamais pu me blesser.

« Martin, en vérité, m'excitait autant que merveille au monde ; il m'emplissait d'une perpétuelle satisfaction à vérifier sur chacune de ses paroles combien je n'avais pas trop auguré de son animalité. Ah ! celui-là (Martin) n'est pas un égoïste, il méprise la contemplation intérieure ; mais il vit sa propre vie, avec une si grossière énergie, qu'il la met perpétuellement en opposition avec chaque parcelle de l'univers. Il ignore la culture du « moi » ; les hommes et les choses ne lui apparaissent pas comme des émotions à s'assimiler pour s'en augmenter ; il ne se préoccupe que de les blâmer, dès qu'ils s'écartent de l'image qu'il s'est improvisée de l'univers. »

Très curieux ce portrait de Charles Martin. Mais le héros de M. Barrès ira-t-il grossir la pompeuse phalange des Homais, des Joseph Prudhomme, des Cardinal et autres progressistes ? On peut en douter. Cet ingénieur dédaigneux des beautés de l'analyse ne paraît ridicule qu'aux délicats ; il manque de relief et de vie intérieure. Et puis le rôle des ingénieurs chers à M. Georges Ohnet ne paraît pas près de finir. S'attaquer à leur puissante corporation, n'est pas le trait d'un homme avisé. Il est, en littérature, en politique et en art, un moment psychologique où les habiles peuvent se donner l'audace de conspuer les puissants de la veille ou du jour. M. Barrès s'est trop hâté ; il s'en repent peut-être, à l'heure présente.

Enfin, l'égoïsme dédaigneux de Philippe prête trop à la critique et soulève trop d'antipathies pour que Charles Martin n'en bénéficie pas, dans une certaine mesure. Certes, l'ingénieur n'a rien de séduisant ; mais parmi ceux qui comprennent Charles Martin, et qui croient comprendre Philippe, beaucoup préféreront le premier au second. Le dilettantisme littéraire a le droit de berner la vulgarité de certains hommes politiques, mais à la condition de rester dans sa propre sphère. Du jour où il descend dans la mêlée électorale, il n'a plus le droit de tant mépriser les appétits des foules. Les railleries de Philippe ont beaucoup de mérites : finesse, grâce, méchanceté et quelquefois profondeur ; elles n'en sont pas moins déplacées, et elles ne s'éloignent pas assez du ton de la réclame politique.

Deux brochures ont paru, à peu près vers le même temps que le *Jardin de Bérénice*, qui complètent le culte du « moi ». L'une d'elles porte un titre solennel et mystérieux, qui donne à penser : *Toute licence, sauf contre l'amour.* Ces grands mots sont là pour couvrir une conclusion bizarre, qui n'a aucun rapport avec le sujet. Le chapitre 1er c'est la thèse : il a pour objet de prouver à Messieurs les étudiants de Paris qu'ils se trompent lorsqu'ils se constituent en association. M. Barrès nous fournit ici une nouvelle preuve qu'il sait manier supérieurement le paradoxe. En principe, le gouvernement et les professeurs de l'Université ont le droit absolu de créer les conditions matérielles et morales qui permettent aux étudiants de se grouper. Car M. Barrès établit, volontairement, une confusion. Pour se donner le plaisir de cribler d'épigrammes M. Lavisse et M. de Vogüé (je ne nomme que les vivants), il dénature ou force leurs intentions.

Il n'en reste pas moins, que quelques-unes de ses critiques sont fort justes. « De quelque ordre de la pensée qu'il s'agisse, dit-il, l'originalité est à celui qui pratique la recherche de la vérité dans toute sa franchise, sans intermédiaire, sans conventions, mais tâtonnant jusqu'à ce qu'il trouve le fond vrai de sa nature. Tant de maîtres excellents, tant d'honnêtes camarades ne compensent pas les fortes méditations intérieures que leur présence rend impossibles... Comment connaîtrait-il la fièvre qui monte du sable humide des jardins du Luxembourg, le troupeau de l'association ? Le souffle qui sort de ses platanes et qui conseilla tant de génies adolescents n'est guère entendu de celui qui a une salle de billard, deux cents journaux, des consommations à prix réduits et deux mille camarades, dont quelques-uns chantent à ravir la chansonnette. »

Il serait facile de relever ce qu'il y a d'exagération dans ces conseils ; mais il vaut mieux s'attacher à ce qu'ils ont de vrai : les étudiants pourront aisément les mettre à profit.

Le second chapitre de la brochure fait le pendant du premier, c'est l'antithèse. M. Barrès chante, sur un air nouveau, un couplet fameux de M. Renan : il veut prouver qu'il n'est point sceptique, et il le prouve, en effet, à sa façon. Nous le lui accordons d'autant plus volontiers que la chose nous intéresse faiblement. Oui, Philippe, acte vous est donné de vos protestations : nous savons que vous n'avez rien de commun avec les sceptiques, nous sommes convaincus que vous n'hésiteriez pas à vous prononcer, avec une extrême énergie, sur certaines qualités de votre « moi ».

En tête du dernier chapitre s'étale un titre philosophique : *Synthèse, Conciliation de la pensée et de l'action.* Comment se fait cette synthèse ? Je ne saurais le dire ; mais l'auteur affirme qu'elle est admirable. « Toute licence, sauf contre l'amour, voilà la règle unique, mais sûre, pour que des analystes se mettent avec aisance en rapport avec d'autres personnalités.... » M. Barrès en arrive à cette conclusion, par une série de raisonnements d'une rare incohérence. Alcibiade, Keats, Chateaubriand, Benjamin Constant, Bonaparte, M. Lavisse, M. de Vogüé, Claude Bernard viennent apporter chacun son contingent de preuves. C'est du galimatias.

Pour en finir avec le culte du moi, il suffit de faire, en compagnie de M. Barrès, trois stations de psychothérapie. La première consiste en une nouvelle visite à Léonard de Vinci. Personne jusqu'à aujourd'hui, — M. Taine ne fait pas exception, — personne n'a compris le sourire de Léonard ; M. Barrès en dévoile le mystère.

Il est inutile de suivre le jeune écrivain chez le

peintre Latour de Saint-Quentin ; seuls, les psychologues à systèmes peuvent remplir les rites usités dans cette station psychothérapique ; mais, à Rome, notre fantaisiste Hippocrate sait donner une très heureuse consultation.

« Qu'à Saint-Pierre d'autres discutent ces froids espaces et cette pompe architecturale ; pour moi, j'y distinguais seulement les confessionnaux qui tapissent cette immense enceinte, et où l'on parle toutes les langues. C'est ici le point mathématique où tous les soupirs civilisés se confondent pour former la sensibilité chrétienne. Pour moi, jamais je ne franchis ce seuil fameux, sans qu'une émotion d'être au point le plus sensible de l'humanité m'inclinât à m'agenouiller. Là seulement, parmi les directeurs de conscience polyglottes, j'eusse pu trouver quelqu'un qui parlât ma langue. »

Il a fallu faire des coupures dans cette demi-page, et tout le reste du chapitre abonde en idées extravagantes, en plaisanteries de très mauvais goût et en blasphèmes.

Ces différents ouvrages ont valu à M. Maurice Barrès une réputation considérable. Bien qu'il n'ait pas encore 35 ans, il compte parmi les maîtres de cette génération. On se demande s'il y a lieu de le féliciter d'une aussi rapide ascension. Le jeune écrivain qui se plaint des barbares avec tant d'amertume a réussi à occuper une des premières places dans le monde littéraire et une situation, sinon enviable, du moins assez brillante dans le monde politique. Il est vrai encore qu'il n'a pas reculé devant certains procédés de réclame malsaine et particulièrement déplacée, chez quelqu'un qui se vante, avec tant d'emphase, de n'avoir rien de méridional.

N'importe : M. Barrès est un favori de la fortune ; il a pu subir des humiliations, souffrir avec intensité ; mais son temps d'épreuve n'a pas duré. Trop vite, il a été arraché à cette solitude qui éprouve, mûrit et fortifie les talents. Peut-être fût-il devenu un penseur. En tout cas, il se serait gardé avec plus de soin de ces provocations inutiles, de ces exagérations et de toutes les différentes sortes d'affectation où il se complaît. On excuse jusqu'à un certain point les extravagances d'un jeune inconnu qui, désireux de se faire connaître, se livre à des excentricités amusantes (1). Il faut bien que quelques privilégiés brûlent des étapes, sur le chemin de la gloire. Mais quand un écrivain arrive à la notoriété de M. Maurice Barrès, il n'a que faire d'un dandysme d'imitation et des opinions systématiquement scandaleuses.

Dans son talent entre une sérieuse érudition. M. Barrès connaît les œuvres d'un certain nombre de peintres ; il a assisté, nous affirme-t-il, à beaucoup de concerts, et nous l'en croyons bien volontiers, encore qu'il n'ait pas su tirer un heureux parti de sa compétence musicale ; enfin il a lu des quantités d'ouvrages à 7 fr. 50 et quelques-uns même d'un prix plus modéré. Mais son érudition manque de cohésion et

(1) « Un beau soir de l'année 1885, les boulevards étaient pleins de monde. La veille, une honnête femme, calomniée par un informateur famélique d'agence Tricoche, l'avait « justicié ». Le drame, très parisien, tenait en éveil la curiosité. C'est alors que du bout de l'horizon l'on vit s'avancer avec une lenteur réglée, à travers la foule qui s'ouvrait et se retournait sur son passage, une caravane étrange d'hommes-sandwich. Et sur leur pancarte se détachait le nom de Morin, le pauvre diable justicié, avec, au dessus, ces mots surprenants : « Ne lira pas les taches d'encre ! » C'était M. Maurice Barrès qui faisait son entrée dans les lettres. L'anecdote met dans une lumière crue le dessein d'étonner et l'audace des moyens qui distinguent le bel aventureux. » (Tiré d'une étude de M. Marcel Fouquier, paruc dans la *Revue bleue* du 11 juin 1892.)

étouffe parfois l'originalité de l'écrivain, car il faut bien
expier sa trop grande puissance d'assimilation. Philippe a la prétention d'avoir tout compris ; mais Philippe peut se tromper. Je crains qu'il ne se soit contenté de loger chez lui, tant bien que mal, les doctrines
de Spinoza, de Stendhal, de Beaconsfield et de Morny,
piètre penseur sans doute, de Renan, de Taine et de
bien d'autres. A-t-il une pensée qui lui soit propre ?
Qu'il consulte Simon, au cours de ses discussions, et cet
ami fidèle se fera une joie de l'éclairer sur ce point.

De plus, l'érudition de M. Barrès est trop décadente
et sent son quartier latin, car nos écrivains extra-
modernes ont une façon singulière de se former l'esprit : en fait de lectures, ils ne se refusent que le nécessaire. Tel déclassé plus ou moins mage, pour avoir
lu quelque manuel d'égyptologie ou d'assyriologie, se
pique d'être renseigné sur Isis ou Istar, tandis qu'il
ignore profondément les chefs-d'œuvre de notre littérature classique. Quoique n'ayant jamais eu d'extase
à Venise, Bossuet, Bourdaloue et Racine connaissaient
quelque peu le cœur humain. Le sourire de Molière
est aussi inquiétant que celui de Vinci. M. Barrès
dédaigne, sans doute, d'aussi classiques écrivains tout
pénétrés d'altruisme, et il s'en vante. Renouvelant
l'expérience célèbre de M. de Voltaire, sur la crédulité
des bons Parisiens, il a osé dire, dans une réunion
publique, qu'il n'avait jamais lu *Tartufe*.

L'érudition de M. Barrès est relevée par une ironie
de qualité supérieure, où se combinent la finesse française et l'humour britannique ; c'est un délicieux pince-
sans-rire, et il faut peut-être le considérer uniquement
comme tel, si l'on veut bien le comprendre. Son œuvre
représente, je crois, l'effort le plus considérable qui ait
été tenté dans ce sens, au moins en France. Il a élevé la

facétie philosophique à la hauteur d'un genre littéraire.
Il parle si souvent, et avec tant d'assurance, du divin,
de la haute culture, de l'art, du cœur humain, des
analyses passionnelles, qu'on est quelquefois tenté de
le prendre au sérieux ; mais il a bien soin de dissiper
sans retard toutes nos illusions. Vous croyez qu'il
disserte sur Herbert Spencer, Fichte, Hegel ? Prenez
garde : il fait de la mimique aux dépens de ces hommes
dont il se proclame le disciple. On dirait l'enfant terrible de la haute littérature : pendant que les maîtres
inscrivent des formules sur le tableau noir, avec
grâce et détachement, il esquisse des gestes peu respectueux. Prenons-le, par exemple, dans un de ses
moments d'enthousiasme lyrique où il se dit soucieux
uniquement d'absolu. « Vers le crépuscule, débouchant
de mon canal Bradagin sur les Fondamenta Zattere,
soudain je voyais le soleil, comme une bête énorme,
flamboyer au versant d'un ciel délicat, par-dessus une
mer indifférente à cette brutalité, tout élégante et de
tendresse vaporeuse. Alors, avec un haut-le-corps, je
m'exclamais et je gesticulais ; puis aussitôt : Quoi donc !
es-tu certain que cela t'intéresse ? Mais en même
temps : Saisissons l'occasion, me disais-je, pour pousser
jusqu'à l'extrémité des Zattere (un kilomètre le long
d'un bras de mer canalisé sur un quai largement dallé).
Je suis certainement en face d'un des plus beaux paysages du monde... Et puis, mon dîner retardé de vingt
minutes, la soirée me sera moins longue... Ah ! ces
soirées, toutes ces journées de la vie extérieure !...
Et s'il pleuvait, j'aurais un frisson d'humidité ; la table
du restaurant me serait lugubre, et l'ayant quittée, il
me faudrait rentrer immédiatement dans un chez-moi
meublé de malaise ou m'enfermer dans un café qui me
congestionne !

« Ce chœur de pensées qui m'emplissaient, fait voir que les plus voluptueux décors ne peuvent imposer silence à mes sensibilités mesquines. La grâce de Venise ne pouvait étouffer les protestations dont mon être naquit gonflé. Il fallait que l'âme de cette ville se fondît avec mon âme dans quelqu'une de ces méditations confuses dont parfois mon isolement s'embellit. »

C'est là, je pense, le maximum de sérieux qu'on puisse obtenir de Philippe.

Avouons enfin que M. Barrès a reçu, dans une large mesure, le don d'écrire. Son style savant, aigu, bref, dédaigneux, brille et disparaît comme une lame prompte à blesser. M. Barrès ressemble quelque peu à un La Rochefoucauld fin de siècle et décadent, je n'ose pas dire un La Rochefoucauld raté. Il a infiniment moins de profondeur et de tenue que l'auteur des *Maximes*, mais aussi plus de désinvolture, de verve comique et de grâce malsaine.

On peut juger par là de la valeur morale de ses œuvres. Aucun écrivain n'a affecté un dédain plus profond pour les choses qui ont toujours paru le plus respectables à l'humanité, savoir : le sentiment religieux, la justice, la charité. Ces trois grandes vertus et bien d'autres encore, il les a parodiées, traînées dans la boue. Devons-nous le reprocher à M. Barrès ? Non, car ce serait peine perdue. Il suffit de se tenir en garde contre lui, ou mieux encore de ne pas le lire. S'il est une lecture qu'on doive interdire à ces collégiens auxquels il s'adresse de préférence, c'est incontestablement la lecture de ses œuvres.

Il n'est pas impossible, du reste, qu'une banqueroute littéraire vienne compléter, avant peu, la banqueroute politique de M. Maurice Barrès. Il était né délicat : pour attirer l'attention de Démos et même d'Alcibiade et de

ses amis, il a dû fausser son talent ; il a fait appel aux
sentiments révolutionnaires; il s'est abaissé jusqu'aux
pires habiletés de la vulgaire réclame. Et maintenant
il faut tenir en haleine, coûte que coûte, ce public bou-
levardier, gouailleur, destructeur de réputations, cruel
aux vaincus. Quelles que soient les ressources de son
tempérament souple et énergique, M. Barrès ne paraît
pas de force à mener de front les tâches multiples qu'il
s'était imposées. Que ne vivait-il d'une vie calme d'observateur distingué? Il eût publié, à de longs intervalles,
quelques œuvres grêles, fines, achevées, sans doute
ignorées de Charles Martin et de ses électeurs, mais
hautement appréciées dans les régions les plus littéraires. Au lieu de cela, il a voulu faire paraître en quelques années trois volumes : grosse erreur de calcul et
de goût. Ces trois volumes, même si on les complète
par les trois brochures, devraient n'en former qu'un.
Deux cents pages suffiraient pour le manuel du culte
égotiste ; M. Barrès en a imprimé mille au moins, faisant ainsi très grande la part du remplissage.

Cet habile homme s'est trompé.

UN POÈTE ANARCHISTE : SHELLEY

Au dire d'Horace, qui d'ailleurs se contentait de mettre en fort jolis vers une opinion généralement reçue, ce fut l'influence des poètes qui arracha les hommes à la dégradation d'une absolue barbarie. Ne serait-il pas curieux qu'en des temps d'une civilisation avancée, elle devînt le principe d'un mouvement de retour vers les idées anarchistes ?

Cette inquiétude morale, qui constitue le fond de presque tous les genres de poésie, se révèle avec plus de force dans quelques-uns d'entre eux. Ainsi, le romantisme. René ne craignait pas d'appeler les orages, qui devaient l'emporter dans un monde nouveau ; il se serait, tout de même, accommodé d'un cyclone. Beaucoup de poètes de son temps pensaient et parlaient comme lui. Mais parmi eux, le moins résigné à la prose de la vie quotidienne et aux injustices ou prétendues injustices du monde, le plus violent dans ses récriminations, le plus radical dans ses attaques contre la société moderne, fut incontestablement l'Anglais Shelley.

Quoique de très noble famille, il vécut une vie, assez courte d'ailleurs, de parfait anarchiste. Au collège de Brentford, il eut beaucoup à souffrir de la brutalité de ses camarades, ce qui développa en lui des sentiments de misanthropie. A Eton, il refusa de se soumettre aux traditionnelles brimades ; mais il se posa en athée et se passionna pour les expériences de chimie, au risque d'occasionner des catastrophes. La dynamite n'étant pas encore inventée, il employait la poudre pour faire sauter les arbres de la place publique. Une fièvre fit craindre un instant pour sa raison, et l'on songea sérieusement à l'enfermer dans une maison de santé. Toujours en lutte avec ses maîtres et ses compagnons d'études, il menait, à Eton, une vie fort orageuse. Un jour, il planta un canif dans la main de l'un de ses jeunes persécuteurs : on le chassa de l'école. Son attitude devint, dès lors, de plus en plus scandaleuse et provocante. Il était fiancé à sa cousine Harriett Grove, fille d'un clergyman ; mais il tint, à plusieurs reprises, des propos si hardis et si antireligieux qu'il se fit chasser de la maison. Naturellement, il n'en devint que plus irrité contre ce qu'il appelait la bigoterie. Son père lui-même finit par le déshériter, et la société anglaise ne le connut plus que sous le nom de Shelley *l'Atheist.*

L'histoire de sa liaison avec Harriett Westbrook constitue un ensemble de voyages, d'aventures, de querelles tragiques ou grotesques, absolument fantastique. Il paraît que cette Harriett — créature étrange s'il en fut jamais — aurait tenté, à plusieurs reprises, d'assassiner Shelley ; ses biographes ne savent pas trop à quoi s'en tenir là-dessus, tant ils se défient de son imagination poétique. Toujours est-il que Shelley quitta Harriett Westbrook, pour s'attacher à Mary Wollstonecraft Godwin. La malheureuse Harriett, affolée, se suicida.

Nous voyons ensuite Shelley s'établir successivement en Écosse, en Suisse, en Italie. C'est là qu'il mourut dans des circonstances tragiques. Il s'était embarqué, avec son ami William, sur le *Don-Juan*, qui devait le transporter de Leghorn à Lérici. Une tempête brisa le navire, et Shelley, qui ne savait pas nager, se noya à très peu de distance de la côte. Ses amis, tous incrédules, lui firent des funérailles antiques ; ils brûlèrent son corps et en transportèrent les cendres à Rome. Il s'est trouvé un Allemand sentimental pour célébrer pompeusement cette étrange cérémonie. « Le corps, le « beau corps de Shelley, reposait étendu sur ce bois « amoncelé, son visage, son pâle visage tout plein de « la paix céleste. »

Shelley a donc pris la vie à rebours ; chacun de ses actes fut une protestation contre les principes qui forment la base de la société. Il n'a pas dépendu de lui que la révolution n'éclatât dans les diverses régions qu'il a habitées.

D'où lui est venu cet état d'âme ? Comment un jeune gentleman comblé de tous les dons de la fortune s'est-il transformé, et si vite, en anarchiste? Il faut d'abord reconnaître, chez ce malheureux poète, un fonds de perversité native, que masque assez mal une certaine délicatesse morale ; il subit, dans son pays, une condamnation infamante, et il ne semble pas que l'opinion anglaise se soit prononcée contre ses juges ; au contraire. La haine, la colère et l'orgueil se disputaient son âme ; une sorte de folie vint à son tour, car on peut considérer Shelley comme partiellement fou. Il a lui-même décrit, en vers admirables, la sensitive, si belle par elle-même et à laquelle les jeunes brises, et la rosée, et les baisers de la nuit ajoutent de nouveaux charmes. Son âme de poète aurait pu être une vraie sensitive ; elle voulut s'épanouir, fleur délicate, au grand soleil de la vie ; mais une tempête venue du Nord s'abattit sur ses feuilles, et de ses débris naquirent, comme des fruits de mort, la mandragore, les mauvais champignons et l'ivraie. Frêle, vibrante, prompte aux exaltations, principalement aux exaltations malsaines, la nature de Shelley ne devait pas tarder à se fausser. Son poème de *Julian and Maddalo*, qui, comme la plupart de ses œuvres du reste, ressemble à un fragment d'autobiographie, nous ouvre un jour étrange sur l'état mental du poète.

Par une tiède soirée de printemps, il causait avec son ami, le noble comte de Maddalo, dans une gondole, d'où ils contemplaient tous deux le panorama de Venise. Dominant une maison à l'aspect poétique, une tour, d'où s'échappaient les sons mélancoliques d'une cloche, attira leur attention ; la cloche appelait à vêpres les pensionnaires d'une maison de santé. Shelley revint voir cette maison; dans la cour, il entendit une mélodie merveilleuse, et il voulut entrer dans la cellule où un pauvre insensé jouait du piano. Le poète l'interrogea ; il écouta avec un vif intérêt le récit incohérent de ses malheurs. Il eût voulu vivre avec ce fou, pour connaître la vraie cause de sa folie et le guérir. La vie de Shelley est tout entière dans cet épisode : toujours il se sentit attiré vers les mystères de la folie. Pour lui, du reste, la poésie naissait de cette extrême douleur qui ressemble à l'égarement : « Les hommes les plus malheureux, dit-il, apprennent dans la souffrance ce qu'ils enseignent aux autres par l'harmonie (1). »

Cependant, malgré ses mœurs corrompues et sa folie misanthropique, Shelley garda toujours, dans la partie supérieure de son âme, des aspirations vers un idéal de justice, de bonté, de fraternité universelle. Il rêva d'un monde où les faibles, les malheureux, les

(1) They learn in suffering what they teach in song.

parias de la société, tous les vaincus de la vie goûte-
raient les charmes élyséens d'une pastorale éternelle.
Ainsi, dit-on, les misérables qui, de nos jours, appliquent la dynamite à la réforme sociale, font chanter
à leurs naïfs adeptes des refrains idylliques. La vie
de Shelley s'explique par ces trois choses, d'où naît
sans doute l'anarchie : la corruption, la folie, l'esprit
d'utopie.

Ses idées concordaient parfaitement avec le genre
de vie qu'il avait adopté. Elles nous paraissent aujour-
d'hui assez simples, surtout si l'on tient compte de ce
fait que Shelley, élève d'Eton, puis d'Oxford, n'avait
fréquenté que les membres de l'aristocratie anglaise et
de la bourgeoisie, ou des hommes d'un certain talent.
Dépouillées de toute rhétorique et de cette poésie qui
semble leur donner un peu de grâce, ses théories pourraient entrer, sans modification importante, dans le
catéchisme de nos contemporains anarchistes. L'Humanité, qui devait être heureuse, glorieuse, libre, sainte
même, gémit dans une honteuse dégradation, et dans
la souffrance, sous la domination d'une oligarchie,
composée uniquement de jouisseurs et de scélérats.
Rois, prêtres et fonctionnaires centralisent tout ce que
le monde renferme de forces malfaisantes. Les renver-
ser, les tuer, si l'on peut, constitue une action héroïque ; tous les héros de Shelley ont des attitudes tragiques ou... mélodramatiques de révoltés. Et de même
que les représentants du pouvoir, sans distinction
d'ordre ni de hiérarchie, ont l'habitude de ne reculer
devant aucun crime, — si abominable soit-il, — de
même, les anarchistes libérateurs du genre humain
pratiquent, avec aisance, les vertus les plus hautes et
les plus difficiles. D'un côté donc, quelques exploiteurs
féroces, de l'autre une poignée de héros, aux allures de

Brutus romantiques ; entre eux, la foule passive et presque inconsciente, toujours prête à acclamer le vainqueur. En vérité, on ne saurait imaginer une philosophie plus simpliste.

La forme de propagande que recommande Shelley, en vue de la réalisation de son rêve social, ne diffère pas sensiblement de celle des anarchistes. Comme il hait, de toutes les forces de son âme, ce parlementarisme dont il raille grossièrement les représentants les plus illustres (1), il n'hésite pas à préconiser les moyens violents. Il est permis de supposer qu'il oserait couvrir de fleurs les Vaillant et les Henry.

Il est vrai qu'il prenait toujours soin de donner aux actes les plus abominables comme un caractère religieux. Tandis qu'il fait appel à nos instincts de révolte, il s'exprime à la façon d'un prédicateur, détaché des choses de la terre, épris d'austérité et de sacrifice.

« Souffrir des maux que la crainte croit infinis ;
« pardonner des injustices plus noires que la mort ;
« défier le pouvoir qui semble tout-puissant ; aimer
« et supporter ; espérer, jusqu'à ce que l'espérance
« crée, de son propre naufrage, la chose contemplée ;
« ne jamais changer, ni faillir, ni se repentir, voilà la
« gloire, Titan. Être bon, grand et joyeux, beau et
« libre : cela seul est la vie, la joie, l'empire et la
« victoire. »

Les mystiques, avec des pensées bien différentes, ne tiennent pas un autre langage. — Ne vous fiez pas trop cependant à cette admirable profession de foi ; tout ce prétendu héroïsme ne doit servir qu'au triom-

(1) Castlereagh surtout, qu'il affecte de prendre pour un assassin.

phe des plus abominables doctrines. Les journaux qui,
depuis quelque temps, traduisent en de hideuses
caricatures les aspirations des déclassés haineux,
n'ont encore rien imaginé de pire que le rêve de
Shelley. « Un jour, je vis s'avancer le Meurtre, la
« Fraude vêtue d'hermine comme lord Eldon, l'Hypo-
« crisie montée sur un crocodile, puis les Destructions
« déguisées en évêques, en hommes de loi, en pairs.
« A la fin venait le spectre Anarchy. Il galopait sur
« un cheval blanc taché de sang ; il était pâle d'une
« pâleur qui s'étendait même à ses lèvres, tel qu'on
« représente le Trépas dans l'Apocalypse. Et il portait
« une couronne royale; dans ses mains brillait un scep-
« tre; sur son front, je lus cette inscription : Je suis
« Dieu et le Roi et la Loi. — Il traversa l'Angleterre,
« foulant dans une mare de sang la foule proster-
« née... Autour de lui, une multitude puissante ébran-
« lait la terre, et chacun de ceux qui la composaient
« brandissait une épée sanglante pour le service de
« son maître. Dans leur glorieux triomphe, ils cou-
« raient à travers l'Angleterre, fiers, joyeux et comme
« ivres du vin de la désolation... Le squelette Anar-
« chy se présente devant Londres ; la foule terro-
« risée le salue, pendant que des meurtriers chan-
« tent autour de lui: O Anarchy, tu es Dieu, tu es le Roi,
« tu es la Loi. Nous t'avons attendu dans la faiblesse
« et l'abandon. O toi, le Tout-Puissant.... Donne-nous
« la gloire, et le sang, et l'or. Le spectre Anarchy
« saluait, il grimaçait un sourire à l'adresse de tous,
« aussi bien que si son éducation eût coûté dix mil-
« lions à l'Angleterre. Il prit possession des palais des
« rois, du sceptre, de la couronne, du globe, de la robe
« d'or, en même temps qu'il envoyait ses esclaves
« s'emparer de la Banque et de la Tour..... Une fois

« le premier flot passé, une fille folle parut ; elle avait
« nom Espérance, mais elle regardait, à la manière du
« Désespôir ; elle s'écria : Mon père le Temps est devenu
« vieux et gris à attendre des jours meilleurs ; voyez,
« il ressemble à un idiot. Alors elle se coucha dans la
« rue, sous les pieds des chevaux, attendant avec un
« regard résigné le Meurtre, la Fraude et Anarchy.
« Tout à coup, entre elle et ses ennemis, se dresse une
« forme rayonnante, ailée, qui leur tient à tous un dis-
« cours vibrant : Hommes d'Angleterre, levez-vous
« comme des lions, secouez vos chaines, renaissez à la
« liberté, bravez les baïonnettes et l'artillerie des
« tyrans. Vous êtes le nombre, ils ne sont que quel-
« ques-uns. »

Une telle absence de mesure, de justice et de sang-
froid nous autorise à prévoir les plus dangereuses exagérations. Elles gâtent, d'ailleurs, les écrits politiques
ou semi-politiques de Shelley : *Prométhée délivré,
Hellas, la Révolte de l'Islam.* Leur lecture offre
moins d'inconvénient qu'on ne serait d'abord tenté de
le croire, et cela à cause de son extrême monotonie.
L'attitude des héros de Shelley ne varie guère ; ils
menacent, ils ne parlent que de tuer ou de mourir, ils
exhalent leurs colères en discours aussi longs que fas-
tidieux. La bonne mère Nature, qui, au dire du poète,
éprouve pour ces prétendus martyrs une commisération profonde, se livre, en leur honneur, à toutes
sortes de manifestations sympathiques. D'où d'interminables descriptions, dont quelques-unes, cependant,
délicates et belles, reposent délicieusement l'esprit.

Si l'anarchie n'avait inspiré à Shelley que des com-
positions de genre, il n'y aurait pas lieu de s'occuper
encore de lui ; mais elle a déterminé une crise psychologique dont les résultats littéraires sont fort curieux.

La haine du poète contre la société s'est comme fondue en un attendrissement inexprimable sur le sort des isolés et des vaincus ; elle a développé ses tendances mystiques et son goût pour la vie imaginative, dans un monde de féeries ; enfin, elle a exacerbé une des sensibilités les plus intenses et les plus aristocratiques qu'on ait jamais vues. Shelley est un grand poète.

Et, d'abord, il excelle à faire sentir les charmes de la solitude, tout comme Jean-Jacques Rousseau, cet autre déclassé, victime de sa sensibilité malsaine et de son imagination. Puisque une société abominable froisse, puis blesse irrémédiablement les âmes délicates, le poète les invite à vivre loin du monde, avec leurs souvenirs et quelques frêles espérances. — On ne saurait rien imaginer de plus curieux, dans ce genre, que *Rosalind and Helen*, élégie infiniment attendrissante, coupée de blasphèmes, de récits monstrueux et de rêves insensés. Rosalinde a eu pour mari un misérable, familiarisé avec tous les vices et capable de tous les crimes. Il ne faut pas nous en étonner : c'était un ami des prêtres, un dévot ; et les dévots représentent, aux yeux de Shelley, la dégradation et l'infamie. Il meurt, mais seulement après avoir trouvé le moyen de persécuter Rosalinde... par testament. On enlève à la veuve ses enfants, parce qu'elle est suspecte d'athéisme. Elle vient donc, au milieu d'un paysage mélancolique, faire un long récit de ses malheurs à Hélène.

Celle-ci n'inspire pas moins de compassion que Rosalinde, encore qu'elle ait eu pour époux le beau, le noble, le sympathique, l'héroïque Lionel, un ennemi des prêtres. Ici, je dois le dire, le poème prend une autre allure. Lionel, c'est Silvio Pellico à rebours, c'est-à-dire un Silvio Pellico athée. Malgré tout, cependant, on ne peut se défendre d'une certaine compassion pour ses malheurs, car Shelley a su nous le montrer tendre et surtout idéalisé, à travers l'amour d'Hélène. Elle a recueilli avec piété les paroles de son Lionel ; et lorsqu'elle les redit, comme une mélopée de femme inconsolable, nous croyons entendre les accents les plus émus d'Alfred de Musset : « Mes espérances étaient « autrefois comme une flamme... Sur les ailes de mes « désirs, mon esprit s'élançait parmi les vents du ciel. « Tandis que je dormais, des rêves d'argent occupaient « sans cesse mon tranquille sommeil. Et maintenant « j'aime, mais je n'ai plus foi en l'amour ; je sens de « vifs désirs, mais je n'ai plus d'espérance. Je ne veille « que pour pleurer. »

Ainsi parle Lionel, dès le commencement de ses épreuves. La prison, les mauvais traitements dont il est l'objet de la part de la foule et des autorités, la vie commune avec des criminels, achèvent de ruiner sa santé. Quand enfin il sort de prison, sans qu'on nous explique ni le pourquoi, ni surtout le comment des choses, il n'a plus qu'à mourir. Mais que sa mort est étrange et romantique, et naïvement idéaliste ! Au milieu d'un bois de myrtes, sur un vert promontoire qui domine la mer, se dresse un temple en marbre de Paros, célébré par les poètes. Un soir, Lionel conduisit Hélène dans ce temple. Le chant du rossignol éclatait en milliers de notes, dans le silence de la nuit : il s'arrêta. « Maintenant, dit Lionel, épuise la coupe que l'oiseau-poète a si bien remplie de sa limpide et brillante harmonie. » — A son tour, Hélène prend sa harpe et répand son âme en un chant douloureux. Or, pendant que s'égrènent ses notes, Lionel pâlit, puis s'affaisse ; il est mort. Si ces choses s'étaient passées il y a 3000 ans, s'il s'agissait d'un poète grec, mourant dans une extase, que bercent les trilles d'un rossignol et un chant de harpe, nous app'audirions sans arrière-pensée. Mais le christianisme a si profondément changé notre manière de voir et de sentir, que cette mort théâtrale d'un athée en révolte contre toutes les lois religieuses et morales nous paraît, à la fois, une exagération romantique et un défi jeté à Dieu.

Dans *Alastor*, le poète semble se défier même de ce petit groupe d'âmes, violemment séparées du genre humain, qui avaient charmé son intimité douloureuse. La mort sera impuissante à le rapprocher de ceux qui furent ses frères ; les tourbillons du vent d'automne lui construiront une pyramide de feuilles, qui lui servira de tombe ; aucune jeune fille ne viendra répandre des fleurs sur sa funèbre couche. Il a vécu, il a chanté, il est mort, il reposera dans la solitude. Toutes ses affections, il les avait reportées sur la terre, sur l'air, sur l'océan, fraternité bien-aimée ; il aimait à invoquer la nature avec un accent de passion farouche : « O « mère de ce monde impénétrable, je t'ai toujours « aimée, et je n'ai jamais aimé que toi. Mon cœur s'est « montré sans cesse attentif à la profondeur de tes « mystères. » Aussi, le jeune héros du poème se donne-t-il une sorte d'ivresse de la solitude, qui finit par se communiquer au lecteur. Nous voici d'abord au milieu des grandes ruines, souvenirs de la jeunesse du monde ; puis nous traversons les déserts de l'Arabie et toutes les plaines immenses de l'Extrême-Orient. Le poète se plaît à mettre de la variété dans son pèlerinage : il s'engage dans la profondeur sauvage des vallées, il s'égare sur les hautes montagnes, au milieu des précipices. Il faut affronter, à sa suite, une mer orageuse et voguer sur ses flots, durant de longs jours et des nuits remplies par la contemplation. Entrons dans cette caverne féerique que nous décrit le poète. Comme elle est belle ! Comme elle s'ouvre gracieusement, de l'autre côté de la montagne, sur un frais et doux paysage ! Un mignon ruisselet traverse le vallon. D'où viens-tu, petit ruisseau dont la source est inaccessible ? Où tendent tes eaux mystérieuses ? Tu es une bien fidèle image de ma vie.

Ainsi tous les êtres de la création parlent à l'âme du poète, l'interrogent, la consolent et bercent son immense inquiétude. Le poème d'*Alastor* est court, il abonde en descriptions délicieuses, et, cependant, on éprouve, à le lire, une indéfinissable fatigue. Ces solitudes sont infiniment attrayantes, oui ; et je sais les mots terribles de Shakespeare et de quelques autres sur l'humanité ; mais, de grâce, un peu moins de bois, un peu moins de montagnes ; j'étouffe dans cet isolement. Cette société humaine que vous dites si mauvaise et si désagréable, me manque au bout de vingt pages. Shelley l'a bien compris, et il n'a pu repousser tous les souvenirs de cette vraie « fraternité » qu'on ne méconnaît pas impunément, souvenirs d'un idéalisme exquis.

Tandis que le jeune Alastor continuait son austère pèlerinage, des étrangers pleurèrent maintes fois, rien qu'à entendre les notes passionnées de ses chants. Lui-même, il eut une vision : il crut que, près de lui, un jour, était venue s'asseoir une jeune fille mystérieuse et belle, et dont la voix ressemblait à la voix de son âme à lui, entendue dans le calme de la pensée. On aime ce triomphe, un peu tardif mais inévitable, du sentiment vrai sur une conception fausse de la vie. Fuyez l'humanité tant qu'il plaira à votre misanthropie ; elle vous poursuivra dans le désert, elle saura vous atteindre et vous remuer jusqu'au fond de l'âme ; elle remplira vos imaginations.

Et de même que la sympathie pour l'humanité, le sentiment religieux, déformé il est vrai, reprend ses droits sur l'âme révoltée de Shelley. Il adore la nature, non sans superstition : il veut interpréter le murmure du ruisseau ou le gémissement du vent dans les branches, il invoque l'alchimie et Médée l'empoisonneuse. Pareillement, certains anarchistes de nos jours, qui font de bruyantes professions de foi d'athéisme, s'en vont consulter les esprits, toutes les fois qu'ils ont à prendre une décision grave.

Les mêmes inspirations panthéistiques animent le poème célèbre et peut-être trop vanté d'*Adonaïs*. Shelley trouve, ici, moyen de concilier un paganisme intense avec ce pseudo-mysticisme qui nous vient, dit-on, des pays du Nord. Le Matin pleure sur la mort d'Adonaïs, c'est-à-dire de Keats, l'ami et l'émule du poète. L'écho, le rossignol, le printemps, le berger de la montagne viennent, chacun à sa manière, louer le bel Adonaïs. Uranie, la Misère, un Esprit d'amour, forment une ronde funèbre autour du cercueil ; Shelley met de l'anarchie, même dans la douleur. Qu'importe la grâce infinie de son tableau ? Ces lamentations aux sons discordants me déconcertent plus qu'elles ne me charment ; elles sont coupées de cris de haine, car dans cet *Adonaïs* si païen, on nous parle de Caïn et du Christ : on n'a garde d'oublier les prêtres et leurs modernes esclaves.

Cependant, les tendances idéalistes de Shelley avaient trop de force pour ne pas triompher, un moment ou l'autre, de ses principes anarchistes : dans un certain nombre de ses œuvres poétiques, je relève de ces heureuses inconséquences. Telle est *la Sorcière de l'Atlas*, œuvre unique dans son genre, sorte de pastorale féerique et humanitaire. Dans une caverne du mont

Atlas, une ravissante créature, fille des dieux, riche et puissante, fait revivre les beaux jours de l'âge d'or. Le léopard, le serpent, le lion et toutes les bêtes sauvages, adoucissant leurs mœurs, viennent habiter le nouvel Éden. Et le vieux Silène chargé de lis, et les Faunes, et les bergers, et les bergères, et les dryades font leur cour à leur souveraine.

On croirait lire des pages d'anthologie, où s'enchevêtreraient du Théocrite, du Virgile, du Bion et du Moschus. Ailleurs Shelley surpasse en éclat les plus fantastiques inventions de la féerie anglo-saxonne.

Passons sur l'épisode du fils de l'Enchanteresse : le poète croyait sans doute avoir imaginé quelque chose de sublime; il est tombé dans des peintures répugnantes. Mais, à la fin, fatigué de cette solennité si chère à ses contemporains, il daigne s'égayer tout simplement, tout gracieusement. Son héroïne possède des philtres puissants qui lui permettent de répandre, dans toutes les villes qu'elle traverse de nuit, des bonheurs fictifs ou réels, également efficaces, si l'on ne regarde qu'au résultat. — Il va sans dire qu'elle joue toutes sortes de vilains tours aux rois et aux prêtres ; elle ne néglige pas de jeter le trouble dans les casernes, dont tous les habitants se trouvent brusquement transformés en forgerons.

Mais elle fait beaucoup d'heureux, et de la part d'un anarchiste misanthrope comme Shelley, ce trait nous surprend agréablement.

Il est revenu, d'ailleurs, sur cette idée, à plusieurs reprises.

Dans un odoriférant et riche jardin, la sensitive déploie ses pétales à côté des autres fleurs, le perce-neige, la violette, le narcisse, le lis de la vallée, l'hyacinthe aux nuances variées, la rose semblable à une nymphe. Quel Éden ! Les yeux sont éblouis par les couleurs ; un parfum enivrant nous donne comme un vertige.

Au centre de l'Éden, trône une lady, reine, Ève, Grâce ; elle meurt, et toutes les fleurs la pleurent, puis se flétrissent ; le poète prend le deuil et nous attendrit sur le sort de ces frêles créatures. Oh ! les tristes funérailles ! Peut-on imaginer rien de plus triste que la terre privée, à la fois, de toutes ses fleurs? Le ruisseau qui traverse le jardin emporte leurs débris, choses informes, scories, impuretés, herbes flétries, écume aux teintes de lèpre. Brusquement, on entend un mauvais éclat de rire, c'est le poète qui se moque de notre émotion :

« Qu'y a-t-il de vrai dans cette histoire de la sensi-
« tive ? Je ne saurais trop le dire. Mais, dans cette vie
« d'erreur, d'ignorance et de lutte, où rien n'existe,
« où nous ne sommes que les ombres d'un rêve, je
« trouve plaisant de penser que la mort, comme tout le
« reste, est une moquerie. » Ce trait final n'est pas seulement de mauvais goût et macabre ; il ressemble, comme deux gouttes d'eau, à une très mauvaise action. Faire ainsi s'épanouir les plus beaux sentiments de l'âme humaine, comme une fraîche et pure floraison, puis froidement les flétrir et les jeter dans la boue, c'est un crime. Montaigne disait : « Il devrait y avoir
« quelque coerction des lois contre les écrivains ineptes
« et inutiles, comme il y en a contre les vagabonds et
« les fainéants. » Qu'eût-il donc édicté contre les écrivains corrupteurs ?

A certains points de vue, cependant, il eût été dommage que le législateur anglais se fût trop rigoureusement inspiré des conseils de notre Montaigne. La littérature y eût perdu, et, d'autre part, Shelley a réussi, quelquefois, à se débarrasser de ses préjugés et de ses haines. Antée prenait de nouvelles forces, toutes les fois qu'il touchait la terre ; pour Shelley, c'est le contraire qui arrive ; il lui suffit de perdre pied, d'oublier, un instant, toutes les réalités politiques et sociales, pour devenir exquis ou sublime.

Ceci est d'abord — si l'on peut s'exprimer ainsi — physiquement vrai. Shelley a chanté mieux que personne, l'air, le firmament et tous les êtres qui se meuvent dans les hauteurs ; on pourrait l'appeler un poète météorologiste. Lui qui a de si pauvres conceptions sur l'économie politique et les choses du gouvernement, il perçoit avec une sûreté incroyable tout ce qui est ailé ou éthéré. Rappelez-vous l'ode si connue à l'alouette :

« Salut à toi, esprit vivace, — oiseau tu ne fus jamais,
« — toi qui du haut des cieux ou près de la terre, pré-
« cipites à plein cœur les chants improvisés en longs
« torrents de mélodie. Plus haut, toujours plus haut,
« tu jaillis du sol ; tu perces le profond azur comme un
« nuage de feu ; en chantant, tu t'élances, et t'élançant
« tu chantes toujours ...

« Dans la lumière dorée du couchant, dans l'éclat
« des nuages qui l'environnent, tu flottes et nages, tu
« es la joie même, la joie vivante dans son premier
« essor...

« Esprit ou oiseau, dis-nous quelles sont les douces
« pensées. Je n'ai jamais entendu louange d'amour ou
« dithyrambe, dont la strophe palpitante ait répandu
« le flot d'un si divin ravissement.

« ..... Nous sondons le passé, l'avenir, et nous souf-
« frons pour ce qui n'est pas ; notre rire le plus sin-
« cère est chargé de quelque peine, nos chants les plus
« doux roulent sur les plus sombres pensées...

« Au-dessus des cadences les plus délicieuses, au-
« dessus des trésors entassés dans les livres, s'élève
« la gaie science, ô toi, mépriseur de la terre.

« Enseigne-moi la moitié seulement de la félicité
« que ton cerveau doit concevoir : alors coulerait de
« mes lèvres une si mélodieuse folie, que le monde
« m'écouterait comme je t'écoute maintenant. »

Pauvre Shelley, que ne lui fut-il donné, comme à son
alouette, de vivre toujours dans les hauteurs, libre et
joyeux ! Il ne se fût pas blessé aussi grièvement contre les barreaux très dorés d'une cage pourtant
bien agréable : sa voix fût toujours restée harmo-
nieuse : elle n'eût fait entendre que des chants
d'amour.

Aussi bien que les oiseaux, il a chanté les nuages :
« De mes ailes je secoue les rosées qui éveillent à la
« vie les doux bourgeons. Je tamise la neige sur les
« hautes montagnes; elles forment mon blanc oreiller,
« pendant que je dors dans les bras de la Tempête.
« J'entoure d'une ceinture de feu le trône du soleil...
« Cette jeune fille au visage ovale, que les mortels
« appellent la lune, glisse sur moi comme une légère
« lueur. »

On se rappelle l'admirable comédie d'Aristophane et
la prière de Socrate aux Nuées. « O vous, Nuées véné-
« rables, qui roulez dans vos flancs la foudre, levez-
« vous, ô souveraines, et apparaissez au sage dans les
« régions célestes, soit que vous reposiez sur les cimes
« de l'Olympe couronné de neige, soit que vous meniez
« des rondes sacrées, avec les Nymphes, dans les jar-
« dins de l'Océan votre père, soit que vous puisiez les
« ondes du Nil dans des urnes d'or... Nuées éternelles,
« élevons-nous, dans notre mobile essence, du sein
« paternel de l'Océan tumultueux, et montons en

« vapeurs agiles sur les sommets des montagnes aux
« chevelures d'arbres (1). »

Cette rencontre du poète anglais avec le poète grec a
quelque chose de fort piquant. Aristophane s'est cons-
titué, toute sa vie, le défenseur acharné des principes
conservateurs, et aussi des vieux préjugés athéniens ;
Shelley a toujours combattu avec violence toutes les
traditions, même les meilleures, même les plus saintes.
Si ces deux hommes avaient pu se rencontrer sur la
terre, nul doute qu'ils ne se fussent heurtés violemment.
Ils s'étreignent dans la Nue et leurs voix se ressemblent
si bien qu'on croirait entendre deux frères.

Les nuages légers invitent Shelley à parler du vent
qui les promène à travers l'espace. On n'a peut-être
jamais rien écrit de plus purement lyrique que son
ode au vent d'Ouest : « O sauvage vent d'Ouest, souffle
« de l'automne, toi qui conduis à leur sombre lit de
« mort les feuilles semblables à des fantômes, écoute,
« écoute. Emporte-moi comme une feuille, comme un
« nuage. Je succombe sous les douleurs de la vie, je
« saigne. Prends-moi pour ta lyre, comme tu le fais de
« la forêt : qu'importe si mes feuilles tombent comme
« les siennes ? Le tumulte de tes puissantes harmonies
« saura bien arracher de moi, comme d'elles, un chant
« d'automne d'une douleur profonde, quoique triste. O
« toi, Esprit ardent, deviens mon esprit ; disperse mes
« pensées mortes sur tout l'univers, comme des feuilles
« flétries. Sois, pour la terre plongée dans le sommeil,
« la trompette de la prophétie. »

(1) Victor Hugo, lui aussi, a chanté les Nuées.

> O vierges du Zénith, Nuées...
> Vous que la rosée en ses ombres
> .... Crée avec ses pleurs.
> Blancheurs par l'aube saluées,
> Que contemple l'œil bleu des eaux.

Au-dessus du vent, se dresse, dais triomphal, le dôme mystérieux du ciel. Shelley, par l'intermédiaire de deux esprits, chante ce palais des nuits sans nuage, paradis des lumières d'or, avec les formes glorieuses et les globes vivants qui se meuvent dans ses profondeurs. Il s'éprend de tout ce qui tremble, brille, glisse et disparaît, de ce qu'il y a de plus immatériel dans le monde.

De même, il a éprouvé vivement et rendu avec un bonheur infini les sentiments les plus ténus et les plus insaisissables du cœur humain. Ne regardons pas de trop près aux causes ou aux idées qui provoquent les effusions du poète, ses enthousiasmes ou ses douleurs ; aussi bien, sa pensée, presque toujours médiocre, ne nous intéresse guère ; nous ne voulons que connaître et revivre, si possible, ses impressions, lesquelles sont souvent admirables.

Il est doux de recevoir, avec lui, la gracieuse visite des calmes pensées ; on perçoit, par exemple, tout ce qu'il y a de mélancolie suggestive dans le cri de la chouette, la triste Aziola. Souffrez-vous de votre impuissance à ressentir les pures joies d'antan ? Considérez, avec Shelley, cette violette morte, pleurez sur elle : vos larmes ne la feront pas revivre ; soupirez : elle n'exhalera plus de parfum. — Voici la Nuit ; elle est suivie de près par sa sœur la Mort, et toutes deux engagent un dialogue horriblement triste. La fuite rapide des mois et des années, la musique, les paysages fournissent au poète l'occasion d'exprimer sa mélancolie inépuisable et cependant distinguée, point trop romantique. Je ne sache guère qu'Alfred de Musset qui ait des paroles aussi pénétrantes. Seulement, tandis qu'Alfred de Musset, victime inconsciente de cette sécheresse voltairienne contre laquelle il se révoltait, ne pouvait sortir, quoi qu'il en eût, d'une certaine sphère très limitée, Shelley, plus rapproché de la religiosité allemande, donnait un libre essor à toutes les forces de son imagination.

Nulle part cette hardiesse ne se manifeste avec plus de force que dans *Epipsychidion*. Qu'a voulu exprimer le poète dans cette œuvre, un peu plus obscure que les autres et puissamment originale ? Il serait téméraire de le dire avec précision, puisqu'il se plaint lui-même des mots, ces chaînes de plomb qui gênent le vol de son âme. Cependant, il est incontestab'e qu'il a voulu nous donner une sensation intense de l'idéal tel qu'il le conçoit, idéal de l'esprit et idéal du cœur. Naturellement, celui-ci l'emporte de beaucoup sur celui-là. L'érudition de Shelley n'était pas précisément à dédaigner, surtout si l'on se souvient du temps où il vivait ; mais elle ne s'étendait pas au delà d'un certain horizon. Il a chanté un hymne admirable en l'honneur de la beauté intellectuelle, il a célébré avec une émotion sincère l'amour de la philosophie : on ne peut pas dire que la science ait pénétré sa vie bien profondément. Du moins, il l'a entrevue, il l'a aimée, il l'a mêlée parfois à ses rêves, et c'est beaucoup. Elle intervient légèrement dans *Epipsychidion*. Cet esprit, qui est l'harmonie de la vérité, fait entendre sa voix au poète à travers le murmure des forêts et des fontaines, mais aussi par les vers antiques et la haute poésie.

Toutefois, l'idéal de Shelley a quelque chose d'essentiellement sentimental et féminin : « Séraphin du ciel, « trop gracieux pour être humain, voilant, sous cette « forme radieuse de la femme, tout ce que nous serions « incapables de supporter en toi, de lumière, d'amour « et d'immortalité. Épouse ! sœur, ange, pilote de ma « destinée ! destinée dont le cours fut si sombre ! O trop

« tard aimée... » Qui n'a remarqué déjà ce qu'il y a de biblique à la fois et de shakespearien dans cette façon de s'exprimer ?

Il n'est pas bon d'approfondir les allusions de Shelley ; elles laissent deviner trop de misères et d'abominables théories. Mais prenons en elles-mêmes les créations de sa sensibilité et de son imagination : elles sont d'une nature absolument supérieure. Toutes les fois que, mettant de côté ses haines et ses idées également ineptes, et se dégageant des attaches charnelles, il laisse s'épanouir en toute liberté les dons de Dieu, notre œil perçoit des tableaux et notre oreille des harmonies incomparables : « Là se trouvait un être que « mon esprit a souvent rencontré dans ses promenades « à la recherche de visions, loin, bien loin, dans la lu- « mière dorée de l'aube de ma jeunesse, sur les îles « brillantes d'une pelouse ensoleillée, au milieu de mon- « tagnes enchantées, dans des cavernes où l'on goûte « un sommeil divin, sur les flots aériens d'un rêve « merveilleusement léger, flots dont la surface servait « d'appui à ses pas. »

Shelley monte plus haut encore, il s'élève jusqu'aux sommets du détachement et de la sérénité plus que philosophique, chrétienne, presque mystique. Comme Longfellow, il a chanté son *Excelsior* ; si je ne crai-gnais de paraître chercher certains rapprochements, je citerais un nom incomparablement plus grand et plus vénéré. Mais, chose curieuse et plus triste encore, il semble que la beauté de son inspiration poétique se soit développée, en raison directe de son exaltation anarchiste.

M. ÉMILE FAGUET

Peu de physionomies littéraires sont aussi sympahiques que celle de M. Émile Faguet. Il a, en effet, sur la plupart de ses confrères, un avantage considérable, il ne se met jamais en scène. Tous ceux qui font partie de la « gent irritable » aiment à entretenir leurs lecteurs de leurs petites affaires, de leurs querelles, de leurs découvertes, et surtout de leurs ambitions. L'éternelle candidature de M. Zola, par exemple, fatigue bien des gens, même parmi ceux qui, n'étant pas académiciens, n'ont pas à souffrir de ses visites. Qui ne connaît les menus de M. Sarcey, l'intrépide végétarien? Les plus sérieux d'entre les écrivains n'échappent pas toujours à ces petites misères. Le grave, l'éloquent M. Brunetière a une façon à lui de frapper l'attention de ses lecteurs. Il annonce qu'il se propose d'étudier la poésie lyrique et ses principaux représentants, et il le fait avec beaucoup de compétence ; mais on ne tarde pas à s'apercevoir que l'essentiel, pour lui, c'est l'évolution des genres telle qu'il la conçoit, ou plutôt, telle qu'il l'a inventée. Ces choses nous frappent, nous autres lecteurs ; et comme nous aimons les formules plus ou moins scientifiques, nous ne séparons plus le nom de M. Brunetière de son système.

M. Faguet n'invente pas de système ; mais il trouve chaque jour des aperçus nouveaux, et il néglige de prendre des brevets. Fâcheuse imprévoyance! Ses idées s'étalent ensuite dans les ouvrages de quelques bons confrères, transformées, exagérées, voyantes, triomphantes. M. Faguet y perd une partie de cette notoriété à laquelle il aurait droit, apportant ainsi un document nouveau à l'histoire des réputations littéraires. J'ose signaler le fait à l'attention de M. Paul Stapfer.

M. Faguet s'est fait connaître par une thèse remarquable, tant au point de vue de l'érudition qu'au point de vue des idées. Cependant, on ne peut pas dire que son talent s'y révèle tout entier. L'auteur, par crainte sans doute de ses terribles juges, parle de nos vieux tragiques, absolument comme s'il s'intéressait à leurs hexamètres, avec conviction et méthode, et aussi avec une certaine lourdeur. Il n'ose pas laisser courir sa plume, la bride sur le cou.

Mais, dans les *Études sur le XVIIe siècle*, se révèle le vrai Faguet, modeste, railleur, fin, profond souvent, laissant parfois transparaître une délicate sensibilité. Les *Études* ressemblent étonnamment à des notes de professeur de rhétorique. Et je prie qu'on ne cherche pas dans ces mots une arrière-pensée de satire. Les professeurs se voient dans la très heureuse obligation de s'occuper des grands maîtres, de ceux du xviie siècle principalement. Quoi de surprenant, dès lors, qu'ils les connaissent un peu mieux, ou, si l'on veut, un peu moins mal que le commun des électeurs ? Un professeur de rhétorique possède, en moyenne, une demi-douzaine de critiques sur chacun des grands chefs-d'œuvre, il lit forcément quelques pages des maîtres eux-mêmes, il prend goût à ces lectures et, au bout de quelques années, le voilà en état de dominer ses critiques. Il a, sur chacun des hommes supérieurs qu'il fait admirer à ses élèves, un petit nombre d'idées personnelles. L'admirable et rare chose! Ainsi, sans doute, a procédé M. Faguet, au moins dans ses débuts (il est maintenant de ceux qui ont lu des œuvres complètes). Il a cru, non sans raison, pouvoir ajouter aux opinions sérieuses de ses prédécesseurs ou de ses confrères en pédagogie, et il a édité un volume de 400 petites pages.

Tout n'est pas original, dans ces 400 petites pages. Il a fallu écrire une biographie de chacun des auteurs ; il a fallu reproduire aussi des appréciations tombées depuis longtemps dans le domaine de la littérature courante. Sans doute, les manuels portent terriblement sur les nerfs d'un professeur ; mais, quelque envie que l'on ait de les contredire, force est bien de parler quelquefois comme eux. M. Faguet s'est plié aussi peu que possible, mais enfin il s'est plié à cette dure loi. En somme, nous n'avons guère à nous occuper que d'une centaine de pages.

Corneille ouvre la série des grands écrivains. M. Faguet raconte la vie du père de la tragédie ; il explique sa poétique et apprécie ingénieusement son grand style. Tout cela est sage assurément, mais un peu ordinaire. Le chapitre sur Corneille ne mériterait qu'une mention rapide, n'était le beau passage sur *Polyeucte*. M. Faguet est entré dans la pensée profonde du grand Corneille : il a compris les exaltations saintes du martyre, les premiers siècles de l'Église, la foi chrétienne. En voyant le groupe surhumain s'élever ravi sur les ailes puissantes de l'amour divin, il s'est frappé le cœur, lui aussi, et, à la suite des héros chrétiens, il a atteint les hauteurs sublimes. Comme Élisée s'attachait au manteau d'Élie, les penseurs qui ont de l'âme, s'élancent à la suite des poètes. Lisez ceci :

« Polyeucte est divin. Il est de ceux qui ont le signe
« d'en haut, destiné aux folies sublimes, aux grands
« sacrifices, aux dévouements surhumains ; il est le
« plus haut du regard et du front, peut-être le plus
« cher de cette famille d'hommes extraordinaires que
« Corneille a enfantés avec amour.

« Mais Corneille s'est bien gardé de lui ôter tout
« caractère humain. Car s'il était, dès le principe, tout
« au ciel, il n'aurait pas à lutter contre l'homme qui
« doit être en lui, et, où il n'y a pas lutte, il n'y a pas
« drame. Polyeucte est homme, et tout son rôle est
« le combat douloureux qu'il livre pour dégager, par
« rudes efforts et fortes secousses, l'ange qu'il veut
« être, de l'homme qu'il est. On le voit, d'abord, si en-
« foncé encore dans l'amour qu'il a pour sa femme,
« qu'il hésite à sortir, quand, effrayée d'un songe, elle
« le prie de rester près d'elle, puis, après le baptême,
« rêvant un coup d'éclat qui le force au martyre et
« l'exécutant ; puis, quand il pourrait obtenir sa grâce,
« luttant contre tout ce qui le rappelle encore à la
« terre, contre les honneurs, les plaisirs qui lui livrent
« la guerre, contre Félix, contre Pauline, contre lui-
« même ; enfin tout à Dieu, s'élançant comme ravi au
« ciel, dans la mort et dans la gloire. Admirable con-
« ception, digne des génies les plus élevés, les plus
« audacieux, les plus avides d'art supérieur et divin,
« que l'humanité ait produits. Nous verrons ce qu'une
« critique étroite en a pensé. »

Quel sujet de contradiction que Pascal ! Tour à
tour humble et orgueilleux, moderne et disciple de
Montaigne, mathématicien et homme de sentiment,
défenseur de l'Église et quelquefois en révolte contre
elle, il apparaît comme une sorte de phénomène incompréhensible. Les libres penseurs et les catholiques

se le disputent ou se l'abandonnent, selon qu'il s'agit des *Provinciales* ou des *Pensées*. M. Faguet ne cherche pas à démêler cet embrouillement. Il montre successivement tous les aspects de Pascal, sans trop se préoccuper de mettre de l'unité dans l'ensemble. Mieux vaut être timide en pareille matière. Il se contente donc, pour expliquer la philosophie de Pascal, d'établir un ingénieux parallèle entre les *Essais* de Montaigne et les *Pensées*, ce qui est une manière d'établir et de résoudre la question, en la rabaissant un peu. Toutefois, tandis qu'il reprend pour son propre compte les douloureuses et palpitantes et dramatiques interrogations des *Pensées* ou du *Mystère de Jésus*, il réussit à ne pas trop faiblir. On lit, entre ses lignes, les lignes de Pascal, et la comparaison ne l'écrase point trop. Mais je l'aime infiniment mieux, lorsqu'il oppose à l'intraitable logique de Pascal la douce persuasion de saint. François de Sales.

On ne saurait trop relire et méditer le chapitre sur La Rochefoucauld, le terrible pessimiste qui a provoqué tant de colères et inspiré de si vives admirations. M. Faguet l'apprécie avec modération, il ne craint pas de comparer son système philosophique avec la morale chrétienne, et nous croyons alors entendre un apologiste : « Il a un peu manqué à La Rochefoucauld d'être « chrétien. Au fond de sa morale, il y a cette dure doc- « trine stoïque qui considère que toutes les fautes sont « égales, que le bien a un niveau rectiligne et logique, « au-dessous duquel peu importe que l'on soit à cent « coudées ou à une ligne, comme on est aussi bien noyé « le front à la surface de l'eau qu'au fond de l'abîme. « Le christianisme a cru qu'à se tenir le plus près « possible de l'atmosphère pure et de la lumière, on a « au moins plus de chance d'être repêché. »

Même après Taine et tant d'autres, M. Faguet a su dire sur La Fontaine des choses à la fois neuves et justes. En ce temps où le moliérisme sévit avec intensité, il a jugé le *Misanthrope* avec une admiration discrète. De Racine je ne dirai rien. Il y a trop d'inégalité entre M. Faguet et moi, pour que je persiste à lutter contre lui, et d'autre part je ne puis pas, quel que soit mon désir de céder, me déclarer convaincu.

Arrêtons-nous plutôt sur Bossuet. Tous ceux qui écrivent, et beaucoup de ceux qui n'écrivent pas, tiennent à avoir une opinion sur le grand évêque. En est-il un seul, parmi les plus illustres de nos contemporains, qui n'ait essayé de lutter avec lui ? Tous n'ont pas été heureux dans le combat ; aucun n'a remporté une victoire décisive. Cet homme étonnant a émis, à peu près sur toutes les questions essentielles, des opinions si fortes, si profondes, qu'il faut toujours compter avec elles. En sondant leurs assises puissantes, on songe aux monuments romains qui offrent plus de garantie de durée que les constructions modernes. M. Faguet a eu le bon goût de ne pas se poser en adversaire du grand évêque ; il l'étudie en admirateur curieux et presque effrayé.

D'abord, il met un peu à part les *Oraisons funèbres*, estimant sans doute que les commentaires abondent aux mains de tous. Oui certes, et on serait tenté presque de le regretter. Car ils ont nui longtemps à la connaissance de ce qu'il y a de plus beau chez Bossuet. Puis, M. Faguet essaie de décrire le caractère et la pensée de l'évêque. Son ambition est en partie réalisée. Il a fait un travail aussi peu livresque, aussi humain, aussi vivant que possible.

Le premier soin d'un critique doit être, en effet, de nous débarrasser de cette traditionnelle et insupportable idée, que Bossuet est un solennel arrangeur de phrases. Ainsi l'avait compris la haine clairvoyante de M. Renan ; pour diminuer Bossuet, il tâchait de le faire passer pour un orateur qui n'est qu'un orateur. M. Faguet est allé droit à l'homme : il a considéré tour à tour le conseiller d'État, le psychologue, le représentant de l'autorité et de la tradition, l'apôtre, le polémiste. Peut-on dire qu'il ait fait le tour des idées de Bossuet ? Avant M. Rébelliau, je crois, il semble avoir découvert l'*Histoire des Variations* ; il parle à peine de la *Défense de la Tradition et des Pères* ; il ne dit rien des *Méditations sur l'Évangile*, deux sources puissantes d'idées. Mais telle est l'influence de la mode sur la critique, dont le personnel se recrute parmi les professeurs graves et les savants consciencieux. Il n'y a pas très longtemps, les professeurs se bornaient à faire admirer les *Oraisons funèbres*, puis sont venus les *Sermons* ; en ce moment, l'*Histoire des Variations* a tous les honneurs. La marche en avant continuera, et, dans la pensée de ceux qui sont un peu au courant des études exégétiques en France, la grande bataille éclatera lorsque les littérateurs se décideront, enfin, à aborder la *Défense de la Tradition et des Pères* (1).

Elle appartient, pour le moment, à ces messieurs du Collège de France, lesquels sont, en général, peu tendres pour Bossuet. Il faut voir sur quel ton quelques-uns le prennent avec lui. Bossuet n'a rien compris à l'exégèse, Bossuet a arrêté les études bibliques en France, Bossuet a persécuté Richard Simon, c'est un pur rhéteur. J'ai idée que, du jour où un émule de M. Rébelliau reprendrait pour son propre compte, contre les exégètes contemporains, les opinions de

(1) Voir le beau travail du P. de la Broise : *Bossuet et la Bible*.

Bossuet, on verrait bien des surprises. Non pas que tout soit à louer, dans la *Défense de la Tradition et des Pères*, mais c'est un ouvrage singulièrement fort, et quand on songe aux ineffables et innombrables absurdités que mettent tous les jours en circulation les modernes exégètes, contempteurs de Bossuet, on trouve leur sévérité de mauvais goût.

D'où je conclus que le chapitre de M. Faguet sur Bossuet est intéressant, sérieux, abondant en aperçus neufs, mais incomplet.

Que dire de son travail sur Fénelon ? Je n'ignore pas qu'il est dans la tradition universitaire d'immoler Fénelon à d'autres admirations. Le malheureux archevêque pensait que son ostracisme finirait avec sa vie : en quoi il se trompait. Les mots cruels et plus ou moins authentiques attribués à Louis XIV et à Bossuet le poursuivent après sa mort ; toute une armée de critiques s'acharne contre sa mémoire. En vérité, on dépasse la mesure. De ce qu'on admire Bossuet d'une admiration profonde, s'ensuit-il qu'on doive maltraiter Fénelon ? Celui-ci, je le veux bien, a quelque chose d'insaisissable, d'inquiétant peut-être, mais il est grand, et comme nous serions fiers de le montrer à l'Europe, si Bossuet n'existait pas ! Je connais un philosophe qui regarde Fénelon comme un des plus grands penseurs du xviie siècle. A la suite de Voltaire, M. Faguet caractérise le style de Fénelon, d'après le *Télémaque*. Mais qu'est-ce que le *Télémaque*, en comparaison de la *Correspondance*, par exemple ? Or, le style de la *Correspondance* n'a rien de traînant ni de flottant, il est aisé de s'en convaincre.

M. Faguet a toutes les sortes de courage, même celle qui consiste à négliger volontairement son style, quand les circonstances le permettent. Pourquoi n'oserait-il pas dire, à propos de Fénelon : « Je ne le connais que faiblement ; mais je suis bien obligé de lui consacrer un chapitre, et je me contente d'exprimer l'opinion générale ? »

La vérité est que nous n'avons sur Fénelon que des plaidoyers ou des réquisitoires ; on attend un jugement.

Depuis que ces lignes ont été écrites, l'attitude de la critique vis-à-vis de Fénelon a un peu changé. M. Faguet a rectifié et complété ses premières appréciations d'une façon qui fait le plus grand honneur à son impartialité. Les dernières éditions de son *XVIIe siècle* renferment quelques pages très sérieuses, très soignées, tout à fait dignes de la réputation de leur auteur. En second lieu, M. Crouslé a publié sur Fénelon un énorme volume, à propos duquel M. Faguet a composé un excellent article. Cette fois, l'évolution de l'esprit public est commencée et bien commencée ; elle se continuera.

M. Faguet a mieux réussi avec les écrivains du xviiie siècle, parce qu'il les a plus longtemps étudiés, et aussi parce que son talent a grandi. Son étude sur Voltaire est, à beaucoup de points de vue, une petite merveille. Il paraît que des auteurs catholiques l'ont jugée sévèrement et je ne les en blâme pas, car M. Faguet exprime parfois des idées peu orthodoxes ; nous aurons l'occasion de les combattre tout à l'heure. Mais, nonobstant les erreurs, dont quelques-unes fort graves, l'étude de M. Faguet sur Voltaire peut être considérée comme une des plus douces satisfactions que les catholiques aient reçues, durant cette période littéraire. Elle constitue, en effet, un véritable réquisitoire, le plus intéressant peut-être et le plus probant, contre l'homme qui signait Ecrlinf ! Qu'on ne m'oppose pas la philippique de Joseph de Maistre, ni les polémiques de Mgr Dupanloup, ni les travaux récents de l'érudition. Nos adversaires récusent les auteurs catholiques, alors même qu'ils s'appuient sur des documents d'une authenticité incontestable, ou bien ils s'efforcent d'atténuer la portée de leurs témoignages ; ils ne peuvent pas récuser M. Faguet.

On voit bien, d'ailleurs, qu'il aime son Voltaire et que, tout en l'aimant, il est obligé de l'accabler. Surtout, il se permet avec son auteur des familiarités, il le raille avec persistance, il l'appelle « notre homme » ; peut-être même, dans l'intimité de sa pensée, va-t-il plus loin. M. Faguet a l'air de considérer Voltaire comme un fort joli animal, curieux mais méchant, et, en définitive, poltron. Il entre dans les *Œuvres complètes* comme un dompteur sûr de la victoire pénètre dans la cage d'un lion réputé féroce, en faisant claquer son fouet. Pendant que le public frissonne d'horreur ou de dégoût, il s'amuse, lui, prodigieusement. Je ne sais rien de plus agréable pour un catholique que la biographie de Voltaire, d'après M. Faguet.

« Sans être précisément cruel, et même en ne détes-
« tant point donner, quand on le regarde, il sera bien
« dur pour les petits, et bien méprisant pour la canaille ;
« persécuteur, quand il pourra persécuter, avec une
« suite enragée. On le verra poursuivre un Rousseau
« qui ne lui a rien fait que lui dire une sottise, avec
« un acharnement incroyable, le dénoncer comme un
« ennemi de la religion et, à ce titre, au moment où le
« malheureux est déjà proscrit et traqué partout, crier
« qu'il faut punir capitalement un vil séditieux, ce qui
« est un peu fort, peut-être, dans la bouche d'un ad-
« versaire de la peine de mort.

« On le verra, incapable de pardon, dénoncer de
« Brosses comme un voleur, à toute l'Académie fran-

« çaise, dans vingt lettres furibondes, parce qu'il a eu
« un procès de marchand de bois avec de Brosses,
« ne jamais manquer de réclamer les galères, la Bas-
« tille et le Fort-l'Evêque, contre tous les Fréron, Coger,
« Desfontaines ou la Beaumelle qui le gênent. Il ne
« songe qu'à écraser ce qui, étant au-dessous de lui,
« ne l'adule pas.

« En revanche, il ne songe qu'à aduler ce qui, à
« quelque titre que ce soit, est au-dessus. Empereurs,
« impératrices, rois, princes, grands-ducs, ducs, maî-
« tresses des rois ; et que ce soit Catherine II, Pompa-
« dour, Frédéric, ou du Barry, pour ceux-là les apo-
« théoses sont toujours prêtes, et de ceux-là les fami-
« liarités, même meurtrissantes, toujours bien reçues.

« Richelieu ne lui paye point les intérêts de son ar-
« gent et lui joue d'assez mauvais tours. Mais que
« voulez-vous qu'on dise à un homme qui parle de vous
« dans la chambre du roi, si ce n'est merci ! Nul
« homme n'a reçu les petits coups de pieds familiers
« des puissances, de meilleure grâce.

« Il a le mépris du vaincu devant le vainqueur. Rien
« ne lui a plus agréé que le partage de la Pologne,
« parce que c'est une belle manifestation de la force,
« et il en félicite Catherine de tout son cœur. La prise
« de la Silésie est une chose, aussi, qui a son charme ;
« il prémunit Frédéric contre les remords qu'il en
« pourrait avoir.

« Il a été doux envers la mort des autres...

« C'était le cœur le plus sec qu'on ait jamais vu, et
« la conscience la plus voisine du non-être qu'on ait
« constatée. »

On s'est demandé si nous pouvions mettre entre les
mains des élèves de nos maisons ecclésiastiques l'ouvrage de M. Faguet. Laissons cette question d'ordre

pédagogique : il est un point sur lequel nous nous mettrons tous facilement d'accord. Les catholiques instruits n'auront pas de peine à tirer un excellent parti des indications fournies par M. Faguet sur les idées, la vie et l'influence de Voltaire. Leur devoir n'est-il pas dès lors tout tracé ?

J'entends les objections et des catholiques et des voltairiens et peut-être de l'auteur lui-même ; ils me diront : En louant ainsi le jugement littéraire porté par M. Faguet, vous contractez presque l'obligation implicite de l'accepter intégralement. — Eh bien ! non, et voici pourquoi : M. Faguet, qui a tant de verve et dispose de si nombreux documents lorsqu'il maltraite Voltaire, se montre presque toujours très faible en le défendant. Il veut nous donner, par exemple, de petites et de grandes explications de la gloire de son héros : il n'y a pas lieu de discuter les premières ; voyons seulement les secondes.

« Il est beaucoup plus rare qu'on ne croit, que les
« grands hommes de lettres soient l'expression du
« pays dont ils sont, et représentent brillamment l'es-
« prit de leur nation. Ni Corneille, ni Bossuet, ni
« Pascal, ni Racine, ni Rousseau, ni Chateaubriand, ni
« Lamartine ne me donnent l'idée, même agrandie,
« embellie, épurée, du Français tel que je le vois et le
« connais. Ce qu'ils représentent, c'est chacun un
« côté de l'esprit français, une des qualités intellec-
« tuelles de cette race, comme choisie et portée par
« eux à son point d'excellence, ce qui fait précisément
« que, tant à cause du choix exclusif qu'à cause de
« la supériorité, ils ne nous ressemblent guère. Vol-
« taire, lui, nous ressemble. L'esprit moyen de la
« France est en lui. »

Hélas ! oui, l'esprit moyen de la France, ou du moins

d'une certaine France, est en lui. Reconnaissons, en outre, que M. Faguet nous donne un portrait fort réussi du Français que représentent les caricatures anglaises. Mais j'avoue ne pas comprendre en quoi le fait de personnifier la portion la plus bruyante, non la plus sérieuse ni la plus distinguée de la France, constitue une si grande gloire. A ce compte, les romanciers du *Petit Journal* et M. Georges Ohnet jouiraient d'une gloire supérieure à celle de Voltaire. Il me semble que pour cette fois M. Faguet s'est trompé. La gloire, pour un écrivain, consiste à réunir les qualités d'esprit de ses compatriotes, et les plus hautes et les plus délicates, avec le moindre mélange de défauts. Tel est sans doute le cas de Racine. Si Voltaire a tant de traits de caractère communs avec le Français dépeint par M. Faguet, c'est que, malgré toutes ses grâces, il manque d'élévation morale. Dans sa gloire, une popularité vulgaire entre pour une assez grande part.

M. Faguet a donc fait une sorte de plébiscite en faveur de son héros; il est étonnant que, dans la république des lettres, on ne s'en soit pas scandalisé davantage.

En terminant, il croit devoir lancer un trait contre ceux qui n'aiment pas Voltaire. « Chose abominable, « mais vraie : parmi ceux mêmes qui ne l'aiment pas, « il en est bien peu qui ne fissent le pacte de donner « les qualités même supérieures de leur caractère, pour « les qualités même secondaires de son esprit. »

Que M. Faguet me permette de le lui dire, elle est bien gendelettre cette façon d'argumenter. Les chrétiens qui auront pris plaisir à la lecture de certains passages de Voltaire se sentiront humiliés d'avoir ri, selon le beau mot de Joseph de Maistre; c'est vrai, mais c'est tout. Ils n'iront pas jusqu'à faire le pacte

dont parle M. Faguet. M. Renan s'est plaint, quelque
part, de ce que la société moderne fait trop d'honneur
au talent, et en cela du moins, il a vu juste. Mais que
dirait-il de l'importance qu'on attribue ici aux qualités
secondaires de l'esprit ? D'ailleurs, si M. Faguet vivait
dans un milieu moins littéraire, s'il fréquentait davantage ceux d'entre les Français dont il se moque si fine-
ment et ceux qui ne méritent pas ses railleries, il verrait bien vite que l'esprit n'est pas très envié. Non seulement il ne suffit à rien, comme on disait autrefois,
mais il n'est plus certain qu'il serve à tout, ce dont
nous devons nous féliciter en définitive, pour peu que
nous soyons patriotes. Les hommes de caractère ont
créé et conservé la France ; il serait curieux de savoir
dans quelle mesure les gens d'esprit l'ont servie ou
compromise. Non, Monsieur Faguet, un homme de caractère ou même un homme de bon sens ne voudrait
pas de votre pacte.

Rousseau a, dans l'ordre politique, religieux ou littéraire, infiniment plus d'importance que Voltaire. Il
serait intéressant de suivre pas à pas M. Faguet dans
son étude à la fois si fine et si profonde ; mais à quoi
bon ? Il faudrait dire, autrement que lui, beaucoup de
choses, avec la certitude de les affaiblir. Ceux qui vou-
dront connaître un jugement original et motivé sur
Rousseau, n'ont qu'à lire les études de M. Faguet : ils
n'auront pas de peine à y trouver des pages comme
celle-ci : « Ces gens qui se sont placés volontairement
« dans une situation bizarre (il s'agit des personnages
« de la *Nouvelle Héloïse*), que deviendront-ils ? Ils
« pourraient devenir fous, car on ne joue point impu-
« nément avec les sentiments puissants ; mais ils le
« deviendraient à la longue, et le roman, ainsi fait, se-
« rait interminable. Ils pourraient user peu à peu leur

« puissance d'aimer, s'émousser, s'engourdir et à la
« fin ne plus se voir des mêmes yeux. Mais ils devien-
« draient vulgaires ; et c'est ce que Rousseau, qui les
« aime trop pour cela, ne veut point. Aussi, il tue le
« principal personnage et il le tue par accident.

« Les voilà, ces personnages où Rousseau a mis tout
« son goût du faux, ces personnages vertueux qui sont
« immoraux, candides et naïfs, qui sont déclamateurs,
« pleins de haute raison, qui font d'insignes folies. Les
« personnages de Rousseau sont des paradoxes, comme
« ses idées. »

Est-ce à dire que tout soit parfait, dans l'étude sur
Rousseau ? M. Émile Faguet domine le plus souvent
les idées de son temps ; peut-être même, pour son avancement immédiat, les domine-t-il trop ; mais sur un
point grave, il ressemble à la plupart de ses contemporains. Les critiques de nos jours se piquent de tout
comprendre ; ils affectent de montrer, avec une égale
application, les bons et les mauvais côtés d'une œuvre,
et généralement, pour se bien prouver à eux-mêmes
leur propre impartialité, ils frappent, à la fois, les
intransigeants de droite et de gauche, ou du moins
ceux qui passent pour tels. C'est là le grand critérium.

M. Faguet en use comme la grande majorité de ses
confrères, ce qui ne fortifie pas, il s'en faut, son autorité de critique. Il me semble qu'après avoir comparé
ce qu'il y a de bon et ce qu'il y a de mauvais dans un
ouvrage, un critique ne doit pas hésiter à tirer ses conclusions. En morale comme en médecine, il faut distinguer entre le diagnostic et la thérapeutique. Pour
la première de ces fonctions, gardez-vous soigneusement de tout parti pris ; attendez, si vous voulez, pour
vous faire une opinion ; mais, de grâce, donnez-la enfin

en toute franchise. Je suppose qu'un homme de la trempe de Bossuet, c'est-à-dire un homme d'État doublé d'un moraliste, écoute les appréciations de M. Faguet. On peut, sans témérité, deviner ses impressions. Il dira au critique : Vous constatez à plusieurs reprises, Monsieur, que Rousseau est un esprit faux et dangereux, qu'il a exercé sur ses contemporains, et qu'il exerce encore sur nous tous, une influence désastreuse ; mais en même temps vous lui reconnaissez quelques qualités d'esprit et de cœur, vous lui faites une gloire de ses périodes et de ses paysages, et sous prétexte d'impartialité ou de délicatesse, c'est sur un mot d'éloge que vous vous arrêtez. Vous pouvez sourire, mais vous encourez là une lourde responsabilité. Puisque Rousseau fait du mal à ses lecteurs, beaucoup plus de mal que de bien, ayez le courage de le dire plus nettement, et, devant les jeunes gens qui vous écoutent, n'hésitez pas à condamner son œuvre.

Je regrette vivement de ne pouvoir analyser les autres chapitres du *Dix-huitième siècle*. M. Faguet s'exprime sur ses auteurs en homme qui les a lus, et ses commentaires sont souvent à la hauteur du texte discuté. Peut-être ne concordent-ils pas toujours avec la pensée du maître lui-même. C'est ainsi que M. Faguet pourrait bien avoir prêté à Montesquieu une foule d'idées auxquelles l'auteur de l'*Esprit des Lois* ne songeait guère. — On a fait, depuis 150 ans, tant d'expériences politiques, qu'il nous est facile de trouver des documents inconnus de Montesquieu. M. Faguet rapporte tout à l'*Esprit des Lois*, et puis il chante Montesquieu, en une sorte de prose lyrique. A propos de Buffon, il se livre à des considérations scientifiques auxquelles on s'attendait peu. Il est probable que M. Faguet cause quelquefois avec des savants ; seulement, s'est-il demandé combien de lecteurs sont allés jusqu'au bout de ce docte chapitre ?

Les études sur le xix⁰ siècle sont naturellement les plus intéressantes. Mais, ici encore, nous ne pouvons pas suivre l'auteur dans toutes ses recherches ; il nous entraînerait trop loin. Nous nous bornerons aux deux écrivains les plus importants : Chateaubriand et Victor Hugo.

A l'occasion du premier, M. Faguet apprécie avec une franchise méritoire tout le mouvement religieux et littéraire qui a pour point de départ le *Génie du Christianisme*. Chateaubriand a contribué, dans une grande mesure, au retour des idées religieuses en France, tout le monde s'accorde à le reconnaître. Mais ne nous aurait-il pas fait payer ses services un peu cher ? M. Faguet se le demande : Chateaubriand, dit-il, n'est ni un grand philosophe, ni un grand moraliste, ni *fortement chrétien*. Et, à l'appui de sa thèse, M. Faguet apporte des arguments qui ne laissent pas d'impressionner.

« C'est le vrai du christianisme que Bossuet s'appli-
« que à montrer, et il ne le fait pas voir comme poé-
« tique et tendrement romanesque. C'est la nécessité
« du christianisme que Pascal prétend prouver, et tous
« deux méprisent les hommes de lettres et les poètes
« qui sont, pour Chateaubriand, les confesseurs et les
« témoins de la foi. Sans doute Chateaubriand montre
« très bien qu'on a eu tort de mépriser le christia-
« nisme, et qu'il est beau, et qu'il est aimable. Mais
« c'est vouloir lui faire non un triomphe, mais un suc-
« cès d'estime. C'est comme plaider l'indulgence. En
« pareille affaire, ce n'est pas faire capituler l'ennemi
« que de le désarmer. Certes, il est très beau, ce
« livre, et nous aurons lieu de le dire, quand nous le
« considérerons comme œuvre d'art et de critique. Mais

« en ce moment, ce que nous voulons faire entendre,
« c'est que Chateaubriand, même comme chrétien, a
« plus d'imagination brillante que de pensée profonde
« et vigoureuse... Chateaubriand a été parfois aussi
« léger en défendant le christianisme que les hommes
« du xviiie siècle en le combattant. »

La question soulevée par M. Faguet a une portée
très grande ; il faudrait plus qu'un chapitre pour la
traiter à fond ; elle s'impose à l'attention particulière
des croyants. Car s'il est fort juste de revendiquer
Chateaubriand comme une gloire catholique, il serait
imprudent de ne pas faire un choix dans ses idées, et
il importe de préciser la nature de son influence. —
On oserait difficilement soutenir que René n'a rien de
commun avec certains héros de Jean-Jacques, ni avec
Werther. Or, dans la pensée de Chateaubriand, *René*
faisait partie intégrante du *Génie du Christianisme.*
Une part de ce qu'il y a de maladif, de tourmenté, de
vague et de trop sentimental dans l'âme contemporaine pourrait bien nous venir de Chateaubriand. Il ne
s'agit pas de nier ses services, ni de lui contester ses
titres à notre reconnaissance ; mais on a le droit et le
devoir, je pense, de se prémunir contre ce qu'il peut y
avoir d'imparfait, ou peut-être de dangereux, dans ses
doctrines et surtout dans ses sentiments.

Les considérations qui se rapportent aux idées
littéraires de Chateaubriand résument assez bien ce
qu'on a écrit de plus sage jusqu'ici. Point d'admiration
exagérée, point de parti pris non plus, mais un examen
consciencieux des principes et des faits.

« Chateaubriand demandait qu'on arrêtât l'imita-
« tion indéfinie, que la France eût une littérature à elle
« et non d'emprunt ; que puisqu'elle n'était point
« païenne, elle n'eût pas une poésie mythologique ;

« que puisqu'elle était moderne, elle n'eût pas une lit-
« térature ancienne ; que puisqu'elle existait, elle eût
« une littérature nationale......

« Le génie littéraire de Chateaubriand a ouvert
« toutes grandes toutes les sources. Il a compris toutes
« les beautés de tous les temps et de tous les mondes, et
« invité tous les talents à y puiser. Historiens, poètes,
« romanciers, moralistes, philosophes spiritualistes ,
« historiens des idées religieuses, voyageurs, et ceux-
« là même, derniers venus des modernes, qui disent
« avoir inventé l'écriture artiste et ne cherchent qu'à
« exprimer le relief et la couleur des objets visibles :
« tous lui doivent quelque chose, et tout au moins un
« esprit public préparé à les comprendre. Quelque
« défiant qu'on soit des formules concises, toujours
« trop larges et trop étroites à la fois, on peut se ris-
« quer à dire qu'il est l'homme qui a renouvelé l'ima-
« gination française. »

Il est doux pour un critique de s'essayer sur Victor
Hugo : le champ s'offre très vaste, non défriché. Heureux les travailleurs qui peuvent y pénétrer ! Ils s'a-
vancent à la recherche d'idées neuves, sûrs du succès,
comme autrefois les colons de la Californie allaient à
la fortune.

Le seul danger qu'ils aient à redouter résulte précisément de la trop grande facilité du travail. Mais les
habiles, ou plutôt les consciencieux, se défient des
succès rapides ; ils creusent en tous sens leur sujet, et
à ce prix ils obtiennent des résultats sérieux. M. Faguet, naturellement, est du nombre.

Cependant, tout en explorant des pays à peu près
inconnus, il ne dédaigne pas les indications fournies
par ses devanciers, et il prend bien soin de ne dissimuler en rien leurs mérites. Par exemple, il fait siennes,

très souvent, les idées de Louis Veuillot, ce qui est à la fois d'un homme avisé, car Louis Veuillot connaissait bien son Olympio, et d'un homme courageux. Aujourd'hui, parmi les universitaires, on rend volontiers hommage au talent supérieur, quelques-uns disent au génie de Louis Veuillot ; mais le fait était beaucoup plus rare, il y a seulement cinq ou six ans : la gloire de Veuillot ne rayonnait guère que dans certains milieux catholiques. Ailleurs on le regardait comme un esprit étroit et un batailleur féroce. M. Faguet, dès 1887, s'abritait sous son autorité, et citait de lui des mots à l'emporte-pièce, mais justes. Il convient de relever ce fait, d'abord pour la plus grande gloire de M. Faguet, ensuite pour la satisfaction des catholiques. Qui sait? Peut-être la république dès lettres se montrera-t-elle moins exclusive à leur égard !

Dans le cours de son étude sur Victor Hugo, M. Faguet fait entendre, à plusieurs reprises, qu'il n'a nullement la prétention de porter sur l'œuvre du poète un jugement définitif. Les temps ne sont pas encore venus, en effet ; mais sur un certain nombre de points, les critiques peuvent avoir la certitude de dire vrai.

Ainsi, il semble bien prouvé que Victor Hugo n'avait point d'esprit ; ou plutôt il avait un esprit d'une étonnante vulgarité. « Il arrive que Victor Hugo prend pour « une idée et quelquefois pour une découverte une « fantaisie que lui souffle le démon burlesque qui est « son génie familier. C'est alors qu'il s'écrie : *Nomen,* « *Numen, Lumen,* très sérieusement, ou que, voyant la « lune se lever, il dit avec gravité : Dieu officie et voici « l'Élévation. C'est dans ces cas, et malheureusement « dans quelques autres, que le mot féroce de Veuillot, « *Jocrisse à Pathmos,* ne paraît que dur. »

Victor Hugo avait encore moins de philosophie que

d'esprit : jamais on ne vit penseur plus médiocre. Ici encore M. Faguet prouve sa thèse avec une puissance d'argumentation qui ne laisse subsister aucun doute. De même il faut louer sans réserve ce qu'il dit de la conception poétique de Hugo, de son style, de son rythme. Mais il est fort douteux, quoi qu'en dise M. Faguet, que la sensibilité de Victor Hugo soit tout à fait de bon aloi. Je prends l'exemple même, choisi pour la démonstration :

> Elle avait dix ans et moi trente,
> J'étais pour elle l'univers.
> Oh ! comme l'herbe est odorante
> Sous les arbres profonds et verts !

M. Faguet trouve cela vrai, senti. Voyons, n'y aurait-il pas là un peu de maniérisme, du joli, c'est-à-dire du faux ? Je ne puis aimer ce père qui s'interrompt de pleurer et de se souvenir pour respirer l'herbe odorante et admirer les arbres profonds et verts. On n'est pas si ingénieux dans les grandes douleurs.

En somme, le jugement de M. Faguet me paraît incontestable dans ses parties négatives et aussi, on ne saurait trop le redire, dans tout ce qui a trait au rythme et à la beauté du verbe. Pour le reste, attendons. « Victor Hugo, dit M. Faguet, est notre plus grand « poète lyrique, il est presque notre unique poète épi- « que. » Malheureusement ces mots d'épopée et de ly- risme manquent de précision ; ils désignent, chez les critiques, toutes sortes de choses n'ayant entre elles que de faibles ressemblances. Pourquoi ne pas se contenter de dire que Victor Hugo est le plus grand *imagier* que l'on connaisse ? Mais aussi il n'est que cela. Il a peint le monde physique avec une puissance à laquelle on ne s'accoutume point : le ciel, la terre, la mer, l'arc de triomphe, les rochers, les châteaux, les rues, la campagne, les fleurs, les roses, les casques, etc., etc. Ce n'est pas, certes, une mince gloire : avec moins que cela on peut entrer dans l'élite des grands poètes. Mais les lettrés tomberont difficilement d'accord, quand il faudra lui attribuer d'autres mérites. Au fond, la question Hugo pourrait bien se réduire à ceci : les idées du poète n'ont aucune valeur : tout le monde le reconnaît. Les images, prises séparément, sont presque toujours admirables. Reste à savoir ce qui se produit lorsqu'il essaie d'unir l'idée à l'image. Celle-ci relève-t-elle celle-là ? Ou inversement est-elle gâtée par cette alliance ? Plusieurs estimeront que, des deux hypothèses, c'est la seconde qui se réalise le plus souvent. Car il faut bien admettre que, dans les jugements sur Victor Hugo, l'hypothèse entre pour une grande part. Nos arrière-neveux jugeront.

Faut-il parler des chroniques de M. Faguet ? Je soupçonne qu'il en fait lui-même bon marché. Elles ne sont pas à dédaigner cependant : on en trouve souvent de médiocres, quelquefois de mauvaises, mais quelquefois aussi d'excellentes. Quand un homme de la valeur de M. Faguet entreprend une œuvre, même d'importance secondaire, il la marque toujours de son empreinte. Les chroniques révèlent une grande finesse, une rare sûreté de jugement, une force de pensée qui se cache — pas toujours heureusement — sous des plaisanteries spirituelles, mais un peu tourmentées. Songez qu'un chroniqueur a une foule de ménagements à garder ; songez surtout que, la plupart du temps, il improvise.

C'est pourquoi, sans doute, M. Faguet a laissé nombre de négligences subsister dans ses ouvrages sérieux. Que n'a-t-on pas dit de son style ! Le plus infatigable

bavard de la Chambre a fait trêve, un jour, à ses occu-
pations d'interpellateur perpétuel, pour tourner en
ridicule les phrases de M. Faguet. C'était mesquin.
Des amis du critique ont cherché à le justifier avec
un luxe de périphrases, de sous-entendus, de réticences, qui témoignent d'une grande bonne volonté. Ne
vaut-il pas mieux dire simplement la vérité ? Elle est
d'ailleurs assez glorieuse. M. Faguet est un écrivain
inégal ; il écrit, parfois, assez mal pour réjouir ceux de
ses ennemis qui ne rougissent pas de l'apprécier en
grammairiens inintelligents. Mais, d'ordinaire, « il
« dit justement ce qu'il veut faire entendre. Pas de pit-
« toresque, pas de panache », peu d'éloquence ; « une
« précision nerveuse, fine ; plus de dessin que de cou-
« leur, mais un dessin très expressif, vigoureux et dé-
« licat. M. Faguet loue quelque part la sobriété et, si je
« puis dire, l'abstinence descriptive de Benjamin Cons-
« tant. Il me semble qu'il est de cette école-là. Son
« style est, par essence, indicateur d'idées : il les fait
« lever au passage, rapidement, doucement, sans effort
« et sans violence (1). »

M. Faguet peut regarder en face l'avenir. Son influence grandit tous les jours ; elle grandira encore.
On ne peut s'empêcher de le mettre en parallèle avec
M. Brunetière. Celui-ci est arrivé déjà au comble de la
gloire littéraire ; il a eu toutes les faveurs de la fortune,
il les a peut-être épuisées. Un homme, en effet, peut provoquer, pendant quelque temps, des colères et des
admirations également exagérées ; mais toutes choses
se ramènent à leur juste mesure. M. Faguet bénéfi-
ciera de ce retour prochain à un état d'esprit plus calme.
On dira : Il a, malheureusement pour lui, moins d'enne-

(1) J'emprunte ce jugement à M. Lanson.

mis et moins de panégyristes que M. Brunetière, mais il compte un très grand nombre d'amis, discrets et fidèles, il a su s'attirer les sympathies des jeunes générations. Le temps travaille pour lui.

ARVÈDE BARINE

Il était une fois une fée, dont la mission consistait à consoler ou à distraire tout un peuple de grands enfants. Ceux-ci s'étaient rendus presque tous malades à force de courir après des chimères ; et les hommes versés dans l'art de l'auscultation prononçaient, en secouant la tête, de grands mots qui donnaient à leur diagnostic un caractère étrange. Ils disaient : dilettantisme, scepticisme, paralysie du vouloir, curiosité malsaine, désenchantement, etc., etc. Un vieux magicien, venu du pays breton, était cause de tout le mal. Prenant en pitié ces malades, mais impuissante à les guérir, la fée s'appliquait en toute conscience à adoucir leurs épreuves réelles ou imaginaires. Pour cela, elle leur narrait de jolis petits contes qui les faisaient sourire. Seulement, capricieuse comme toutes les fées, elle ne se montrait qu'à certains jours et sur certains points déterminés. C'est ainsi qu'elle apparaissait tantôt dans une maison rose, tantôt dans un chalet bleu, tantôt dans un palais couleur saumon.

Le conte de fées qu'on vient de lire, répond à une réalité contemporaine très concrète : il peut signifier que Mme Arvède Barine écrit, assez irrégulièrement, de délicieux articles dans la *Revue Bleue,* dans *les Débats*

et dans la *Revue des Deux-Mondes*. Ils sont destinés à
des lecteurs ayant une certaine culture intellectuelle ;
on pourrait leur appliquer ce que Plutarque dit de
Ménandre : « Et aux philosophes et gens qui travail-
« lent à l'étude — comme quand les peintres ont tra-
« vaillé leurs yeux sur couleurs trop vives et brillantes,
« ils les tournent sur celles qui sont verdoyantes,
« comme celles des herbes et des fleurs, pour les récréer
« et refaire. C'est Ménandre qui recueille l'entende-
« ment comme en un beau verger bien flori où il y a
« de l'ombrage et de la fraîcheur, des vents doux et
« gracieux. »

Essayons de quelques promenades à travers le verger
« bien flori » que cultive Mᵐᵉ Arvède Barine.

Il y a lieu de s'étonner que la réputation d'un tel
écrivain n'ait pas franchi certaines limites : on ne
connaît son nom que dans un nombre restreint de
milieux littéraires. De ses différents ouvrages, un seul
est arrivé, que je sache, à sa troisième édition. Mais
cela même dispose en faveur de Mᵐᵉ Arvède Barine.
Le mystère dont elle aime à s'entourer (1) contraste
singulièrement avec les allures tapageuses de quelques femmes écrivains.

Les récits de Mᵐᵉ Arvède Barine ont un charme
infini ; ils peuvent fournir en abondance des exemples
de toutes les formes de la délicatesse : jamais elle
n'appuie, jamais elle n'élève le ton; sourire, larmes,
railleries, ont toujours quelque chose de voilé, de
fugitif, d'indéfinissable. Il faut même une certaine
habitude pour ne pas s'impatienter de ce parti pris de
calme et d'atténuation, qui ressemble parfois à de
l'impassibilité. On nous parle, par exemple, des épreu-

____

(1) Arvède Barine est un pseudonyme.

ves d'une jeune princesse, et de façon — cela ne saurait
faire doute — à nous remuer le cœur aussi profondément que possible. Il nous plairait de nous attarder
autour de cette douleur ; mais le récit continue, il faut
bien le suivre. C'est là, sans doute, ce que voulait la
narratrice, et elle y a réussi au delà de tous ses vœux.

N'éprouvez-vous pas comme un malaise, ou plutôt
comme un sentiment d'indignation concentrée, en
lisant les lignes qui suivent :

« L'histoire du mariage de la princesse Wilhelmine
« revient ici se mêler d'une façon presque burlesque
« à la tragédie de famille. Le roi était résolu à se
« délivrer d'une fille odieuse. Il n'hésitait que sur le
« choix des moyens. Il parlait souvent de lui faire
« couper la tête, et prenait soin qu'elle ne l'ignorât
« pas ; mais il savait à merveille que ce n'était pas
« si simple que cela, et puis il était juste : si sa fille
« était haïssable, elle n'avait pas déserté. Il songea
« de nouveau à un couvent. Il s'arrêta enfin au parti
« de la marier, de gré ou de force, à l'un des préten-
« dants répoussés par la reine : il soupçonnait celle-ci
« d'avoir trempé dans l'affaire de la cassette, et sou-
« haitait, encore plus que de coutume, de lui être
« désagréable. Il commença donc à faire harceler la
« princesse Wilhelmine, dans sa prison, par ses créa-
« tures qui eurent, toutes, l'ordre de lui parler ma-
« riage. Il lui venait des messagers du roi à toute
« heure ; il lui en venait de si grand matin, que la
« princesse, en ouvrant les yeux, apercevait devant son
« lit un ministre ou un officier chargé de lui donner
« le choix entre le margrave de Schwedt et la mort.
« Ou bien c'était un couvent affreux qu'on mettait
« dans la balance ; c'était un cachot dans une forte-
« resse ; c'était la vie de son frère. Le roi ferait grâce

« à Frédéric, si sa sœur se soumettait et obéissait ;
« l'exécution était certaine, si elle s'opiniâtrait.....
« Sans la pensée de son frère, la princesse aurait été
« invincible. La mort l'effrayait peu ; le roi avait pris
« tant de soin de la détacher de la vie, qu'elle n'y
« tenait plus que par l'héroïsme d'espérance de la
« jeunesse, qui ne veut pas croire que ce puisse être
« fini à vingt ans. »

Ainsi donc, rien que quelques petites lignes narratives ; pas une invective, pas une flétrissure pour le vieux roi transformé en bourreau. — Après tout, elle a peut-être raison, Mme Arvède Barine. Elle nous donne ici un modèle de ce que M. Martha, qui s'y connaît, appelle la délicatesse dans l'art. Jean Racine faisait ses tragédies avec rien. Le même phénomène psychologique se reproduit, lorsque notre écrivain traite quelque sujet amusant. « Comme la plupart des grands
« taciturnes, Carlyle avait des heures où il était ba-
« vard ; Mme Carlyle avait coutume de dire qu'il aimait
« le silence, platoniquement. Il avait des instants où
« le flot de pensée, accumulé dans son cerveau, avait
« besoin de se faire jour. Carlyle s'épanchait alors en
« improvisations étincelantes et pittoresques, qui ont
« fait sa réputation de parleur. Car, pour causeur
« proprement dit, il ne le fut jamais. La contradiction
« lui était insupportable, et son éloquence avait besoin
« de couler en liberté. Il contemplait les contradic-
« teurs avec le même regard chargé de mépris qui
« faisait craindre à Mme Carlyle, lors des conférences
« sur la littérature allemande, qu'il ne s'adressât au
« public en ces termes : Imbéciles, qui êtes venus ici
« pour vous distraire !... »

Naturel, finesse, grâce du tour, variété, souplesse, toutes ces qualités qui rendent le récit agréable, font

penser ici à Mme de Sévigné ; le grand nom est écrit,
je ne l'efface pas, mais il est bien entendu, je suppose, que je ne mets pas Mme Arvède Barine au rang
de Mme de Sévigné.

La raillerie est un des charmes de ses contes. Elle
nous fait doublement plaisir, parce qu'elle s'exerce le
plus souvent sur des étrangers. Les Anglais — comme
il est de tradition chez nous — ont la plus grosse part ;
mais Mme Barine les berne avec tant de bonne grâce,
que dis-je ? elle les défend. Des chauvins qui ne connaissent pas les nuances, et qui d'ailleurs abusent des
grands mots, parlent quelquefois d'égoïsme, de pha-
risaïsme, d'accaparement ; ils calomnient les Anglais.
Au contraire, tous les faits connus et jusqu'à maintenant si mal interprétés, ajoutent à la gloire de la
Grande-Bretagne ; il suffit de les expliquer :

« L'Angleterre compte parmi ses philanthropes bon
« nombre de don Quichottes, âmes désintéressées et
« hautes, l'honneur de la patrie. Elle en compte d'au-
« tres qui sont accusés, par les esprits tout d'une
« pièce, d'être don Quichotte et Sancho, sans que ja-
« mais l'un l'emporte sur l'autre. Don Quichotte expé-
« die de grosses caisses de bibles aux pauvres sauva-
« ges ; Sancho les emballe dans de la cotonnade de
« Manchester et glisse des bouteilles d'eau-de-vie dans
« les vides. Don Quichotte traque les nègres avec une
« ardeur qui lui vaut des louanges grandes et méri-
« tées. Sancho pense, à part soi, que ce sont là de
« grands frais ; que l'esclavage, cette chose terrible,
« est parfois bien commode, et qu'il n'est pas défendu,
« après tout, de faire tourner une bonne action à son
« avantage. »

Mme Arvède Barine relève cette fine raillerie par une
pointe de réalisme. Elle aime les histoires de pouil-

leux et de loqueteux ; elle explique, par des exemples
d'une étonnante précision, toutes les variétés de ver-
mine que portent les Juifs polonais et les paysans italiens ; alors même qu'elle fait des biographies de princesses, elle quitte volontiers les salons pour nous
initier aux mystères de la cuisine ou aux misères qui
se cachent sous la pompe des costumes. Et non contente de mettre la saleté en une série de petites épopées, elle pose les principes d'une esthétique réaliste :
ainsi, la canaille protestante ne lui inspire que de la
répugnance ; mais elle a un goût très vif, pour le pittoresque de la canaille catholique.

On se demande comment Mme Barine s'y prend pour
savoir tant de choses divertissantes. Elle nous décrit
le pays de sainte Thérèse, comme si elle en revenait ;
puis c'est le tour de la Chine, du Japon, du Zanzibar ;
l'Angleterre lui est très familière, et elle connaît l'Allemagne d'autrefois, tout comme celle d'aujourd'hui. Chacun de ces pays lui fournit un contingent de récits
très agréables. Au dire de Voltaire, le pauvre grand
Corneille avait tout près de lui un petit lutin qui lui
dictait les plus beaux passages de ses tragédies. Mme Arvède Barine a, sans doute, quelque génie malin qui
court le monde pour lui cueillir des historiettes et les
lui rapporte fidèlement ; elle n'a plus qu'à les tresser
en couronnes.

Tous ces récits n'ont pas la même valeur historique ;
l'auteur se joue presque constamment, sur les confins
de la fantaisie et de l'histoire, et il ne peut s'empêcher
de donner libre cours à son imagination créatrice. Cependant, Arvède Barine cite souvent ses autorités, et
puis, quand bien même elle broderait un peu, nous
trouverions de bonnes raisons de l'excuser. Ses bro-
deries sont si riches et de si bon goût !

La question devient plus délicate s'il s'agit d'histoire proprement dite. Mme Arvède Barine esquisse un tableau de la vie religieuse, dans un couvent italien du xvie siècle. Il serait à souhaiter, je crois, qu'elle eût renoncé à faire son tableau d'histoire ; mais, où décidément on ne peut tolérer ses dires, c'est lorsqu'elle prétend défendre, ainsi, l'Église : « Ce n'est pas assuré-
« ment médire de l'Église catholique, c'est plutôt rendre
« hommage au progrès, dont elle a été en définitive
« l'instrument, que de rappeler les variations et les dé-
« faillances qu'a subies, dans le cours des siècles,
« l'idée monastique. Le couvent de Saint-André, nous
« l'avons déjà dit, ne faisait que suivre le courant gé-
« néral de son époque, et la conduite qu'on y tenait
« n'était ni plus ni moins scandaleuse que la conduite
« de tel monastère de filles nobles, en France ou ail-
« leurs. Lisez et ne vous scandalisez pas. » Or, il s'agit ici de religieuses qui vivent comme les bergères de l'*Astrée*, ou les précieuses de l'hôtel de Rambouillet. Supposons que les faits soient authentiques, encore faudrait-il ne pas les conter sur ce ton d'agréable persiflage. Un auteur qui, dans la sincérité de son âme, voudrait servir l'Église, hésiterait à rappeler de tels souvenirs ; et si, pour des raisons politiques ou scientifiques, il était contraint d'aborder le sujet, il s'y prendrait de tout autre façon. Il condamnerait sœur Séraphine, la religieuse romanesque, au lieu de la menacer gentiment du doigt ; il déplorerait les fautes commises, il rattacherait l'heureuse mais impuissante tentative du cardinal d'Urbin à l'immense réforme que provoqua l'initiative du concile de Trente. Mme Arvède Barine aurait dû, à tout le moins, procéder avec plus de simplicité, et dire : « Je connais une histoire un peu risquée, mais piquante ; je ne puis résister au désir de

C'''

la conter par le détail. J'ai tort, mais je demande l'indulgence du lecteur. » Au contraire, elle se livre, tout le long du chapitre, à toutes sortes de plaisanteries peu charitables, puis, arrivée à la fin, elle se flatte, avec un sérieux qui étonne, d'avoir bien mérité de l'Église. Pour cette fois, Mme Arvède Barine a dépassé la mesure.

Sa méthode historique m'inspire un autre genre de défiance : elle a une tendance marquée à l'exagération. Mme Barine s'attache à un seul côté des personnes ou des choses, et ramène tout à un petit nombre d'idées, sur lesquelles elle exécute, avec une impeccable virtuosité, d'admirables variations. Je me demande si la réalité vraie n'offre pas, en général, une complexité plus grande. — Voulez-vous savoir quel portrait on nous fait de cette Marie Mancini, qui fut un des trois modèles de Bérénice ?

« Dans le second convoi de neveux et de nièces
« que Mazarin manda d'Italie, celui de 1653, se trou-
« vait une créature de treize à quatorze ans qui parut
« à la cour un prodige de laideur. Elle était noire
« et jaune, dégingandée et décharnée. Elle avait un
« cou et des bras qui n'en finissaient plus. Sa bouche
« était grande et plate, ses yeux noirs étaient durs,
« et il n'y avait nul charme, ni espoir de charme dans
« toute sa personne. L'esprit était à l'avenant. Elle
« l'avait hardi, écrit Mme de Lafayette, résolu, emporté,
« libertin et éloigné de toute sorte de civilité et de
« politesse. Au milieu de ses sœurs et de ses cousines,
« elle semblait une bête sauvage, efflanquée, hérissée,
« prête à mordre. Ce laideron était Marie Mancini. »

Plus loin, l'auteur parle des maladresses de Marie Mancini ; et partout il explique ses étonnants, ses prodigieux succès, par la seule violence de la passion.

L'explication paraîtra insuffisante à beaucoup de lecteurs. Marie Mancini a donné, au contraire, des preuves d'une persévérance et d'une souplesse extraordinaires. N'a-t-elle pas trompé, à plusieurs reprises, l'un des hommes les plus fins et les plus fourbes qui aient jamais été ? Oui, Mazarin s'est laissé berner par sa nièce. La rancune tenace de Louis XIV pourrait bien n'avoir pas d'autre cause ; il comprit, mais trop tard, que dans son idylle avec cette Italienne dépourvue de sens moral, il avait joué un rôle de dupe. — La violence n'exclut pas l'habileté, surtout chez les Italiennes ; et de ce que la jeune Mancini commit quelques maladresses, il ne s'ensuit pas qu'elle fût incapable de diplomatie.

D'ailleurs, l'histoire, dans la pensée d'Arvède Barine, n'a probablement qu'une importance relative : en réalité elle sert de prétexte à la morale. Cela est si vrai qu'elle n'hésite jamais à couper les récits les plus intéressants par des considérations psychologiques (1). Chaque article aboutit à une conclusion de morale sociale nettement formulée. Ainsi Mme Barine aime à se faire l'avocat et aussi la conseillère de son sexe. D'ordinaire, les écrivains portent aux nues les grands hommes, ils s'inquiètent de tous les détails qui concernent leur manière de vivre ; mais ils négligent les dévouements féminins qui ont tant contribué à leur gloire. Mme Barine tâche de combler cette lacune, et elle le fait avec un tact, une délicatesse et une bonne humeur admira-

(1) Un exemple : Frédéric était alors tout enfant. Il était craintif et apprenait difficilement. Son père l'aurait dégoûté du travail, sans la princesse Wilhelmine.
De toutes les variétés de l'amitié, la plus exquise est l'amitié entre sœur et frère. Elle naît d'ordinaire dans la jeunesse, à l'âge des affections chevaleresques et des dévouements désintéressés. Elle a la liberté qui ne peut jamais exister dans l'amour maternel et filial, jointe à la solidité que créent les liens du sang.

b!es. Elle ne déclame jamais. Son sourire, gai ou triste, illumine tous ses récits. On ne peut rien imaginer de plus touchant que la biographie de Mme Carlyle ou celle de Mme Gœthe. Quel mélange d'énergie et de grâce chez la femme de Carlyle ! Que d'héroïsme discret et tendre ! La petite alouette chante son chant exquis, à côté du sombre penseur qui est resté toujours paysan, et qui est devenu un insupportable maniaque. Je connais peu d'ouvrages qui laissent une impression aussi forte de découragement ; mais cette impression est salutaire, en ce sens qu'elle n'a rien de commun avec la désespérance, et qu'elle est inséparable de certains souvenirs bienfaisants. Toutes les femmes qui auront lu ce livre apprécieront mieux sans doute les avantages d'une condition modeste : car l'amitié d'un grand homme n'est pas toujours un bienfait des dieux. Mme Carlyle avait eu la joie de vivre son rêve de jeune fille ; elle était devenue la femme du plus grand historien de l'Angleterre contemporaine, et en pleine gloire, voici ce qu'elle écrivait :

« Oh ! oh ! quelle journée cruelle ! O ma mère,
« à présent, quand je souffre, personne ne le voit,
« et j'ai appris à souffrir, à moi toute seule. De l'état
« de fille unique à celui-ci, la route est longue et
« dure :

> Oh ! ma mère, elle ne se doutait guère,
> Le jour où elle me vit dans un berceau,
> Des pays où je voyagerais,
> De la mort dont j'aurais à mourir. »

La mère de Gœthe passe à peu près par les mêmes vicissitudes ; mais elle réussit à conserver sa gaieté jusqu'à la fin d'une longue vie. La leçon morale qui se dégage de sa biographie, comme de celle de Mme Carlyle, n'est point à l'honneur des hommes. Gœthe a plus de tenue que Carlyle ; mais sa conduite envers sa mère témoigne d'un épouvantable égoïsme et d'une étonnante faiblesse du sens moral.

Je regrette toutefois que Mme Arvède Barine n'ait pas jugé à propos d'éclaircir une question qu'elle avait posée implicitement. Elle nous dit qu'aux jours heureux, Mme Carlyle n'avait point la foi, et elle appuie sur ce fait. Quand viennent les temps d'épreuves, nous nous demandons avec quelque inquiétude : Où donc Mme Carlyle puisera-t-elle les forces morales qui lui sont nécessaires, puisque, n'ayant plus la foi, elle se moque de la philosophie ? Mme Barine insinue avec mystère un grand mot : l'amour. Mais voilà que nous lisons dans le journal de M^{ma} Carlyle, à la date du 26 mars 1836, la prière suivante : « Aie pitié de moi, ô « mon Dieu ! car je suis faible. O Dieu, guéris-moi, « car mes os sont tourmentés. Mon âme aussi est terri- « blement tourmentée ; mais toi, ô Dieu, quand vien- « dras-tu ? Reviens, ô Seigneur, délivrer mon âme ; « sauve-moi, pour l'amour de ta miséricorde. »

Ces lignes traduisent exactement un psaume célèbre et révèlent des sentiments d'humilité et de résignation chrétiennes. La douleur avait donc ramené Mme Carlyle au christianisme, ce dont Mme Barine néglige de nous avertir, après avoir soigneusement noté le scepticisme des jeunes années. Est-ce distraction ? Est-ce habileté ?

A quelques femmes d'élite, Mme Barine oppose un certain nombre de détraquées ou de perverties : la reine Christine, une princesse arabe, Mary Wollstonecraft Godwin. Toutes ces dames, fort peu estimables et fort peu sympathiques, ont traversé des aventures pittoresques, qu'on n'abrège pas assez. L'auteur a voulu sans doute compter une ressemblance de plus avec Mme de Sévigné, laquelle ne reculait pas, comme on sait, devant les histoires un tantinet scabreuses. Mais, comme il n'oublie jamais ses fonctions de moraliste, il a soin de compléter ses récits, par des considérations où il veut peut-être faire entrer trop de choses à la fois. Mme Arvède Barine raille toujours la correction chez les autres, et, par une contradiction heureuse, elle la cultive précieusement dans ses épilogues. Vous voyez d'ici son embarras : elle s'applique à défendre les principes de la morale féminine, mais en même temps elle se montre clémente aux révoltées, et elle tire de leurs fautes des leçons subtiles.

« Mary Wollstonecraft valait mieux que cela : tête folle
« et cœur ardent, elle fit le mal en cherchant le bien.....
« C'est une chose terrible que de naître, la cervelle à
« l'envers, d'avoir un tempérament Wollstonecraft, et
« pas l'ombre de raison pour le dompter et le conduire.
« Au lieu de rire de ses travers et de s'indigner de ses
« chutes, la justice exige que l'on dise : Hélas ! pauvre
« Mary ! pauvre fille, qui voulais régénérer ton sexe
« et qui crus au capitaine Imlay ! Puisque le parti des
« droits des femmes, qui n'existerait peut-être pas sans
« toi, te méconnaît, réclame du moins l'hommage d'un
« bataillon, dont les rangs s'épaississent chaque jour !
« Saluez Mary Wollstonecraft, Mesdames les détra-
« quées. »

J'avoue ne pas comprendre cette morale alambiquée (1).

Les mêmes bizarreries gâtent les chapitres qui ont pour objet des biographies d'hommes. Voici un troupier anglais qui a pris part à presque toutes les grandes

____

(1) Mme Barine a supprimé cette histoire dans les dernières éditions de son livre.

batailles livrées contre Napoléon Ier ; il s'est battu très convenablement ; il n'a volé ou maraudé que par intervalles. Ne lui demandez pas l'enthousiasme de nos petits ploupious français : ce héros de sens rassis se vend pour 2 guinées; et, durant toute l'épopée impériale à laquelle il est mêlé inconsciemment, il n'a d'autre souci que le boire et le manger. L'histoire est intéressante : elle a, je le veux bien, une grande valeur documentaire. Mais Mme Arvède Barine n'entend pas nous laisser sur cette impression : « Mon héros, dit-elle, a droit à mieux qu'une indulgence dédaigneuse et une compassion humiliante ; étant ce que nous avons vu, et la vie étant ce qu'elle est, il a droit à notre admiration, pour ne pas s'en être tiré plus mal. »

Dans un autre chapitre, notre aimable historiographe raconte la vie fort curieuse d'un Juif polonais. Salomon Maimon a été un gueux, un ivrogne, un être crapuleux et immonde ; mais il s'est révélé penseur profond : il aurait pu devenir un rival de Kant ; il a écrit un *Essai de philosophie transcendante*, qui, paraît-il, est un ouvrage de haute valeur. Sur son lit de mort, ce savant s'écrie : « Ah ! quel imbécile j'ai été ! le plus imbécile de tous les imbéciles ! »

Cette explosion a quelque chose de tragique. Mme Barine aurait dû citer, sans commentaires, les dernières paroles de son philosophe. Ses explications ne manquent pas de justesse ; mais elles sont un peu faibles.

D'où vient cette habitude de moraliser ? Mme Arvède Barine n'aime pas les sermonneurs en général, et les sermonneurs juifs ou protestants en particulier. On dirait qu'elle a quelque vengeance à exercer. Enfant, elle a subi, peut-être dans un temple (1) ou dans une syna-

(1) Il paraît que c'est dans un temple.

gogue, des homélies interminables sur la correction,
l'austérité et la nécessité de s'éloigner des pécheurs.
Aujourd'hui, elle prône systématiquement la tolérance,
l'indulgence, la sympathie pour les égarés, l'estime
des petites vertus mondaines. La matière du sermon a
changé, la forme reste à peu près la même, en sorte que
nous souffrons des inconvénients du genre, sans en
avoir les avantages.

Non contente de prêcher, Mme Arvède Barine dog-
matise. Elle tourne assez volontiers autour des questions religieuses, et elle se donne parfois le plaisir d'y
entrer pleinement. Les lecteurs ont déjà deviné dans
quel esprit elle aborde ces redoutables sujets : Mme Arvède Barine est renaniste. Je crois même qu'en fait
de scepticisme, elle rendrait des points à M. Renan.
L'élève a dépassé le maître. Celui-ci, d'ailleurs, n'était
peut-être pas aussi sceptique que le raconte la légende.
Il se prononçait, sans doute, pour la négative sur tous
les points essentiels de la théologie ; mais il le faisait
d'après des procédés qui n'ont rien de commun avec le
scepticisme. Au contraire, Mme Arvède Barine raffine
si naturellement, elle subtilise avec tant d'aisance, et
cela en se moquant presque toujours, qu'elle semble
frappée d'une impuissance radicale à affirmer ou à
croire. Elle pourrait rivaliser avec Montaigne, à moins
que.... Car, à mon tour, j'ose me permettre quelques
doutes sur la profondeur de cet universel scepticisme.
Une extrême délicatesse de la sensibilité se concilie
mal avec ce nihilisme intellectuel.

Un tel état d'âme ne semble pas dénoter une vocation
d'hagiographe. Cependant, Mme Arvède Barine a voulu
étudier la vie de sainte Thérèse, non dans un but d'édification, mais « pour chercher le rien, la petite étin-
« celle qui rendait le monde plus pittoresque, et la vie

« plus intéressante. » C'était son droit, d'autant qu'elle
a su dire sur sainte Thérèse des choses piquantes et
justes. Il est seulement fâcheux que le fond de l'ouvrage réponde si peu aux promesses du titre : en 80
petites pages, on ne peut pas expliquer la psychologie
d'une sainte, et surtout d'une sainte Thérèse. Mais il
faut rendre cette justice à Mme Arvède Barine : elle a
montré avec beaucoup d'art ce que j'appellerai le côté
sympathique de la fondatrice du Carmel.

Malheureusement, Mme Arvède Barine a voulu toucher
aux principes; elle a renoncé à son attitude d'élégante
narratrice pour formuler des sentences théologiques :

« Pour des raisons qu'il est aisé d'entendre, nous
« laisserons en dehors de cette étude tout ce qui
« touche de près ou de loin aux miracles. Nous n'y
« ferons même aucune allusion. Ce sont là des matières
« où l'Église romaine est seul juge et, nous osons le
« dire, le seul intéressé. Elle est, d'ailleurs, elle-même
« encore divisée sur une partie au moins des points
« que nous nous interdisons de toucher. » — Comment
peut-on avancer avec cette assurance des choses aussi
étranges ? Mme Arvède Barine a grandement tort de se
désintéresser à ce point, de la question du miracle. S'il
est vrai, comme nous le croyons tous au sein de l'Église,
s'il est vrai que Dieu a opéré des miracles par l'intermédiaire de sainte Thérèse, le dilettantisme de
Mme Barine laisse beaucoup à désirer du côté de l'orthodoxie.

J'entends bien qu'elle se résignerait assez facilement
à accepter ce reproche. Mais, même si l'on se place au
point de vue purement historique et moral, a-t-elle bien
le droit de parler ainsi de l'Église romaine ? Pour tenir
comme non avenues les décisions solennelles de la plus
haute puissance morale qui soit au monde, il faut être

bien sûr du fait qu'on affirme. Or, Mme Arvède Barine peut ne pas croire à l'authenticité des miracles attribués à sainte Thérèse ; elle n'est certainement pas sûre que ces miracles n'ont pas eu lieu. Il n'est pas malaisé de railler les querelles théologiques ; mais à ces querelles, tous, même les plus mécréants, sont intéressés. Car il y va de tout le catholicisme, et Mme Barine voudra bien convenir que le catholicisme constitue, à tout le moins, la partie la plus considérable du christianisme. Nous voilà dans les grands mots ; mais c'est notre théologienne qui les a provoqués.

Elle a fait pis, d'ailleurs : elle a raconté, toujours en souriant, une histoire désolante, ou plutôt — il m'importe peu d'être taxé d'exagération — l'histoire la plus désolante que nous connaissions. Il s'agit d'un homme médiocre, c'est-à-dire d'un homme en tout semblable à des milliers d'autres hommes, qui vivent assez misérablement sur la surface de notre planète.

Mark Rutherford (c'est son nom) perd progressivement la foi, dans une longue crise durant laquelle des préoccupations d'argent et toutes sortes d'ennuis se mêlent, d'une manière horrible, à des troubles de conscience et à des anxiétés intellectuelles. En sa qualité de ministre anglican, il avait d'abord prêché des sermons à peu près orthodoxes ; il en arrive peu à peu à une incrédulité radicale :

« Les effets de ce qu'on a appelé la maladie du siècle
« avaient été étudiés chez les caractères et les esprits
« d'élite ; l'histoire de Mark Rutherford nous montre ce
« qu'ils sont chez les êtres ordinaires, c'est-à-dire chez
« la masse. Elle nous montre l'effarement et l'affaisse-
« ment de la médiocrité, qui n'a pas la vigueur de cer-
« veau nécessaire pour se créer une foi... Les Ruther-
« fords ne possèdent pas l'indifférence ou la haute

« raison qui permettent d'attendre avec calme que le
« temps et le travail commun des générations ap-
« portent de nouvelles conclusions sur l'univers.....

« Il n'en est pas moins triste de songer qu'au-
« jourd'hui tant d'êtres pensants naissent, vivent et
« meurent avec ces mots pour tout *Credo* : Y a-t-il ou
« n'y a-t-il pas un Dieu et une âme? La morale existe-
« t-elle en dehors de l'intérêt de la société ? La patrie
« n'est-elle qu'un préjugé? le beau et le vrai, que des
« mots ? Je n'en sais rien, et cela m'est égal. Nous
« allons, s'il vous plaît, causer de ces questions en pre-
« nant le thé, tranquillement, sans passion ; après quoi,
« nous parlerons d'autre chose. Il est inutile de nous
« tracasser à propos de ce qui ne nous regarde pas.

« Mark Rutherford bondissait quand il entendait par-
« ler ainsi. Mais c'était tout. »

Cette boutade qui occupe la place d'une conclusion
sérieuse, produit sur nous comme une impression de
malaise. Le thé que vous offrez aux Rutherfords,
Madame, ils le refuseront.

Mme Arvède Barine a trop de finesse pour prendre au
sérieux les consolations philosophiques qu'elle emprunte à M. Renan. Mais alors, une seule morale se
dégage de l'histoire de ses amis, les Rutherfords.
Mme Barine ne peut leur dire que ceci : Le plus simple
est encore de vous appliquer à recouvrer la foi perdue.
Pour les moyens pratiques à adopter, rapportez-vous-
en à Pascal, qui ne faisait pas partie des médiocres,
mais qui les aimait et souffrait pour eux.

En agissant ainsi vous ne reculerez pas : vous pro-
gresserez. Car la foi vous fournira des règles de conduite et des motifs de résignation, qui sont hors de prix.
Les rhéteurs ou les savants qui attendent mieux que
la morale chrétienne, peuvent manier supérieurement

la plaisanterie ; mais, n'en doutez pas, pour dissimuler leur pauvreté intellectuelle, ils n'ont d'autre ressource que de se moquer de vous !

Enfin, si vous ne pouvez pas recouvrer la foi de vos aïeux, il dépend de vous d'épargner à d'autres les angoisses dont vous souffrez. N'oubliez pas qu'au-dessous des médiocres comme vous, se trouvent les enfants, presque toutes les femmes, les ignorants, les malheureux ; ils ont besoin de prière et d'espérance.

Mme Arvède Barine n'a pas voulu ou n'a pas osé dégager cette moralité de son récit. Je le regrette pour elle.

Outre ses œuvres de fantaisie, Mme Arvède Barine a publié deux volumes de critique : *Bernardin de Saint-Pierre* et *Alfred de Musset*. Je ne les ai pas lus, et j'avoue en toute sincérité que je n'ose pas en prendre connaissance, craignant une déception. Une fée devenue grammairien : cela se conçoit difficilement.

Il est, dans la biographie de Mme Gœthe, le chef-d'œuvre de Mme Arvède Barine, un récit exquis entre tous : « Madame s'installait sur la fameuse chaise verte « surnommée dans la famille « la chaise aux contes », « et elle improvisait aux enfants des histoires qui « se passaient dans les étoiles. Pendant des soirées « entières, un flot d'absurdités poétiques coulait de ses « lèvres souriantes, et allait remplir de visions mer- « veilleuses la cervelle de ses petits auditeurs haletants « de curiosité et d'émotion. Wolfgang s'envolait dans « le pays du bleu, où les belles princesses dont il venait « d'entendre les aventures s'avançaient avec bonté « au-devant de lui, et lui disaient la suite de leurs « épreuves. »

Mme Arvède Barine pourrait devenir, elle aussi, la rapsode à la chaise verte, non pas seulement pour deux enfants, mais pour toute la jeunesse française. Les préoccupations d'avenir et l'esprit positif pénètrent même dans les cervelles enfantines ; ils compriment l'imagination et faussent la sensibilité. Qui nous ramènera la douce crédulité d'antan ? Les bébés fin de siècle ne croient pas aux récits de leurs grand'mères ; Bob, l'insipide Bob, ne s'intéresse à rien. Quant aux jeunes gens, ils se piquent de ne lire que ce qui est scientifique ou ultra-moderne. Mme Arvède Barine pourrait leur faire du bien. Si, seulement, elle voulait supprimer quelques passages par trop réalistes, si elle consentait à faire disparaître les chapitres où il est question de théologie ou de philosophie, ses œuvres pourraient pénétrer dans toutes les maisons, et elles feraient des heureux, et elles ouvriraient aux jeunes imaginations de jolies échappées sur l'idéal. Je connais peu de missions plus agréables et plus enviables.

Pourquoi faut-il que Mme Arvède Barine ait trop écouté les professeurs avec lesquels elle a appris la philosophie. Ah ! que son amie, Mme Aïa, était mieux inspirée ! Elle écrivait à son fils :

« Cette foire-ci a été riche en professeurs. Comme
« une partie de ta gloire et de ta réputation retombe
« sur moi et que les gens se figurent que j'ai contribué
« à ton grand talent, ils viennent me contempler. Je
« leur affirme que si tu es un grand homme et un
« poète, je n'y suis absolument pour rien... Mon don,
« que Dieu m'a donné, est de représenter d'une manière
« vivante toutes les choses à ma portée, grandes et
« petites, vraies ou inventées, de manière que, lorsque
« j'entre dans une réunion, c'est une gaieté et une joie
« générales tout le temps que je raconte. J'ai raconté à
« ces professeurs — et ils sont partis contents. Voilà
« tout le mystère. »

Le joli mystère ! Mme Arvède Barine en connaît tous les secrets ; mais peut-être ne l'apprécie-t-elle pas à sa véritable valeur. Des professeurs viennent sans doute la complimenter sur ses articles de philosophie ou de théologie : ils se trompent certainement. Le don qu'elle a reçu du ciel est de conter. Qu'elle raconte donc aux professeurs et aussi à leurs élèves.

M. DE VOGÜÉ

Parlant de M. de Mouy, ancien ambassadeur de France en Grèce et auteur de *Lettres athéniennes*, M. de Vogüé se plaignait, un jour, de la difficulté qu'on éprouve à mettre d'accord la diplomatie et la littérature. « C'est une brouille de toutes les minutes, tant « que la plus forte des deux n'a pas réclamé le divorce « à son profit. Le diplomate, si bien placé pour tout « voir et tout entendre, amasse des trésors d'observa- « tion ; l'écrivain, affriandé par ces choses délectables, « est condamné à n'y jamais toucher. » M. de Vogüé a fait partie, lui aussi, du corps diplomatique, et il est de l'Académie française ; nous connaissons de lui de très intéressantes notes de voyage ; il parle, dans certaines circonstances, à la jeunesse, en patriote éclairé et en ami ; il fait parfois des incursions sur le domaine de la théologie ou de l'histoire ; bref, il apparaît à ses contemporains sous des aspects très divers et il s'acquitte à merveille de tant de fonctions à la fois si délicates et si dissemblables; son cas offre beaucoup plus d'intérêt et de complexité que celui de M. de Mouy.

Il n'est pas douteux que le *roman russe* n'ait déjà fait date dans l'histoire littéraire du xix⁰ siècle. A-t-il provoqué l'immense transformation intellectuelle que nous voyons s'accomplir depuis quelques années, ou bien l'a-t-il simplement favorisée ? Peu importe : quand les critiques de l'avenir devront chercher les promoteurs de l'évolution contemporaine, qui s'est affirmée par le discrédit des doctrines réalistes et par un retour, encore difficile à apprécier, vers la morale chrétienne, ils n'hésiteront pas à mettre au premier rang M. de Vogüé. Toutefois, des dissentiments ne manqueront pas de se produire dès qu'il s'agira d'établir le bilan définitif du tolstoïsme et des littératures septentrionales. Le tolstoïsme passera, affirment les sceptiques. Assurément, il passera : mais comme a passé le romantisme, c'es -à-dire qu'il se débarrassera de tout ce qu'il renferme de caduc, de tout ce qu'il doit à la mode et à un engouement passager. Personne ne songe aujourd'hui à imiter les attitudes chères aux hommes de 1830; mais tous nous savons bien que le romantisme a profondément modifié l'âme moderne. Seulement, il semble difficile d'admettre que le tolstoïsme ait, à beaucoup près, la même importance. Le contact de l'esprit français avec les littératures anglaise et allemande fit naître, au commencement de ce siècle, un grand nombre de chefs-d'œuvre de tout premier ordre. Nous cherchons encore les poètes, les romanciers, voire les sociologues, qu'on puisse mettre en parallèle avec les Chateaubriand, les Victor Hugo, les Vigny, les Musset, les Lamartine.

Certains admirateurs de M. de Vogüé font remarquer — et c'est leur droit — que son influence s'exerce non pas précisément sur les genres littéraires, mais sur les idées. « Si, dit M. Henry Béranger, autant que les « grandes époques du passé, notre époque a droit « à l'existence personnelle, si même elle doit atteindre

« un jour, son expressive et totale grandeur, c'est qu'elle
« porte en elle quelque puissant principe d'efflorescence
« où elle puisera son unité de vie. Le cartésianisme
« accompagna le xviie siècle, et la Révolution ne peut
« être séparée de l'*Encyclopédie* et du *Contrat social*.
« Une telle idée créatrice existe-t-elle de nos jours ?
« M. de Vogüé l'affirme, et ce sera sans doute son plus
« haut titre de gloire de l'avoir indiquée et mise dans
« une si évidente clarté.

    « Cette idée la voici :

    « Des infiniment petits sont les maîtres et les orga-
« nisateurs de l'univers ; la vie simultanément détruite
« et refaite par eux est le prix des batailles formida-
« bles que se livrent ces armées invisibles. L'homme a
« repris à pied d'œuvre l'explication de l'univers, il
« s'est aperçu que l'existence, les grandeurs et les
« maux de cet univers provenaient du labeur inces-
« sant des infiniment petits. Tandis que les institutions
« remettaient le gouvernement des États à la multitude,
« les sciences rapportaient le gouvernement du monde
« aux atomes. »

N'en déplaise à M. Béranger, cette idée ne date pas
d'hier ; elle remonte au moins à la fin du xviiie
siècle. M. de Vogüé, qui l'a formulée avec beaucoup
de bonheur, n'entretient, à coup sûr, aucune illusion
sur ce point. Pareillement, à entendre M. Béranger, on
croirait presque que M. de Vogüé a découvert la démocratie. La vérité est plus simple : M. de Vogüé a
écrit sur les progrès de la démocratie des considérations à la fois assez neuves et justes, et il nous a renseignés sur l'état d'esprit des cours européennes. Même
dans ces milieux aristocratiques, on s'attend au triomphe universel, inéluctable et prochain de la démocratie. Les Français éclairés s'en doutaient un peu ; mais

ils sont très reconnaissants à M. le vicomte de Vogüé
de les avoir édifiés sur un sujet qui leur tient à cœur.

Il a rendu à son pays un service plus grand encore ;
il a contribué, pour une très large part, aux progrès de
ce qu'on pourrait appeler la vulgarisation diplomatique.
Qu'on se rassure : je ne parlerai ni de l'hymne russe
ni de Cronstadt ; mais en vérité, quand il est question
du relèvement de la France, on ne saurait trop signaler
certaines améliorations.

Depuis le second Empire, mais surtout durant les
quinze années qui ont suivi nos malheurs, l'opinion
française n'a cessé de flotter entre deux sortes d'exagérations contraires, mais également déraisonnables.
Après avoir cru pendant un demi-siècle que le monde
entier nous admirait et nous aimait, nous nous appliquions tout à coup à voir partout des ennemis : de
l'excès de confiance nous avions passé à un absolu déses-
oir. Enfin un homme est venu de Saint-Pétersbourg
ui a dit au grand public ce que l'Europe pensait de la
rance. Quelle joie pour tous ceux que fatiguaient les
irades vagues et inutiles, sinon dangereuses, de la
resse quotidienne ! M. de Vogüé parlait tout naturel-
ement de la diplomatie vouée jusque-là aux péri-
hrases ; il traduisait dans une langue alerte et très
rançaise les impressions de l'étranger. Nous décou-
rions, par exemple, que les Russes nous jugeaient,
on a priori, mais un peu d'après nos paroles et beau-
oup d'après nos actes : à leurs yeux nous avions,
hose invraisemblable, et des qualités et des défauts.
eut-être est-ce encore une illusion de notre patrio-
isme facilement optimiste ; mais il semble bien que,
epuis cette époque, l'opinion française, plus attentive
ux faits du dehors, se prête moins aux affolements.
e résultat, la France le doit aux hommes compétents

qui savent aller chercher des indications utiles chez les
nations puissantes, amies ou ennemies. A ce point de
vue, nul n'a rempli mieux que M. de Vogüé ses devoirs
de patriote.

S'il est une fonction délicate et dangereuse, c'est assurément celle de prophète politique : les faits semblent
donner régulièrement des nasardes à la sagesse des
augures. M. de Vogüé, lui, a osé, et il a réussi là où
tant d'autres échouent tous les jours. En 1887, il établissait avec une précision étonnante la situation politico-religieuse de l'Europe ; et il annonçait des événements tout à fait invraisemblables à cette époque.
Après avoir montré le vrai caractère de la lutte, tantôt
sourde, tantôt ouverte, du Vatican et du Quirinal, lutte,
à laquelle sont intéressés tous les États de l'Europe, il
s'attachait à combattre certains préjugés, que l'amour
passionné de la logique entretient dans tous les partis.

Ces préjugés n'ont pas disparu ; les fautes qu'il si-
gnalait alors, on continue de les commettre avec une
désolante persévérance. Mais les faits n'en ont pas
moins vérifié les célèbres conclusions prophétiques
qu'il dégageait de son étude fine et profonde, sur la
pensée de Léon XIII. On caressait, au Vatican, l'espoir
d'établir une entente définitive entre l'Allemagne et la
Papauté. « Une alliance intime entre la papauté et
« l'empire allemand, disait M. de Vogüé, ne peut être
« qu'un accident. Cette alliance n'est justifiée ni par
« une longue tradition dans le passé, ni par l'espoir de
« créer cette tradition dans l'avenir. Pour le passé,
« toute l'histoire répond clairement : le Saint-Siège s'est
« appuyé tour à tour sur le roi très chrétien et sur
« le roi catholique ; jamais sur le César germanique.
« Bien au contraire, le pape fut toujours le chef
« et le défenseur naturel du monde guelfe contre l'em-

« pire gibelin. Chaque fois qu'il a transigé avec ce der-
« nier, son prestige et ses intérêts en ont souffert. Ce
« rapprochement, qui n'a pas eu de veille, n'aura pas
« de lendemain. »

Jamais prédiction ne se réalisa aussi exactement, ni
aussi vite.

Se retournant vers la France, M. de Vogüé répondait
à une objection très répandue qui, à cette époque, paraissait irréfutable. La cour de Rome, disait-on, ne
réussira jamais à vaincre l'hostilité systématique de la
République française. Toujours dupe de sa longanimité,
elle finira par se décourager et porter ailleurs les bonnes dispositions que la France lui refuse. M. de Vogüé
répondait : Non, le pape ne se découragera pas. Sa
patience clairvoyante surmontera tous les obstacles,
car il connaît l'importance des missions françaises
dans le monde, et il sait l'avenir de la démocratie
française, qui est à l'avant-garde de toutes les autres.
Sur ce point encore, M. de Vogüé avait vu juste.

Parallèlement à la France, l'Amérique intervenait,
par l'intermédiaire de ses évêques, dans la politique
romaine. Je n'ai pas à rappeler cette célèbre et grande
affaire des Chevaliers du Travail, dans laquelle les évêques américains et particulièrement le cardinal Gibbons
prirent position avec tant de sage hardiesse et d'énergie. M. de Vogüé loue grandement leur esprit d'initiative, et il a raison, puisque Rome les a approuvés.
Mais il se hâte trop de conclure que la direction du
catholicisme appartiendra désormais au clergé d'outre-
mer. Assurément, les prêtres américains font preuve de
savoir-faire, ils disposent de ressources immenses, ils
ont confiance, tandis qu'ailleurs on croit échouer et
on désespère. Mais puisque M. de Vogüé connaît le Nouveau Monde, il ne peut pas ne pas avoir remarqué

certains indices qui ont leur importance. Interrogez avec sympathie un ecclésiastique de New-York ou de Baltimore. Il vante avec une sincérité évidente les œuvres de son pays ; il apporte, à l'appui de ses dires, des chiffres éloquents. Mais ne vous lassez pas dans vos demandes ; informez-vous si son idéal est réalisé, le prêtre américain hésite, il semble ne pas oser formuler je ne sais quel *desideratum* qui l'inquiète. Peut-être lui-même ne se rend-il pas très bien compte de ce vague sentiment qu'il ne sait pas, ne veut pas ou n'a pas le courage d'approfondir.

Une conversation, un tant soit peu prolongée, vous éclairera vous-même. Le prêtre américain, qui est presque toujours un élève des prêtres français, alors même qu'il exalte le Nouveau Monde et parait s'apitoyer sur l'ancien, ne perd jamais de vue la France ; il s'étonne que rien de nouveau ne se produise en France, il attend quelque chose de la France. Et son instinct sacerdotal ne le trompe pas. Le clergé américain se livre tout entier à l'action ; mais, en ce siècle de curiosité intellectuelle, l'action ne suffit pas ; elle a besoin de la pensée unie au sentiment. Or, dans l'opinion de tous, c'est du pays de France que doit venir l'étincelle. *Exoriatur aliquis !* Que parmi les ecclésiastiques français appliqués à suivre le mouvement des esprits, quelqu'un se lève qui ose nous débarrasser des trop vieilles formules et de quelques exagérations récentes ; qu'il sache dégager du xixe siècle ce qu'il a de vraiment bon et de chrétien ; qu'il aille à la science et à la démocratie, avec la ferme volonté de se tenir à égale distance de la crainte et de la flatterie, surtout de la flatterie. Nous verrons alors ce qui se produira.

M. de Vogüé se demande souvent d'où vient cette inquiétude générale qu'il a constatée maintes fois dans le monde civilisé. La France a reconquis une partie de son prestige ; on lit les œuvres de ses écrivains ; on tressaille toujours, au dehors, de ses craintes et de ses espérances, et cependant le monde comprend qu'il ne reçoit plus comme autrefois une direction sûre. Ne serait-ce pas que l'influence chrétienne ne se fait pas assez sentir dans ce rayonnement des idées françaises ? Les étrangers ont trop souvent l'occasion de constater, entre nos paroles et nos actes, d'étonnantes discordances. Essayons, par exemple, de comprendre les réflexions de ces hommes de l'Extrême-Orient qui observent avec une curiosité jalouse, les manifestations diverses de la civilisation européenne. Ils voient venir chaque année des missionnaires et des sœurs de charité. Ils se rendent compte des effets prodigieux de leur dévouement, qui a pour source unique, le sentiment religieux. Nécessairement, les Orientaux doivent se dire : Puisque les femmes européennes savent s'élever si haut dans la vertu, à quel degré de perfection morale doivent donc parvenir ceux qui savent, ceux qu'on appelle maîtres ? Et les sages de l'Orient s'informent, et ils apprennent que tous les hommes célèbres d'Europe vivent en dehors de l'Église ou la combattent. Quant aux directeurs de ces âmes d'élite, âmes de vierges, âmes de martyrs, âmes d'apôtres, ils n'ont pas voix au conseil des puissants. S'ils prennent quelquefois, la parole, on fait le vide autour d'eux ou on les raille. Un pareil état de choses ne saurait subsister sans de graves inconvénients ; il est temps que l'harmonie se rétablisse entre l'esprit et le cœur de la France.

Je regrette que M. de Vogüé n'ait pas porté son attention sur ce rôle de notre clergé de France. Il eût appelé de ses vœux la résurrection scientifique qui se

prépare chez nous, qui tôt ou tard se manifestera (1)
aux yeux de tous, mais qui, en tout cas, est devenue
possible ; et, sans méconnaître en rien les mérites de
l'Église américaine, peut-être eût-il fondé sur son avenir immédiat d'autres espérances.

La ligne de conduite exceptionnelle que M. de Vogüé
a adoptée dans les polémiques religieuses s'explique
tout d'abord moins facilement que sa situation diplomatique. Quelques-uns de ses admirateurs et de ses
ennemis s'y sont lourdement trompés. Que pense sur
les questions religieuses et que veut en définitive M. de
de Vogüé? Son attachement sincère aux intérêts de
l'Église, ses convictions morales et la solidité de son
sentiment religieux ne font doute pour personne. Cependant, on le voit louer, regretter, imiter l'auteur
de la *Vie de Jésus*, et faire siennes, sans la moindre
hésitation, certaines théories historiques et sociales qui
sentent leur hérétique. Il y a là de quoi déconcerter
toute notre logique française.

Pour qui y regarde d'un peu près, les intentions, —
je dis les intentions — de M. de Vogüé sont pourtant
claires comme eau de roche. Il veut adopter cette
attitude particulière qui, je crois, est assez de mode
dans les hautes régions de l'anglicanisme. Des écrivains de renom, de l'autre côté du détroit, proclament
hautement leur respect profond pour toutes les traditions de l'Église ; ils ne se lassent pas de louer la morale chrétienne, quittes à prendre toutes les libertés
avec le dogme ; ils ont horreur de l'esprit voltairien,
ils tiennent l'irréligion pour chose abominable et ils
condamnent le dilettantisme. On pourrait les appeler

(1) Elle s'est manifestée, mais sous quelques formes qui ne
laissent pas d'être inquiétantes.

des chrétiens rationalistes, la contradiction de ces deux mots n'étant pas plus forte que la contradiction des idées auxquelles ils répondent.

Je suis persuadé que M. de Vogüé se trompe gravement. D'abord, il n'ignore pas qu'au point de vue de l'orthodoxie, son attitude est pour le moins fort inquiétante. Il compte sans doute, pour désarmer de trop légitimes défiances, sur les services qu'il a rendus et sur la clairvoyance de la cour de Rome. Assurément, Léon XIII connaît ce publiciste habile, chrétien d'origine, chrétien de cœur et qui, pour défendre ou développer le sentiment religieux, affronte tous les jours les sarcasmes d'une certaine presse. Mais, en ce moment, il ne s'agit que de savoir si M. de Vogüé crée un mouvement d'opinion durable. Il n'espère pas, sans doute, que les ecclésiastiques le suivront dans les voies théologiques où il s'engage. Il ne formera pas école parmi les laïques : ceux-ci ne s'intéressent pas assez aux discussions d'Église, parce qu'ils ignorent généralement la théologie, mais surtout parce qu'ils ont un esprit réfractaire à l'essayisme religieux qui fleurit en Angleterre. Nos voisins d'outre-Manche se plaisent à conserver un peu de vague dans leurs opinions religieuses, et c'est pourquoi ils réussissent à mêler savamment, dans leurs études, les hardiesses de la libre pensée aux traditions de l'orthodoxie.

En France, nous aimons trop les explications précises pour nous accommoder de ces mélanges. Pensez-vous sur ce point comme l'Église catholique, oui ou non ? Écartons toutes les métaphores : admettez-vous l'esprit et la lettre de tous les dogmes que l'Église enseigne ? M. de Vogüé et ceux qui pensent comme lui trouvent ces questions inopportunes et maladroites; ils déplorent que les Français aient l'esprit aussi rec-

liligne. Les Français ont-ils tort ? M. de Vogüé sait
bien que non. Il y a un point où s'harmonisent la logique, l'imagination et le sentiment : pour reconnaître
ce point, on ne saurait trouver de meilleur instrument
que l'esprit français. Or, l'esprit français n'est pas sa-
tisfait des conceptions, imaginatives sorties des écoles
anglaises ou allemandes. Ne médisons pas de lui ; surtout gardons-nous de dédaigner ses répugnances : cela
porte malheur.

M. de Vogüé doit une partie de ses succès à l'abondance et à la variété de ses informations. Les Russes
inaugurent-ils leur grand chemin de fer transcaspien :
le voilà en route pour Samarcande. L'opinion française
s'émeut-elle du partage de l'Afrique centrale : bien vite
il explique aux lecteurs de la *Revue des Deux-Mondes*
la question des Indes noires. Et dans ces recherches
de toutes sortes, M. de Vogüé apporte toujours des préoccupations de patriote, de moraliste ou même, comme
on dit aujourd'hui, de sociologue. La description d'une
machine l'amène tout naturellement à des considérations ingénieuses sur les transformations morales qui
doivent résulter d'une invention ou d'un progrès. Avec
lui, on est toujours sûr d'échapper à cette admiration
prud'hommesque qui semble avoir atteint son maximum
de force durant les dernières années du second Empire.
Il extrait de la vie réelle et matérielle tout ce qu'elle
renferme d'idéalisme, mais surtout d'indications servant à résoudre les grands problèmes de la vie morale.

Cette disposition d'esprit de M. de Vogüé devait lui
valoir une popularité légitime. Jamais, en effet, autant
qu'en ces jours d'ivresse scientifique, on n'avait compris la vérité de la parole évangélique : « L'homme
ne vit pas seulement de pain. » Comment définir le
genre de direction que l'opinion publique semble

avoir confié à M. de Vogüé ? Est-ce un sacerdoce ? Ce beau nom, la presse l'aurait depuis longtemps avili, s'il n'était au-dessus, infiniment au-dessus de toutes les tentatives des plumitifs. Est-ce une magistrature ? Le mot est sans doute un peu bien gros. Si l'on pouvait, à propos d'un académicien, hasarder un barbarisme, je dirais que M. de Vogüé est passé maître en *opiniométrie*.

Entraînés par un sentiment louable, quelques-uns de ses admirateurs ont exagéré l'importance de son rôle, au risque de faire le jeu de ses pires ennemis. M. de Vogüé sait bien qu'il n'est pas un de ces penseurs puissants qui créent d'abord un état d'esprit et gouvernent ensuite les intelligences pendant un ou plusieurs siècles. C'est un observateur très avisé, qui catalogue des faits intellectuels pour en tirer des déductions utiles, ou plutôt c'est un délicieux causeur qui, dans le grand salon du parlementarisme littéraire, exprime sous des formes heureuses l'opinion générale d'une élite. Bien ambitieux qui ne saurait pas se contenter d'une telle mission.

Quelques-uns de ses amis souhaiteraient même qu'il se limitât et mît plus de circonspection dans le choix de ses sujets. Il est tout à fait inutile de froisser ou, tout au moins, de s'exposer à froisser certains lecteurs, en des matières fort délicates. Je prends par exemple *le Testament de Silvanus* qui a été inspiré à M. de Vogüé — on peut se demander comment — par l'admirable ouvrage de M. Gaston Boissier : *La Fin du Paganisme*.

Le personnage imaginé par M. de Vogüé rappelle, par bien des traits le trop célèbre héros des *Martyrs*, Eudore. Silvanus a épuisé, bien jeune encore, toutes les variétés de plaisirs licites ou illicites dont l'humanité est capable ; il a connu toutes les métamorphoses

intellectuelles, et maintenant, comme Eudore, il se
plaît à organiser des concerts au clair de lune. M. de
Vogüé nous le montre tour à tour païen, mystique, philosophe, disciple et ami de quelques ouvriers chrétiens. Ce portrait, j'ose le dire, manque d'originalité,
et il n'a pas une très grande valeur. Au fond, ce jeune
Silvanus est un ennuyé qui, semblable aux décadents
de tous les temps et de tous les pays, cherche à unir,
en un monstrueux mélange, la sensualité, je ne sais quel
mysticisme, une vague curiosité intellectuelle et le désir
de la mort. Il fournit à M. de Vogüé l'occasion de composer quelques tableaux brillants, dans un genre aujourd'hui très répandu et trop facile :

« Tous assistaient à la fête de Cléon : les changeurs
« opulents de Chypre et de Cos, les négociants de Lycie,
« les rhéteurs en renom d'Alexandrie et d'Athènes, les
« poètes de Sicile, le chœur célèbre des musiciens de
« Lesbos. Autour des nappes de pourpre, couvertes
« de fruits, de roses et de vins d'or, les esclaves agi-
« taient des torches de résine. Ce fut, durant quelques
« heures, sur le sable de la plage, sur les roseaux frois-
« sés du Caystre, un bruit joyeux et fou de voix, de
« rires, de chansons couvrant les battements de la
« vague sur la grève. »

Il faut croire évidemment qu'une épidémie de
pseudo-néronisme ou de byzantinisme académique sévit parmi nos contemporains. Durant l'espace qu'il
faut à un brillant chroniqueur pour la composition
d'un demi-volume, M. Jules Lemaître s'est cru un faux
martyr des premiers siècles de l'Église. Comme lui,
comme M. Maurice Barrès, comme M. Anatole France,
M. de Vogüé a tenu à faire connaître celui de ses ancêtres intellectuels qui vivait pendant la décadence
gréco-latine.

Il est très beau, assurément, de sentir vibrer dans son âme les émotions divines dont frémissent, devant la mort, un saint Laurent ou un Polyeucte. Mais nos modernes critiques, imprégnés peu ou prou de l'esprit voltairien, sont très exposés à se faire illusion. M. de Vogüé, plus prudent, a vu les inconvénients du genre, et, très habilement, il les a évités, mais pour tomber dans un autre défaut. Il s'est fait humble avec autant de raison que de finesse.

Arrivé au moment décisif, c'est-à-dire à la mort, Silvanus se dérobe. M. de Vogüé se montre à découvert en reconnaissant, avec beaucoup de bonne grâce, tout ce qu'il y a de platonique et de fictif dans son récit. De martyre, il n'y en a eu qu'en rêve. Pendant que, dans la partie supérieure de son âme, le brillant écrivain concevait et développait un idéal sublime, il ne laissait pas de vivre la vie banale de tous : c'est l'ordinaire histoire de nos intellectuels.

On ne saurait mieux conclure ; mais il convient de faire remarquer que M. de Vogüé diminue ainsi son autorité de moraliste. Les officiers les plus braves et les plus sincères avouent que, sur le champ de bataille, ils ne peuvent se défendre d'une horrible sensation... qu'on ne nomme pas en français. Mais cet aveu, ils se gardent bien de le faire sous le feu de l'ennemi ; ils cachent, avec raison, cet inévitable mouvement de faiblesse, ils ne laissent voir à leurs soldats que la partie supérieure de leur âme, qui est faite de bravoure, d'abnégation et de sang-froid. M. de Vogüé est à tout le moins un brillant officier, dans l'armée des travailleurs qui peinent pour le relèvement de la France. Par scrupule, par une sorte de franchise, qui résulte souvent de l'excès d'analyse psychologique et peut-être aussi par respect humain, il s'est cru obligé de voiler les plus nobles aspirations de son âme.

S'est-il demandé ce que penseraient les soldats, c'est-à-dire les jeunes gens ? Hélas ! le doute n'est guère possible : les jeunes gens ont vu dans cette histoire de Silvanus un simple et agréable exercice de dilettantisme. Or, M. de Vogüé a écrit des pages sérieuses, animées d'un souffle patriotique qu'il est assez difficile de rapprocher de cette fantaisie littéraire. Peu d'hommes, depuis nos malheurs de 1870, ont fait entendre un langage plus austère. Il écrivait, à propos d'un ouvrage de Weiss : « En regardant de près l'Allemagne, « M. Weiss a senti combien sont inutiles, quand ils ne « sont pas dangereux, ces emprunts superficiels que « nous croyons lui faire et qui ne vont pas au delà de « l'habit. Je regrette que le maître peintre n'ait pas « assisté à quelqu'une de ces grandes manifestations « patriotiques, comme fut l'inauguration de la statue « de Niederwald ; il aurait encore mieux compris où « réside l'énergie qui fait de ce peuple le dominateur « du temps présent. Méthodes d'enseignement et de « guerre, canons Krupp et fusils Mauser, accidents que « tout cela ! Accident aussi la sagacité d'un le Moltke « et de ses lieutenants ! Ce qui a rendu ces instruments « terribles, c'est l'âme sérieuse et soumise du peuple « qui s'en servait.

« Voilà quinze ans déjà que cette vérité s'est fait « connaître, en un instant, à celui qui écrit ici, comme « à bien d'autres, à tous ceux qu'on emmenait sur la « route d'Allemagne, dans la nuit du 1er au 2 sep- « tembre 1870. Le misérable convoi descendait les « coteaux qui vont de Bazeilles à Douzy ; au-dessous « les bivouacs des vainqueurs étoilaient de leurs feux « la vallée de la Meuse. Du champ des œuvres san- « glantes où campaient ces cent mille hommes, alors

« qu'on les croyait endormis, harassés de leur vic-
« toire, une voix puissante monta, une seule voix sortie
« de ces cent mille poitrines. Ils chantaient le choral
« de Luther. La grave prière gagna tout l'horizon et
« emplit tout le ciel aussi loin qu'il y avait des feux,
« des hommes allemands. On l'entendit bien avant
« dans la nuit : c'était si beau et d'une telle majesté
« que nul ne put s'empêcher de tressaillir ; ceux-là
« même qu'on poussait, abîmés de fatigue et de dou-
« leur, hors de ce qui avait été la France, ceux-là ou-
« blièrent un instant leur peine pour subir l'émotion
« maudite. Plus d'un qui était bien jeune alors et peu
« mûri à la réflexion, vit clairement dans cette minute
« quelle force nous avait domptés : ce n'était pas la
« ceinture des bouches d'acier et le poids des régi-
« ments ; c'était l'âme supérieure faite de toutes ces
« âmes, trempée dans la foi divine et nationale, ferme-
« ment persuadée que, derrière ses canons, son Dieu
« marchait pour elle près de son vieux roi, l'âme rési-
« gnée et obstinée vers un seul but, qui depuis trois
« générations, depuis cinquante ans, depuis Iéna, l'avait
« lentement et patiemment préparé, le mets délicieux
« qui ne se mange que froid. »

Quand on a fait entendre de pareils accents, on ne
se constitue pas l'exécuteur testamentaire d'un Silvanus.

D'ailleurs, même cet admirable tableau de guerre
digne de Detaille inquiète notre conscience catholique.
Encore une fois, je ne mets pas en cause les intentions
de M. de Vogüé : il a voulu proclamer, et il proclame en
effet, avec une force saisissante, la nécessité du sentiment religieux. Je doute fort que tous ses lecteurs le
comprennent ainsi. De cette manifestation protestante
es esprits superficiels, qui sont nombreux, concluront

en faveur du protestantisme contre le catholicisme.
M. de Vogüé aura donc obtenu un résultat exactement
contraire à ce qu'il désire ; il aura affaibli le sentiment
religieux chez ses compatriotes, qui — ne l'oublions
pas — doivent tout au catholicisme. Et de croire que la
France est mûre pour le christianisme abstrait et éclec-
tique que semble prôner M. de Vogüé, c'est une très
dangereuse chimère. Les Français seront catholiques
ou incrédules.

Les chrétiens pourraient, s'appuyant sur la théologie, faire à M. de Vogüé une plus grave objection. En
louant tour à tour le bouddhisme, le luthéranisme, le
calvinisme, l'orthodoxie russe, il conduit ses lecteurs
tout droit à l'indifférence religieuse.

Quelle que soit, d'ailleurs, son application à paraître
grave, il laisse toujours deviner ses arrière-pensées
d'ironiste. Suivons-le dans son étrange pèlerinage à
Saint-Pierre de Genève. Il écoute avec une attention
soutenue les austères harangues des pasteurs célébrant
la Réforme et surtout l'indépendance politique de Genève : il prend soigneusement note de tout ce qu'elles
peuvent offrir de bon ou de significatif ; mais, à la fin,
l'impatience le gagne et il ne peut s'empêcher de trouver
fort divertissantes les prétentions politico-religieuses
de tous ces bons fabricants de chronomètres. Combien
il a dû s'ennuyer durant les cérémonies genevoises, ce
Français moqueur, ami des paysans russes ! Le plus
douloureux, c'est qu'en jetant les yeux autour de lui,
il ne voyait personne à qui confier ses sentiments intimes. Seule, la vieille cathédrale, qui, elle, n'a pas
abjuré et qui ne s'est pas encore résignée au défilé des
redingotes protestantes, semblait vibrer à l'unisson du
Français redevenu catholique. Car on a beau écrire
pour la *Revue des Deux-Mondes,* ou plutôt pour une

fraction de sa clientèle : on souffre, ou on se réjouit en catholique, dès qu'on a quitté, ne serait-ce que pour quelques minutes, le sol de la patrie. Les vieux piliers de Saint-Pierre noircis par le temps clamaient leur détresse ; ils disaient, à leur manière, leurs regrets des encensoirs, des processions et des hymnes saintes. M. de Vogüé a compris leur langage. Toute cette étude sur le centenaire de la Réforme genevoise est d'une grâce exquise, elle amuse et elle instruit. Si le Consistoire de Genève a envoyé ses remerciements à l'auteur, c'est qu'il est de nature accommodante.

Les idées religieuses de M. de Vogüé ne brillent donc pas précisément par l'homogénéité et la précision. Sans doute, il ne serait pas impossible de les ramener à un petit nombre de principes généraux et de leur donner une étiquette ; mais, dans l'intérêt même de la cause que M. de Vogüé défend, mieux vaut peut-être ne pas lui demander trop d'explications. Toutes les fois qu'il soutiendra les intérêts de la France, de la civilisation et de l'Église, il sera sûr d'avoir les catholiques à ses côtés. Mais, de grâce, qu'il ne touche jamais aux sujets délicats sur lesquels les croyants ne pourraient pas se taire.

Les œuvres de M. de Vogüé qui n'ont pas un caractère proprement religieux forment un tout imposant. A notre point de vue, elles offrent moins d'intérêt. Cependant, il est difficile de ne pas dire un mot d'un livre qui a obtenu jadis un grand succès : *Remarques sur l'Exposition du Centenaire.*

L'Exposition de 1889 n'agréait pas, on s'en souvient, à tous les visiteurs. Les uns parcouraient ses monuments et ses jardins sans se départir jamais d'une attitude dédaigneuse ; d'autres faisaient des réserves. En revanche, un très grand nombre professaient pour

tout ce qui remplissait le Champ-de-Mars une admiration naïve ou que, du moins, i's croyaient telle. La partie
foraine de l'Exposition a inspiré à M. Jules Lemaître de
délicieux et peut-être immortels enfantillages. M. de
Vogüé s'est bravement rangé, lui aussi, du côté des
admirateurs.

On ne saurait blâmer cette attitude courageuse, et,
en un sens, patriotique. Quand, dans notre beau pays
de France, un homme jouissant d'une certaine réputation
ose s'exposer au reproche de naïveté, cet homme fait
preuve d'énergie. J'estime, toutefois, qu'il pourrait
mieux l'employer. M. de Vogüé et M. Jules Lemaître
n'ont pas craint de jouir de la rue du Caire, tout
comme de bons provinciaux, puis ils l'ont avoué dans
des journaux ou des revues graves. C'est fort bien.
Auraient-ils le courage de réciter un chapelet au milieu
des bonnes femmes ? Et pourtant, puisqu'on a la prétention de vivre de la vie du peuple, de partager les joies
et les émotions du peuple, il faudrait aller jusqu'au
bout et emprunter au peuple ce qu'il a de meilleur.
Il est entendu qu'un mandarin de lettres qui écoute un
concert au Champ-de-Mars ou circule sur le Decauville
fait acte de patriote. Mais celui qui, pour apprendre au
peuple de France ses belles prières du temps jadis,
commencerait par les dire lui-même de toute son âme,
quel nom mériterait-il ?

Cette observation n'est nullement déplacée, je crois,
dans une étude sur un livre qui a précisément pour
objet de montrer le côté philosophique et religieux
d'une exposition. M. de Vogüé s'est livré, en effet, à
de véritables tours de force pour tirer convenablement
l'horoscope de la grande fête des ingénieurs. Il a réussi
à dire des choses très intéressantes ; il a eu quelques
visions heureuses, au milieu de ces jardins artificiels

qui luttaient tant bien que mal contre une poussière
cosmopolite ; même il s'est élevé parfois jusqu'à la plus
haute éloquence. La tour Eiffel lui a inspiré une sorte
de prosopopée lyrique : « Sache fonder le temple de
« la nouvelle alliance, l'accord de la science et de la
« foi. Fais jaillir l'âme obscure qui s'agite dans tes flancs,
« l'âme que nous cherchons pour toi dans ce monde
« nouveau. Tu le possèdes par l'intelligence ; tu ne ré-
« gneras vraiment sur lui que le jour où tu rendras aux
« malheureux ce qu'ils trouvaient là-bas : une immense
« compassion et un espoir divin. »

Je ne suis pas sûr de bien comprendre quelques-unes
de ces apostrophes, et je me demande jusqu'à quel point
la tour mérite tant de poésie. Personne ne nous a encore
bien expliqué, à nous, profanes, ce que vaut au juste —
esthétiquement, bien entendu — le fer de M. Eiffel. Il n'est
pas même certain qu'on ait démontré avec une clarté
suffisante la nécessité et l'avantage d'une exposition.
Aussi, malgré tout, M. de Vogüé laisse-t-il ses lecteurs
perplexes.

Ce n'est pas qu'il manque de conviction et d'entrain ; il lui arrive de vaticiner : « Dans ce chaos monu-
« mental qui a surgi du Champ-de-Mars, dans ces édi-
« fices de fer et de tuiles peintes, dans ces machines qui
« obéissent à un nouveau pouvoir dynamique, dans ces
« campements d'hommes de toute race et surtout dans
« les façons nouvelles de penser que suggèrent de nou-
« velles façons de vivre, on aperçoit les linéaments d'une
« civilisation qui s'ébauche, l'œuf du monde qui sera
« demain. » J'imagine que si M. de Vogüé relit parfois
ces lignes écrites dans l'ivresse des fêtes, il doit avoir
quelque peine à réprimer un sourire. Maintenant que le
ronflement des machines s'est assoupi et que les peuples
ne remplissent plus de leurs murmures les flancs de

la moderne Babel, on perçoit avec une facilité plus
grande, comme un vague fracas de mots.

M. de Vogüé, écrivain, a une physionomie un peu à
part. Son style diffère assez sensiblement du style classique qui fleurit aujourd'hui dans la plupart des revues
universitaires, sans, toutefois, ressembler en rien aux
écritures décadentes ou réalistes. Il abonde en métaphores et en traits. Cependant, on ne trouve pas sans
peine, dans ses œuvres, de ces formules heureuses —
quelques-uns disent attrapées — qui mettent en circulation des idées nouvelles. La netteté du tableau résulte
plutôt chez lui d'un ensemble d'aperçus ingénieux.
En outre, la pensée de l'écrivain n'offre pas partout,
tant s'en faut, la même densité ni le même éclat. Mais
le style de M. de Vogüé a surtout un caractère oratoire
très prononcé. Lisez ses préambules : on y trouve toutes
les précautions en usage chez les conférenciers, les tribuns ou les prédicateurs, des réticences, des allusions,
des compliments, et des longueurs aussi ; l'homme de
salon prime l'écrivain. En venant prendre rang parmi
les travailleurs aux doigts tachés d'encre, M. le vicomte
Melchior de Vogüé n'a pas voulu renoncer à ses habitudes aristocratiques. Certes, il tient à sa disposition
une provision de petites épigrammes qu'il distribue
avec une discrétion savante ; mais il a une préférence
pour les louanges délicatement tournées. « Il présente
« au public les personnages de son livre, comme il pré-
« senterait à ses amis les hôtes de son salon. Les com-
« pliments graves coulent naturellement de ses lèvres ;
« les louanges et les respects ne s'arrêtent pas. » Ces
procédés étonnent dans le monde où l'on imprime,
monde très démocratique et très batailleur ; mais l'art
bien français et difficile entre tous de louer, avec une
certaine mesure, est devenu si rare dans notre société

moderne, qu'on est ravi de le retrouver encore, dans toute sa délicatesse, chez quelques écrivains distingués.

Des malins se sont fait un plaisir de rapprocher le nom de M. Melchior de Vogüé du nom de Chateaubriand; vous voyez tout de suite dans quel but. « C'est « à vous surtout, qui êtes la France de demain, s'écriait « M. Aulard en pleine Sorbonne, — c'est à vous que « s'adressent ces nouveaux doctrinaires. C'est pour « vous plaire qu'ils se sont mis en frais de toilette et de « style. C'est en votre honneur qu'ils ont retrouvé « l'encrier de Chateaubriand, et qu'ils ont tâché « d'adapter au goût d'aujourd'hui, en l'ornant à la « russe, le pittoresque un peu vieilli des *Martyrs* et du « *Génie du Christianisme.* Ç'a été, d'abord, un joli « appel à l'idéal, avec un air de dilettantisme tout à « fait noble. Puis on a déclaré, en observateurs impar- « tiaux, que la jeunesse française était malade. »

Pour un ennemi, M. Aulard ne maltraite pas trop M. de Vogüé; il nous met tout simplement en goût de poursuivre la comparaison ébauchée. Les œuvres de M. de Vogüé comptent, en effet, un certain nombre de descriptions exotiques, maritimes, orientales et pales- tiniennes. Il faut du courage pour oser s'essayer dans ce genre après Chateaubriand; et l'audace du vicomte notre contemporain ne lui a pas précisément nui. Même, quand on sait par cœur les morceaux classiques du *Génie du Christianisme* et de *l'Itinéraire*, on lit volon- tiers des pages comme celle-ci :

« L'aspect tout nouveau (il s'agit de Tibériade), le « caractère de grandeur primitive du paysage nous « reporte aux âges bibliques. On songe involontairement « aux scènes patriarcales des premiers jours du monde. « Parmi d'immenses champs de cannes et de roseaux, « de nombreux troupeaux paissent en liberté; les buffles

« paresseusement vautrés dans la vase, roulent les
« gros yeux blancs qui éclairent si singulièrement leurs
« mufles noirâtres ; les chameaux lèvent leurs grandes
« têtes dodelinantes entre les herbes. Des milliers
« d'oiseaux d'eau de toute espèce volent au-dessus
« d'eux. Çà et là l'homme apparaît, sauvage et primitif
« lui-même au delà de toute expression. Ce sont des
« Bédouins pasteurs, les premiers que nous ayons
« rencontrés. Les uns gardent solitairement leurs
« troupeaux, se dressant dans les roseaux, appuyés
« sur leurs longues lances, drapés dans une couver-
« ture blanche, immobiles et contemplatifs, comme de
« maigres statues de bronze. Ainsi, j'ai vu parfois la
« silhouette d'un uhlan surgir des taillis des Ardennes.
« Les autres sont assis ou couchés à l'ombre rare de
« quelques arbustes ; silencieux et farouches, ils nous
« regardent passer sans donner un signe d'étonne-
« ment, bien que cette route soit en dehors de l'iti-
« néraire habituel des voyageurs, et que l'Européen y
« soit encore une rareté. Des yeux de feu, des dents
« blanches comme l'ivoire animent seuls ces figures
« hâves, amaigries par les privations, tannées par le
« soleil, contractées par les fièvres paludéennes. Ce
« sont surtout des Turcomans qui parcourent l'Ard-
« el-Hulch ; leurs misérables tentes, faites de nattes de
« jonc ou de peaux de chèvres noires tendues sur un
« pieu, forment de loin en loin dans le marais des
« hameaux ambulants. On dirait à peine des demeures
« humaines, si le feu, attribut de l'homme le plus
« déshérité, ne flambait devant les portes. »

La politique absorbe aujourd'hui M. de Vogüé. Ses
amis le disent habile, énergique, persévérant, capable,
en un mot, d'obtenir des résultats sérieux. Malheureusement le monde parlementaire dévore les existences

avec une rapidité effrayante. M. de Vogüé réussira-t-il toujours à écarter les dangers de diverses sortes qui menacent constamment les hommes politiques un peu en vue ? Peut-être. Mais on ne peut se défendre de redouter pour lui les attaques du Minotaure. En tout cas, les Lettres consolatrices que louait jadis, avec tant d'enthousiasme, Prévost-Paradol et qu'il commit l'imprudence d'abandonner ensuite, resteront, malgré tout, fidèles à M. de Vogüé. Elles l'ont vu, non sans regret, quitter les sources limpides où se rafraîchissent les fronts brûlants de fièvre, pour s'engager dans une route triste et bordée de précipices. « Mais il les connaît trop bien pour ne pas savoir qu'elles sont clémentes à qui leur revient. »

M. ÉDOUARD ROD

On accuse souvent les Français d'être légers ; on leur reproche en même temps d'être exclusifs, c'est-à-dire, d'ignorer ce que pensent et disent les autres peuples. Le succès incontestable d'un écrivain comme M. Édouard Rod devrait suffire, ce semble, à les relever dans l'opinion des juges impartiaux. Il apporte, en effet, dans deux genres littéraires dont l'un passe pour essentiellement léger, des préoccupations très sérieuses. Certains journaux ne lui pardonnent pas cette audace, et ils le qualifient d'ennuyeux, ce qui équivaut — personne ne l'ignore — à une condamnation sans appel. Il est vrai que M. Édouard Rod ne s'en porte pas plus mal, comme tant d'autres hommes en vue, d'ailleurs, que dès traits d'esprit aiguisés à la dernière mode sont censés tuer depuis dix ou quinze ans.

M. Rod a aussi conservé, dans sa façon de penser et de s'exprimer, quelque chose d'exotique et, pour préciser, de genevois. Là-dessus on rappelle Victor Cherbuliez, Edmond Schérer, Amiel, et on remonte parois jusqu'à Jean-Jacques. La Suisse ne se contente pas d'envoyer en France l'eau de ses montagnes ; elle fait pénétrer ses idées dans la vie générale du pays. Est-ce un bien pour nous ? Est-ce un mal ? Cela dépend peut-être de la manière dont on accueille ces idées. En tout cas, il est permis d'essayer consciencieusement de nous approprier ce qu'elles peuvent avoir de bon.

Dans la *Course à la Mort*, M. Rod étudie l'état d'âme d'un jeune étudiant en philosophie, qui se défend assez mal d'être shopenhauerien. Ce travail n'a rien de commun avec une autobiographie : l'auteur l'affirme dans sa préface, laissant ainsi aux lecteurs et aux critiques une pleine liberté d'appréciation.

La vie de ce jeune homme vaut-elle la peine que nous nous appliquions à la revivre ? Je n'hésiterais pas à répondre : non, bien que, pour justifier sa tentative, M. Rod essaie de s'appuyer sur l'autorité de saint Augustin, dont il cite une phrase détachée (1).

Mais M. Rod a le culte des grands noms, ou du moins de ceux qu'il considère comme tels, puisqu'il fit un jour, à M. Renan, de publiques excuses pour un discours qui avait réjoui quantité de braves gens. Faire amende honorable, pour son propre compte, à saint Augustin l'honorerait davantage que demander pardon pour M. Challemel-Lacour à l'auteur de la *Vie de Jésus*. Sans doute, le fils de Monique dévoila un jour, aux yeux des chrétiens, les secrets de son âme, avec quelle pudeur, avec quelle délicatesse, avec quelle sincère douleur, tous nous le sentons vivement ; mais personne peut-être n'a su encore le dire comme il convient. En racontant des aventures de taverne et de boulevard, M. Rod ne paraît pas avoir pour but d'inciter ses lecteurs à faire des actes de contrition. C'est son droit ; mais il devrait bien ne pas abriter toutes ces fantaisies sous le grand nom de saint Augustin. Son

______

(1) « S'il m'arrivait quelque chose d'heureux, je n'aurais pas le courage de le saisir, sachant d'avance qu'il s'envolerait avant que je m'en fusse emparé. »

jeune étudiant avait assez de précurseurs avec Werther, avec René, avec Lara, avec le Julian de Shelley, tristes héros qui ont fait à l'homme du XIXe siècle, un mal incalculable.

Depuis leur apparition dans la vie littéraire, des milliers d'auteurs plus ou moins bourgeois s'efforcent de parer de grâces l'égoïsme, l'oisiveté, la corruption élégante, l'orgueil et l'esprit de révolte. Ils sont convaincus, comme M. Rod, que ces sortes d'exercices ne portent nullement à conséquence, et ils mettent en circulation des sous-René, des sous-Werther, des sous-Lara. M. Rod les appelle les fils de l'ennui et de l'orgueil, et il dit bien ; mais il ne semble pas haïr suffisamment cet orgueil, principe de tout le mal ; surtout il n'en montre pas assez l'énorme ridicule. À son exemple, les jeunes gens s'amusent à fouiller leur *moi*, ils s'en dissimulent tant bien que mal la banalité et la médiocrité, tandis que s'ils eussent été avertis par un auteur comme M. Rod, ils se fortifieraient peut-être les muscles ou, mieux encore, vivraient une vie simple de travail manuel.

Il est vrai que l'humanité professe une sorte de culte pour les sublimes inutiles ; mais de ceux-là je n'oserais pas même prononcer le nom, à propos d'un livre comme la *Course à la Mort*. Les jeunes héros de M. Rod ne font qu'une parodie des exercices de la vie contemplative auxquels, pour une foule de raisons, ils ne sont pas du tout préparés. Elles sont rares, les âmes capables de contempler ; et les jeunes bourgeois qui jouent aux psychologues dans leurs mansardes du Quartier Latin risquent tout simplement de s'affaiblir ou même de se briser la volonté. Car l'habitude de ces sortes d'analyses est de nature à les rendre tout à fait incapables de soutenir les luttes de la vie.

M. Rod a prévu et il croit avoir réfuté l'objection. « La vie intellectuelle, dit-il, est tout à fait séparée « de la vie pratique. Chacun n'a qu'à examiner un peu, « pour voir la différence qu'il y a entre ce qu'il pense « et ce qu'il fait. Shopenhauer, on le sait, vivait exacte- « tement comme tout le monde. M. de Hartmann, qui « a dressé du bien et du mal un bilan si lamentable, « est, dit-on, un excellent père de famille ; enfin, la « plupart des écrivains dont les tendances paraissent « inquiétantes et corruptrices ont une vie laborieuse, « honnête et saine. »

Cet argument ne prouve rien. M. Rod connaît sans doute certain publiciste qui remplit les journaux de ses plaisanteries. Cet homme passe pour hypocondria- que, comme Molière du reste. Et le fait n'est peut-être pas isolé, puisque M. Paul Bourget a cru devoir le généraliser dans le *Disciple*. Adrien Sixte mène une vie édifiante de bénédictin laïque, tandis qu'il répand autour de lui l'athéisme et le matérialisme ; mais ses œuvres ne tardent pas à porter des fruits, et le jeune disciple qui les prend au sérieux finit en courd'assises.

Tout en courant à la mort, M. Rod ne néglige pas les fausses joies de la vie. Son héros aime d'un amour platonique une jeune fille, Cécile N..., très versée dans l'étude des philosophies modernes. Ces deux jeunes psychologues n'ont pas besoin de parler pour s'entendre : leurs silences expriment ceci : Nous pour- rions nous aimer, car nos âmes se comprennent ; mais nous prévoyons, à brève échéance, des désillusions et des mécomptes ; étant incapables de bonheur, mieux vaut nous séparer. Et ils se séparent, en effet, elle pour courir à la mort, lui pour s'enfoncer davantage dans l'ennui et le découragement. Ainsi, les deux jeunes gens ne reculent pas devant les peines, la mono-

tonie et la platitude de la vie, ce qui serait sinone xcus-
able, du moins intelligible, mais devant le bonheur.
On reconnaît là la très vieille histoire de ces décadents
de la Grèce, qui n'avaient pas même la force d'entendre
un récit douloureux à la fois, et attrayant.

Que reste-t-il à des jeunes gens qui ont peur même
des apparences du bonheur? Une seule ressource, évidemment : le suicide. M. Rod ne craint pas d'accepter
cette conséquence extrême : « Par cette nuit chaude où
« pas un souffle n'agite les arbres, on n'entend d'autre
« bruit que le cri monotone, régulier et mélancolique
« des salamandres. Sous la lumière blanche de la lune,
« les feuilles des arbres prennent des teintes argentées.
« Je les connais toutes et je m'oublie pourtant à les re-
« garder. Je m'absorbe ainsi de plus en plus dans les
« choses. Comme les noyers qui ombragent depuis des
« siècles l'enceinte de l'antique abbaye, je me contente
« de cette étroite vallée que je ne désire plus quitter. Je
« me suis laissé gagner par les charmes de la vie végé-
« tative, dont la douceur me berce comme un chant de
« fées. Mon âme est prête à se perdre dans les plantes
« et dans l'air.

« Et la terre m'appelle... Je pourrais me coucher sur
« son sein pour m'endormir dans son mystère. Je pour-
« rais m'unir à elle étroitement... Je pourrais lui de-
« mander enfin une part de son inconscience... Ne
« ferais-je pas mieux que de contempler passivement
« ses inutiles floraisons ? »

L'homme qui a écrit ces lignes et qui ne les a pas
encore désavouées, que je sache, jouit aujourd'hui
d'une réputation qu'on pourrait appeler de la gloire;
il est riche; il publie régulièrement des articles dans
un journal très conservateur. Même il donne des con-
sultations presque sacerdotales sur les idées du temps

présent, et dans ses moments de loisir, il compose des romans très corrects, je suppose, à l'usage des châtelaines pieuses et des membres du clergé.

Il y a là de quoi nous étonner et nous rassurer. M. Rod nous donne une nouvelle preuve du peu de consistance qu'offre le machiavélisme des jeunes écrivains. Mais ses lecteurs, étudiants, fonctionnaires, médecins et avocats, n'ont-ils pas perdu, en s'impreignant de ses idées, une partie au moins de cette force morale dont ils ont besoin pour remplir leur devoir ? Et n'ont-ils pas droit de dire de M. Rod que, lui aussi, il a eu sa seconde vie ? Je n'ignore pas que ceux qui ont l'expérience des hommes blâment faiblement ces sortes d'évolutions : mais qu'on y prenne garde ; aux convertis littéraires comme M. Rod, la correction ne suffit pas ; il faut encore ce je ne sais quoi, fait d'ardeur désintéressée et fière, de mépris du monde et de folie sainte qui donne aux apôtres l'autorité. Personne ne doutait de ce saint Augustin qu'il cite *con amore* ; mais nous savons à quel prix on obtient cette confiance. Entre la vie sainte d'un Augustin et les habitudes laborieuses, sages et correctes d'un écrivain contemporain fêté dans les salons, il y a quelque distance. Tant que M. Rod n'aura pas sérieusement essayé de la franchir, ses désirs de réforme morale n'ont pas beaucoup de chances de succès.

De l'atmosphère très malsaine qu'on respire durant la *Course à la Mort*, il y a plaisir à s'élever jusqu'aux hauteurs d'où l'on perçoit le *Sens de la Vie*. Ce livre, malgré ses lacunes, pourrait faire du bien à une certaine catégorie de lecteurs, si M. Rod voulait bien en déchirer une quinzaine de pages. Quelle fâcheuse inspiration a-t-il eue de revenir sur un passé coupable et laid ! Et puis, si nous aimons tous les tableaux de la vie de famille, nous éprouvons quelque répugnance à franchir certaines limites. Enfin, je dois dire que les deux premières parties du volume, consacrées au mariage et à la paternité, semblent un peu banales. On a tant écrit sur ces deux sujets ! Mais les dernières pages renferment toute une série de questions intéressantes ; je voudrais les discuter par ordre d'importance, lequel est exactement l'inverse de celui qu'a adopté l'auteur.

Voici d'abord une profession de foi assez curieuse :

« Vous êtes fort heureux, dit l'auteur à un de ses
« amis récemment revenu à la religion....Et je vous
« envie. Pour moi, je n'ai pas fait la même chose ;
« mais si je n'ai pas, comme vous, trouvé mon équilibre,
« j'en suis arrivé à croire, comme vous, que votre état
« d'esprit d'hier — qui est encore le mien — est péni-
« ble, et, s'il n'est pas la vérité, coupable... Seulement,
« je ne vois pas comment en sortir... Pas plus que
« moi vous n'étiez arrivé légèrement à l'incroyance ;
« c'était après un long travail que votre raison vous
« avait dégagé des liens de la foi. Ce travail qu'elle
« avait accompli avec effort et douleur, comment
« a-t-elle pu le détruire ?... Je n'imagine pas que la foi
« puisse ainsi venir, quand on l'appelle, comme un
« caniche bien dressé, et j'imagine que chaque fois
« que vous pensez à vos nouvelles croyances, vous
« devez retrouver à leur base le ver rongeur qu'il
« y a..... »

Lorsqu'en lisant ces lignes on se rappelle la célèbre règle du pari de Pascal, ou les objurgations que Bossuet adressait aux libertins, ou les blasphèmes de Voltaire, on ne peut s'empêcher de constater qu'un changement immense s'est produit chez les incrédules. Ils refusaient autrefois de s'occuper de la question religieuse, et pour les amener seulement à méditer, durant quelques heures, sur l'au-delà, l'auteur des *Pensées* se livrait à de vrais tours de force de dialectique. Nos incrédules contemporains étudient spontanément le grand problème, et ils demandent des solutions à tous les hommes qu'ils considèrent comme compétents ; ils essaient même de se mettre dans les dispositions voulues pour recouvrer la foi. Un pas de plus, et ils sont en plein christianisme, que dis-je ? en plein catholicisme. Mais ce pas, malheureusement, ils ne semblent pas vouloir le faire de sitôt. Ils disent : Nous sommes disposés à prier ; mais les prières les plus belles, y compris le *Pater*, nous ne savons les réciter que du bout des lèvres. Et ils s'étonnent de leur impuissance.

Ne serait-ce pas qu'ils ne se préoccupent pas, comme il conviendrait, de réunir toutes les conditions requises pour le plein succès d'une expérience religieuse ? Un écrivain de la valeur de M. Rod s'oublie quelquefois jusqu'à manquer de sérieux dans ses raisonnements philosophico-théologiques. Sous prétexte de philosophie allemande, il lui arrive de douter absolument de tout, ou bien de nier, selon la méthode de Fichte, l'existence de Dieu. Il est presque naturel qu'on s'amuse à ces jeux d'esprit dans les écoles de philosophie, ou dans les petites chapelles littéraires ; mais de rééditer, dans un travail sur la famille, la charité et la souffrance, la vieille rapsodie allemande sur la non-authenticité du monde extérieur, cela ressemble à une mauvaise plaisanterie. M. Rod prétend que le beau et le laid, le mal et le bien, sont des mots vides de sens. N'allons pas renouveler la vieille querelle du moyen-âge philosophique ; prenons des réalités concrètes. M. Rod sait, à n'en pas douter, que l'histoire de la vieille institutrice (1),

(1) On dirait une biographie extraite d'un bon rapport sur les prix de vertu.

qu'il nous raconte avec tant de simplicité, est belle et bonne, et il sait non moins certainement que presque toutes les choses qu'il nous décrit dans la *Course à la Mort* sont laides et mauvaises. Dès lors, que signifient ses discussions métaphysiques? C'est sans doute avec de ces chinoiseries plus ou moins scientifiques que les scribes et les pharisiens croyaient embarrasser le divin Maître.

Supposons un prêtre catholique de nos jours, redisant devant un disciple de Hegel ou de Fichte les paroles sacrées : « Tu aimeras le Seigneur ton Dieu de « tout ton cœur, de toute ton âme, de toutes les forces, « et ton prochain comme toi-même. » Logiquement, le philosophe devra dire au prêtre : » Permettez, c'est fort bien d'aimer Dieu ; mais encore ai-je besoin de savoir jusqu'à quel point il ne se confond pas avec ma personne. Si vous connaissiez, un tant soit peu, les principes les plus élémentaires de la philosophie, vous vous y prendriez de tout autre façon et vous commenceriez par vous demander « comment le moi et le non- « moi posés dans le moi par le moi se limitent récipro- « quement ».

Avais-je tort de dire que, malgré toute sa philosophie, ou plutôt, à cause même de sa philosophie, M. Édouard Rod manque parfois de sérieux dans les discussions religieuses?...

Il manque aussi d'humilité. Entendons-nous bien : M. Rod peut être personnellement le plus modeste des hommes ; en tout cas, il s'exprime toujours avec tact et discrétion ; il fait quelquefois des aveux charmants avec une bonne grâce touchante. Mais les idées générales qu'il a logées chez lui, comme dirait Montaigne, et que partagent beaucoup d'écrivains de sa génération, sont imprégnées d'orgueil.

Les intellectuels ont, en effet, une façon singulière de procéder. Leur raison saturée de critique et d'hyper-critique établit avec une évidence accablante la néces-sité d'un au-delà, puis elle se reconnaît incapable d'aller plus loin, et nos intellectuels de conclure, avec une mé-lancolie où perce cependant un peu de satisfaction : Nous ne pouvons pas croire. — Tout beau ! vous ne pouvez pas croire ? Il me paraît que vous exagérez ; dites seulement, je vous prie, que vous n'avez pas su trouver ou employer les bons moyens d'arriver à la foi, et vous serez plus près de la vérité.

Tous Rohan : « incrédules né peuvent, croyants ne daignent. » Et, en attendant, la jeunesse des écoles se meurt de consomption morale ou, pour parler plus clairement, du grand mal de lettres, qui est l'orgueil.

Heureusement, la psychologie fait, pour ainsi dire, contrepoids à cet orgueil, en quelque sorte impersonnel, inhérent à la condition de ceux qui vivent dans certains milieux. M. Rod a écrit une page d'une sincérité et d'une humilité vraiment augustiniennes. Je voudrais être député pendant quelques minutes, je demanderais qu'on l'affichât, cette page, dans toutes les communes de France et surtout qu'on la fît graver en lettres d'or dans toutes les salles où se réunissent les corps délibé-rants, conseils municipaux, conseils généraux et autres assemblées politiques.

« Il y a en moi un intolérant, un sectaire, dont je « suis le premier à condamner l'absurde fanatisme, « mais qui reparaît de temps en temps, quoi que je « fasse. Au fond, j'ai l'âme d'un croyant tombé dans « le scepticisme, je crois à ma négation, tout incertaine « que je la sens, et veux l'imposer. Ma femme a con-« servé sa foi de jeune fille et ses habitudes pieuses.

« Il semble que je doive les respecter. Aurais-je à lui
« offrir rien de mieux? Ma certitude est-elle assez forte
« pour me donner le droit de troubler sa conscience ?
« L'état d'esprit où je me trouve est-il si enviable que
« je doive tenir à le lui communiquer? Eh bien! non,
« il m'échappe souvent des mots qui la blessent, je
« l'entraîne dans des discussions où elle n'aime pas
« à me suivre, où elle me suit pourtant, où je raisonne
« beaucoup mieux qu'elle, mais, heureusement, sans
« la convaincre. Ses arguments — toujours des argu-
« ments de femme — ne prouvent rien et sont, à leur
« manière, terriblement concluants : je me trouve bien
« ainsi ; pourquoi changerais-je? .... Elles sont plus
« adroites et plus fines, et doucement écartent de leur
« voie les ronces et les broussailles dont nous sommes
« fiers d'encombrer la nôtre. C'est pourquoi je m'ef-
« force, avec des brutalités de maire libre penseur,
« de chasser Dieu de son horizon, tandis qu'elle le con-
« serve jalousement, parce qu'il lui plaît de réserver
« dans son cœur un temple plus pur que ceux des
« affections humaines. »

Grâces soient rendues à M. Rod! Il y a seulement
quinze ans, pour se faire une réputation de libéral, il
suffisait de se proclamer libre penseur, protestant, ou
israélite — indifféremment. En revanche, c'était un lieu
commun de dire que les catholiques, — lesquels se
confondent avec les cléricaux, — possèdent le monopole de l'intolérance. Des hommes impartiaux veulent
bien reconnaître aujourd'hui que l'intolérance habite
certaines régions de la libre pensée. M. Rod n'a pas
créé cet état d'esprit nouveau; mais il a trouvé une
façon ingénieuse d'en affirmer la force.

Je dois faire observer, toutefois, qu'il ne voudrait
probablement pas de nos félicitations à nous croyants.

Il concluait un jour le récit d'un enterrement protestant par cette peu philosophique remarque :

« Le pasteur avait déjà parlé sur la tombe d'un ton
« un peu plus pleurard, en fermant les yeux et en
« levant ses mains jointes... Ces gens-là ont le talent
« de dire ce qu'il ne faut pas, et si les libres penseurs
« vous dégoûtent de la libre pensée, les croyants ren-
« dent impossible la foi... »

L'illusion n'est donc pas possible : mon écriture catholique risque tout autant d'agacer M. Rod que le parler protestant du mélancolique pasteur ; mais ceci, en vérité, n'a pas d'importance. On pourrait d'ailleurs répondre à M. Rod que sa religion à lui, semblable à celle de M. Secrétan ou de M. Desjardins, se compose exclusivement d'articles ou de discours, lesquels prêtent à la critique. Mais j'aime mieux lui dire que les délicatesses littéraires ou mondaines ne sont pas de mise, quand il s'agit des choses de la foi. L'humanité serait bien à plaindre si ses croyances tenaient uniquement, non pas même à l'éloquence de tel ou tel orateur, mais à quelques qualités secondaires de son style ou de son débit.

Hâtons-nous d'ajouter que M. Rod fait une différence entre son catholicisme et le protestantisme, « cette reli-
« gion rationaliste, toute de compromis entre le dogme
« et le sens commun, dont la dialectique et l'exégèse
« sont d'une si lamentable pauvreté, dont le culte gla-
« cial n'est qu'un interminable discours, cette reli-
« gion qui ergote au lieu d'aimer ». Sous la plume d'un professeur de l'Université de Genève, une telle façon de s'exprimer ne manque pas de piquant, et elle contraste fort avec l'attitude des écrivains qui, après avoir été élevés par l'Église catholique, se sont mis en révolte contre elle. Voyez Renan : il a gardé avec un soin ja-

loux son catholicisme d'imagination ; il a toujours protesté de ses sentiments d'admiration et d'amour pour
cette Église, qu'il a combattue avec une froide et persévérante résolution. Alphonse Daudet a comparé son
esprit à une cathédrale désaffectée dans laquelle on met
du foin. Voyez encore M. Jules Lemaître : il a beau
philosopher en sceptique ; il comprend, il sent les
beautés et les grandeurs du catholicisme, presque
comme aux jours où il assistait à la procession, vêtu en
petit saint Jean-Baptiste. Les protestants ne paraissent
pas connaître ces souvenirs attendris : ils n'ont pas
appris à aimer.

Devons-nous inférer de là, cependant, que M. Rod
s'est dépouillé de tout son calvinisme ? Il a fait, dans ce
sens, de louables efforts, puisqu'il en est arrivé à trouver grandioses et touchantes les cérémonies de Saint-
Sulpice. Mais quelques mots de lui me laissent inquiet :
il dit de son ami converti au protestantisme : « Peut-
être suis-je moins éloigné de lui qu'il ne semble. » Il
est à craindre que M. Rod n'ait raison. Les Anglais qui
se séparent de l'Église établie pour entrer dans le
catholicisme sont légion. Mais combien compte-t-on de
calvinistes genevois ou cévenols qui se séparent franchement de leurs coreligionnaires? M. Rod n'en a que
plus de mérite à s'être ainsi rapproché du catholicisme ;
mais qu'il y prenne garde, il n'a pas tout à fait tué en
lui le vieil homme.

Je ne m'explique, en effet, que comme une conséquence de son éducation genevoise l'erreur religieuse
et esthétique qu'il a commise, en s'efforçant si gauche-
ment d'imiter et de corriger la poésie de notre séraphi-
que et indiciblement aimable François d'Assise. Le
Poverello chantait : « Loué soit mon Seigneur pour
« notre mère la Terre qui nous soutient, nous nourrit

« et qui produit toutes sortes de fruits, les fleurs dia-
« prées et les herbes. »

M. Rod écrit : « Soyez loué, ô Dieu, pour les fleurs
« qui se balancent aux fentes des rochers et pour les
« oiseaux qui chantent dans les arbres. »

Saint François d'Assise disait encore : « Loué soit
« Dieu, mon Seigneur, pour notre frère messire le soleil,
« qui nous donne le jour et la lumière! Il est beau et
« rayonnant d'une grande splendeur, et il rend témoi-
« gnage de vous, ô mon Dieu. »

M. Rod met de la psychologie dans son lyrisme :
« Soyez loué pour le soleil d'affection qu'il vous a plu
« d'allumer en nous-mêmes. »

Mais c'est surtout dans les derniers versets que s'accuse la différence. Le doux pauvre d'Assise concluait
sa prière par un acte d'humilité et un cri d'amour pour
les humbles : « Loué soyez-vous, mon Seigneur, à cause
« de ceux qui pardonnent pour l'amour de vous et qui
« soutiennent patiemment l'infirmité et la tribulation. »

M. Rod assaisonne de blasphèmes ses vieux cours de
philosophie : « Soyez loué, ô mon Dieu, de nous avoir
« trompés au lieu de nous révéler l'horreur de la vérité.
« Soyez loué, enfin, parce que nos âmes peuvent se con-
« fondre dans une âme universelle, aimante et sublime,
« qui, en cette heure, chante votre gloire. »

Que ne se trouve-t-il quelqu'un, parmi les amis de
M. Rod, pour lui dire de supprimer cette page.... et
quelques autres !

En ouvrant les *Idées morales du Temps présent*, on a
un peu le droit de s'attendre à une sorte de synthèse ou
à un enseignement didactique. Je n'ai pu me défendre
d'une vive surprise lorsque je n'ai trouvé que de la critique. Sans doute, M. Rod, dans ses études sur nos contemporains, ne perd jamais de vue leurs principes de

morale, mais il se laisse entraîner, sans la moindre répugnance, dans la littérature proprement dite. Son œuvre y gagne en agrément, mais elle y perd en autorité
et en force ; ce qu'il dit de la morale de nos principaux
écrivains est, en somme, assez maigre.

On nous présente d'abord l'inévitable Renan, ce qui
paraît assez étrange, car nous avons quelque peine à
nous figurer l'auteur de *l'Abbesse de Jouarre* renseignant
ses contemporains sur leurs devoirs présents. Allons-
nous entendre un nouveau couplet du *Gaudeamus* en-
tonné aux banquets celtiques ? Non. Pour cette fois, la
morale de Renan se présente sous forme d'idylle scientifique, à la Tennyson : « Le despote de l'avenir, dit M. Rod,
« celui sur lequel compte M. Renan pour conduire l'hu-
« manité dans les voies de la sagesse, grâce au secret
« d'un puissant explosif qui lui permettrait de la tenir
« en crainte, consacrera ses loisirs à fonder une acadé-
« mie sur le modèle de celle de Laurent le Magnifi-
« que. Là, sous des cèdres ou des sycomores, dans
« des allées de sable fin, parmi des touffes de fleurs
« odorantes et des chants d'oiseaux, des poètes, des
« artistes, des philosophes se promènent en disser-
« tant sur *Emma Kossilis* ou sur le *Prêtre de Némi* (1). »

Mais ce rêve, l'humanité ne l'a-t-elle pas déjà vécu ?
Est-ce que M. Renan ne l'a pas décrit quelque part, en
historien ? Que M. Rod veuille bien se rappeler ses lectures : un despote qui a des goûts littéraires, mais c'est
Néron. « Néron, dit M. Renan, avait réussi à se don-
« ner droit de vie et de mort sur son auditoire ; le
« dilettante menaçait les gens de la torture s'ils n'ad-
« miraient ses vers. » Et plus loin... « Néron avait des

(1) Comparer ce tableau avec celui de la *Princesse*. Pour moi, je
trouve l'idylle de Tennyson infiniment plus *royale*.

« parties de l'âme d'un artiste ; il peignait bien, sculp-
« tait bien, ses vers étaient bons, nonobstant une cer-
« taine emphase d'écolier, et, malgré tout ce que l'on
« peut dire, il les faisait lui-même. »

A l'optimisme nuancé de M. Renan, M. Rod oppose
le pessimisme catégorique de Shopenhauer. Il s'efforce
de redresser ce qu'il y a de défectueux dans l'opinion
qu'on se fait, en France, du philosophe allemand. Il
paraît que, tout en voulant mal de mort à l'humanité,
Shopenhauer admet l'existence du bien et donne parfois
de sages conseils à ses disciples : il se rapprocherait
même, sur certains points, de la doctrine des ascètes.
Mais comment concilier logiquement ces concessions
avec son radicalisme nihiliste ? M. Rod s'efforce de le
montrer en quelques pages qui, depuis les récents at-
tentats que l'on sait, ont dû perdre de leur valeur. En
ces temps d'anarchisme, on aimerait une explication à
la fois plus précise et plus complète. Il est à souhaiter
que, dans ses prochaines éditions, M. Rod développe
son chapitre sur Shopenhauer.

Et M. Zola, l'aurait-on cru moraliste ? M. Rod dégage
de l'épopée des *Rougon-Macquart* quelques idées rudimentaires,—oh ! combien rudimentaires ! Par exemple,
il semblerait résulter des romans de M. Zola que tous
les ivrognes meurent du *delirium tremens*, et que toutes
les demoiselles de magasin vertueuses épousent leur
patron. En réalité, malgré sa vive et sincère admiration
pour ce qu'il appelle carrément le génie littéraire de
M. Zola, M. Rod avoue, non sans détours, que la morale de ses romans ne peut être caractérisée que d'un
mot : elle est bébête. Sur le bien et le mal et sur leurs
conséquences, M. Zola raisonne comme les portières et
les garçons de café que n'a pas bercés, hélas ! la divine
chanson dont M. Jaurès parlait un jour à la tribune.

Mais, alors, pourquoi M. Rod déploie-t-il tout cet appareil philosophique autour de l'œuvre de M. Zola ?

Sur M. Paul Bourget, M. Rod émet des conclusions qui ne me paraissent pas tout à fait en harmonie avec les prémisses. Des appréciations sévères et, je crois, justement motivées aboutissent à une absolution générale. Depuis l'époque où furent publiées les *Idées morales du Temps présent*, M. Bourget s'est amendé d'une façon sensible, il se rapproche du christianisme au point de donner un démenti, ou peu s'en faut, aux prophéties de M. Rod. Voilà encore un chapitre qui a un peu vieilli et qu'il conviendrait peut-être de modifier.

J'aime fort, au contraire, le portrait de M. Jules Lemaître : « M. Lemaître, comme un peu tout le monde,
« est double : il se compose d'abord d'un honnête
« homme rempli de bons sentiments, et qui ne deman-
« derait pas mieux que de croire à ces bons sentiments ;
« puis d'un homme de lettres qui, par tempérament
« d'artiste et par entraînement professionnel, a laissé
« son esprit se corrompre : son intelligence toujours
« éveillée, travaillant et peinant, s'est hypertrophiée au
« point qu'elle le domine et qu'il en est dupe, lui que la
« peur d'être dupe a beaucoup déniaisé ; il se regarde
« penser, redoute de paraître simple ou naïf et, peut-
« être parce qu'il l'est beaucoup plus qu'on ne pourrait
« le croire, se jette alors dans l'extrême opposé, affecte
« la subtilité, l'inconsistance, le cynisme ; il a ouvert le
« champ au paradoxe, à l'ironie, à toutes les qualités
« qui donnent du piquant à la phrase écrite, — et aussi,
« il faut bien le dire, aux désirs excessifs qui se déve-
« loppent avec les succès, quels qu'ils soient, et portent
« en eux des germes de perversion. »

La vieille formule qu'on applique aux bons jugements se présente ici d'elle-même à l'esprit. On se dit : sévère, mais juste. M. Jules Lemaître n'a pas même droit aux circonstances atténuantes que mérite, dans une certaine mesure, M. Émile Zola. Celui-ci a peut-être du génie, puisque tant de gens qui se donnent pour compétents l'affirment : mais, à coup sûr, il a fait preuve, dans un certain nombre de cas, d'une prodigieuse inintelligence. M. Lemaître comprend et ne sait pas vouloir; pour donner à son talent tout le développement qu'il comporterait, il ne faudrait qu'un peu plus de courage, ou plutôt une moindre peur du ridicule.

Ce n'est pas M. Schérer qui eût cédé devant l'opinion des médiocres. M. Rod retracé en quelques pages intéressantes la vie intellectuelle de cet homme qui a su garder, sans rougir, toute sa sincérité, au grand carrefour où se réunissent les plaisantins. Je ne sais trop pourquoi, mais le nom de M. Edmond Schérer semble appeler, pour ainsi dire fatalement, le nom de M. Eugène Spuller. Est-ce la rime qui fait parler ici contre la raison ? Il semble plutôt que ce que M. Spuller veut réaliser aujourd'hui en politique, M. Schérer l'ait déjà tenté en littérature. Ils ont eu tous deux assez d'énergie pour prendre une attitude franchement conservatrice au milieu de groupes à peine déshabitués des gestes révolutionnaires. De là sans doute leur insuccès partiel. Mais qu'importe, après tout ? M. Schérer a su trouver une façon nouvelle de défendre des idées bonnes, anciennes et qui ont servi de base à toutes les sociétés. En dépit de quelques graves écarts, il a droit à nos remerciements. On n'a jamais mieux parlé que lui de la morale de nos pères, la morale chrétienne : « Sachons « voir les choses comme elles sont : la morale, la bonne, « la vraie, l'ancienne, l'impérative, a besoin de l'ab- « solu ; elle aspire à la transcendance, elle ne trouve un « point d'appui qu'en Dieu.

« La conscience est comme le cœur : il lui faut un
« au-delà. Le devoir n'est rien s'il n'est sublime, et la
« vie devient une chose frivole si elle n'implique des
« relations éternelles. »

Les lecteurs comprendront pourquoi je n'insiste pas
ici sur M. Melchior de Vogüé. Quant à M. Alexandre
Dumas fils, il est difficile de l'apprécier, ce médecin
étonnant (car il se considère comme un médecin des
âmes) ayant depuis longtemps contracté l'habitude de
traiter l'immoralité par l'immoralité. Le succès de cette
homéopathie ne laisse pas de scandaliser les simples.

Arrivé à la fin de son travail, M. Rod constate tout
simplement une chose sur laquelle tout le monde est
d'accord : « Nous sommes donc en réaction ; et la
« réaction morale et religieuse que nous avons spéciale-
« ment constatée dans ces études, quelque importante
« qu'elle soit, n'est qu'un épisode de cette réaction
« générale. Maintenant, ce mouvement est-il dû à des
« circonstances fortuites et passagères, avec lesquelles
« il disparaîtra, et n'en resterait-il alors qu'une page à
« peu près insignifiante dans l'histoire de la pensée
« moderne ? Ira-t-il au contraire en s'accentuant, en
« s'assurant, et nous conduira-t-il, nous ou nos fils, à
« une de ces périodes d'ordre solide qui se reposent
« et se prolongent sur des doctrines vivaces, sur des
« caractères stables comme fut, par exemple, le xviiᵉ siè-
« cle français, — l'ordre auquel il tend, qu'il soit mo-
« narchique, républicain ou socialiste, étant assez fort
« pour comprimer les éléments de trouble aujourd'hui
« menaçants, pour arrêter les fermentations qui bouil-
« lonnent dans l'organisme social ? »

M. Rod ne se compromet pas beaucoup, et nous
avons le droit de regretter qu'il n'ait pas précisé
davantage. Ainsi, lorsqu'il parle — avec d'excellentes

intentions, reconnaissons-le — de la situation res-
pective de l'Église et de l'État, il me paraît poser mal
la question. Sans doute, l'État représente une force
formidable; mais cette force, l'opinion seule la met
en mouvement. Pourquoi donc, en prophétisant, s'occuper de l'État puissant, monstrueux même, mais
passif ? Reste la mystérieuse et mobile opinion :
il est tout naturel que M. Rod ait essayé d'indiquer
à l'avance sa marche. Mais l'Église compte encore,
Dieu merci, dans les événements humains, et M. Rod
n'est pas de ceux qui croient proche le jour où l'humanité, ayant jeté ses deux vieilles béquilles, la
morale et la religion, s'avancera d'un pas allègre
dans la voie de la libre pensée, sous le soleil de la
science.

Croit-il donc que l'Église doive rester toujours en
l'état où de récentes luttes l'ont mise, isolée et gênée
dans ses mouvements, un peu suspecte à tous les partis ?

Telle est la logique de presque tous nos écrivains :
ils reconnaissent que l'Église constitue une puissante
force morale, et ils ne cherchent pas du tout à se renseigner sur l'état d'esprit de ceux qui la dirigent.
M. Édouard Rod a-t-il jamais lu un mandement de nos
évêques ? A-t-il assisté à quelques conférences des prédicateurs de Notre-Dame ? Connaît-il seulement de
nom les Revues catholiques ? Or, il éprouve un si vif
désir d'être renseigné, qu'il passe un temps considérable à étudier les idées morales... de M. Zola ! Voilà
le point faible du mouvement néo-chrétien. Ses représentants ne connaissent pas les catholiques, ou ils
affectent de les dédaigner. Qu'ils n'arguent pas de ce
qu'ils appellent couramment, entre eux, notre faiblesse scientifique ! Ils ne nous lisent jamais. D'ailleurs,

s'ils voulaient traiter sérieusement cette question, on pourrait leur apprendre peut-être des choses surprenantes.

Mais admettons, pour un instant, que leur dédain soit justifié : est-ce que les prêtres, directeurs, conseillers et pères d'un nombre incalculable d'âmes très vertueuses, n'ont pas le droit d'exprimer leur opinion sur les problèmes de la morale ? D'humbles servantes, des religieuses, des femmes du peuple, des femmes du monde ont, sur le sacrifice, sur le travail, sur l'humilité, sur le caractère inéluctable de la souffrance, sur l'amour humain et sur l'amour divin, des notions plus nettes que tel membre de l'Académie des sciences morales et politiques. Ceux et celles qui pratiquent le mieux, aujourd'hui, les vertus chrétiennes ont pour guides et pour représentants aussi — on devrait ne pas l'oublier — les prêtres tant dédaignés.

Et puisque nous parlons des croyants, M. Rod s'est-il demandé ce qu'il adviendrait des idées qui lui sont chères si toutes les forces morales que donne la foi — j'entends la foi catholique — venaient à disparaître ? Un jour, on ne verrait plus une seule dévote sur la terre de France, on ne connaîtrait que des élèves de l'école laïque et des lycées de filles, habiles à raisonner sur les questions scientifiques, débarrassées de tous les préjugés anciens. Rien ne ferait plus obstacle au libre essor de la pensée ni aux expériences psychologiques qui peuvent embellir un « moi » soigneusement cultivé. Évidemment, les idées morales de ce siècle intellectuel prendraient des développements merveilleux. Quelles lumineuses perspectives pour les successeurs de M. Rod !... Mais lui-même, j'ai idée qu'il ne voudrait peut-être pas vivre dans ce siècle prodigieux, fils de la psychologie et de la science.

Il est vrai qu'une hypothèse, non pas précisément contraire, mais différente, n'a rien d'irréalisable. Nos contemporains les plus distingués essaient, avec une persévérante unanimité, d'établir l'accord de la science et de la foi... en dehors de l'Église. Nous croyons avoir la certitude, nous catholiques, qu'ils se lasseront bientôt de cette tâche ; ils n'oseront pas avouer leur découragement, mais ils ne réussiront pas à le dissimuler. Pendant ce temps, une démocratie sans Dieu ni maître grandira, au point d'absorber toute la richesse et toute la puissance publiques. A ce moment, que se produira-t-il ? Sans doute il n'est pas sage de prophétiser ; mais je ne demande pas de prophétie. Il est des craintes graves qu'éprouvent tous les hommes réfléchis de notre génération, y compris M. Rod et ses amis. Oseraient-ils les formuler ; et, après les avoir formulées, oseraient-ils indiquer les moyens qui leur semblent les plus propres à prévenir ou à alléger des maux sinon probables, du moins possibles ? L'Église, dans cette crise attendue, emploiera toutes ses forces à sauver le peuple ; mais il serait peut-être généreux et habile, non seulement de ne pas les affaiblir, mais de prendre contact avec elles et de les favoriser. M. Rod a l'air de chercher un objet précis à ses investigations morales ; j'ose lui indiquer respectueusement celui-là.

A l'appui de ses thèses, l'auteur des *Idées morales du Temps présent* a publié un certain nombre de romans dans la *Revue des Deux-Mondes*. On me pardonnera de ne pas les analyser tous, ces sortes d'ouvrages consacrés à l'étude d'une question de casuistique amoureuse étant un peu ennuyeux. Il paraît toutefois que la grande majorité de nos contemporains les trouvent fort intéressants, puisqu'ils ne se lassent pas plus de relire les variantes de la même histoire que les auteurs de la rééditer.

Du moins M. Rod sait mêler un peu de morale au classique tableau de la vie parisienne. Son *Michel Teissier* peut servir de thème à quelques controverses intéressantes. Le héros de ce double roman est un homme politique, orateur puissant et chef du parti conservateur, désigné par l'opinion publique pour les plus hautes fonctions, qui finit par tout abandonner pour contenter une passion coupable. Vous croyez, n'est-ce pas ? que tout le monde s'accorde à lui reprocher cette désertion ? Eh bien, détrompez-vous. Si Michel Teissier trahit ses amis et se sépare assez sottement de sa femme, personne vertueuse et distinguée, la faute en est à... Mᵐᵉ Michel Teissier. Il bénéficie, lui, des circonstances atténuantes. Les critiques qui ont signalé avec humour cette raideur un peu puritaine de l'héroïne principale du roman ont voulu sans doute faire comprendre à M. Rod que son œuvre, d'ailleurs fort belle, manque un peu de grâce.

La thèse elle-même m'inspire quelques inquiétudes ; elle est, à coup sûr, incomplète. M. Rod croit avoir dramatisé, dans ce roman, la lutte classique entre le devoir et la passion ; mais il a manqué son but. Dès les premières lignes du livre, on voit clairement que la passion domine l'âme du pauvre héros, car il gémit non pas sur sa faute, mais sur l'impossibilité où il se trouve de satisfaire ses mauvais instincts ; j'ai rarement vu un égoïsme aussi écœurant et aussi lâche. Le plus curieux, c'est que Michel Teissier, habitué aux effets de tribune, tâche d'idéaliser sa passion criminelle et niaise, et finit par la croire intéressante.

Ce n'est pas, heureusement, l'avis de M. Rod, dont les conclusions, sévères pour son héros, se présentent

sous forme de réquisitoire énergique contre l'égoïsme
masculin.

« Elle dit cela très bas, sans aigreur ni reproche
« contre personne, comme si soudain la douceur de la
« morte fût entrée en elle. Michel ne l'entendit pas, il
« vit seulement. Ce fut pour lui comme une lueur con-
« solante que, sa femme et sa fille, émues d'une
« même émotion, s'unissaient dans une étreinte récon-
« ciliatrice et pleuraient ensemble, front contre front.
« Mais il ne comprit pas le sens profond de leurs larmes ;
« il ne devina pas qu'elles venaient d'une même source,
« pour aller se perdre dans un même courant ; qu'elles
« n'étaient qu'un soupir dans la plainte éternelle de
« celles qui sont les éternelles victimes de notre
« égoïsme, de notre ambition et de notre dureté. »

Le réquisitoire de M. Rod est justifié malheureusement par un trop grand nombre de faits, mais on aimerait des formules moins absolues. Je doute fort
que les femmes acceptent, sans restriction, tous ces
éloges. Victimes, elles le sont souvent, victimes rési-
gnées et douces, moins souvent, sans doute ; il arrive
enfin à quelques-unes d'entre elles de mener une vie
agréable ou de s'occuper de bagatelles, tandis que leurs
maris peinent et souffrent. Un médecin anglais,
M. Furneaux-Jordan, de Birmingham, vient de publier,
sur le caractère des ménagères honnêtes de son pays,
une étude peu flatteuse pour elles (1), et curieuse

____

(1) « Volontiers la femme anglaise intercalerait une clause per-
« sonnelle dans le plan de la création ! Un jour le Seigneur dit :
« Que la lumière soit. » Puis il ajouta : « Et qu'il y ait des mai-
« sons, des femmes et des plumeaux ! » Après quoi les hommes
« purent entrer dans les maisons, à condition de se soumettre
« aux lois et règlements intérieurs.
  « Quand la femme anglaise devient théologienne, elle se glisse

à plus d'un titre. M. Rod ne paraît pas l'avoir lue.

Mais sa philippique, à lui, est entachée d'un défaut plus grave : elle manque de sanction sérieuse. L'indignation qui n'aboutit à rien, est-ce une indignation sage ? M. Rod constate que les hommes sont durs, égoïstes, ambitieux, bourreaux de leurs femmes ; et il nous insinue, en souriant tristement, qu'il faut nous résigner à cet état de choses. Éternellement les victimes pleureront, éternellement les bourreaux rempliront leur office. Mais alors, pourquoi M. Rod a-t-il composé son roman ?

Quelques hommes, en effet, pouvaient avoir l'espérance de se vaincre, de garder leur cœur pur et leur foyer tranquille. M. Rod leur dit : « Vous avez beau lutter contre vous-mêmes, vous succomberez tôt ou tard, et vous allez voir, grâce à ma psychologie, comment le fait se produira, honteux et fatal. »

Il paraît que c'est de la vérité réaliste, cela.

J'ai de la peine à comprendre comment M. Édouard Rod ne se fait pas scrupule de soutenir de pareilles thèses. Il sait bien que des hommes politiques existent, qui triomphent des obstacles où s'est brisé son Michel Teissier ; je ne les nommerai pas, car tout le monde les connaît. Il serait infiniment plus moral d'expliquer pourquoi ils résistent avec succès à la corruption que de décrire, non sans quelque complaisance, des chutes scandaleuses. Mais on écrit un roman, et il faut bien satisfaire les émotions malsaines que la foule des lecteurs recherche et que l'élite subit. C'est l'inconvénient du genre : tous les moralistes qui se servent du roman

« jusqu'au trône du jugement et mumure : Seigneur, disputons
« un peu. »

Il convient d'ajouter que, même dans son pays, M. Furneaux-Jordan passe pour un excentrique.

pour répandre leur idées sacrifient un peu le sain et le sérieux à l'agréable.

Rendons, cependant, cette justice à M. Rod, qu'il fait des efforts louables pour atténuer le mal dans la mesure du possible : il restreint la part de l'intrigue amoureuse ; il fait aussi grande que possible la part de la morale et de la religion. N'a-t-il pas inséré dans un de ses derniers romans, une sorte de méditation religieuse ? Je me reprocherais de ne pas la reproduire ici ; elle peut servir en quelque sorte de bouquet spirituel à ceux qui extraient des œuvres d'un écrivain tout le sentiment religieux qu'elles renferment :

« Dieu ! Je veux croire en lui ! J'ai besoin qu'il existe...
« Je le vois, je le sens, non pas dans la splendeur des
« décors terrestres où le cherchent quelques esprits
« grossiers (1), mais en moi-même, par-delà les pen-
« sées dont les jeux monotones recommencent chaque
« matin, au bout de mes rêves, dont je ne veux pas la
« fin que lui seul peut fixer en dehors du siècle. Par
« un chemin très lent, tortueux, semé d'obstacles, je
« m'avance vers lui. L'insignifiance du monde m'en
« rapproche. Peut-être en suis-je plus près déjà que
« des sables où mes pieds enfoncent, que des eaux où je
« me plonge pour chercher la fraîcheur. Je l'appelle de
« toute ma soif d'éternité. Je voudrais me sentir dans
« sa main. J'y serais dégagé de tant de liens qui me
« pèsent ! Et voici que d'inexprimables cantiques com-
« mencent à chanter dans mon cœur ! »

M. Rod représente dans le monde contemporain une force, puisqu'on le discute. Je n'essaierai pas de lui appliquer des principes de classification littéraire aux-

______

(1) Quelle injustice ! M. Rod ne s'aperçoit pas qu'en parlant ainsi, il condamne les psalmistes, Bossuet, Kant et d'autres qui ne sont pas, certes, des esprits grossiers.

quels les faits donnent quelquefois des démentis cruels.
L'Académie française lui ouvrira-t-elle ses rangs? La
postérité daignera-t-elle s'occuper de lui ? Questions
difficiles et, au fond, oiseuses. Il nous importe seulement
de savoir ce que signifie son succès, au point de vue de
la direction religieuse des esprits. Quelques-uns, pro-
nant peut-être leurs désirs pour une réalité, estiment
que la France semble se rapprocher du protestantisme.
Ils peuvent, en effet, produire un certain nombre de
bons documents à l'appui de leur thèse, et peut-être ont-
ils partiellement raison. A l'heure qu'il est, les protestants disposent d'une influence énorme dans presque
toutes les administrations de l'État ; des journaux très
répandus et de puissantes revues sont, dans une large,
très large mesure, animés de l'esprit protestant.
Mais il ne faut pas oublier que, parmi les formes de
religion, il n'en est pas de plus essentiellement transi-
toire que le protestantisme. Lorsqu'à l'époque de la
Renaissance, la pensée moderne se fut détachée de
l'Église catholique, elle ne s'arrêta pas longtemps dans
les limites fixées par les auteurs de la Réforme. Un
siècle ou un siècle et demi après leur mort, elle touchait
aux points extrêmes de l'incrédulité pure.

Maintenant, il est de toute évidence qu'elle revient à
la religion. Mais à quelle religion ? Les protestants se
croient sûrs du triomphe définitif. Cependant, leur
dogmatique étriquée sans prolongement symbolique,
leur morale sans onction, leur émiettement en sectes,
dont quelques-unes extravagantes, ne leur permettront
pas de retenir les âmes assoiffées de vie surnaturelle.
Pour le retour, comme pour l'aller, le protestantisme
ne sera qu'une étape ou une courte série d'étapes, sur
la route parcourue par cette force mystérieuse qu'on
appelle l'esprit public.

Des œuvres comme celles de M. Édouard Rod apparaissent semblables à de petites haltes. Quelques voyageurs y descendent, se croyant au terme de leur course ; ils ne sont qu'un petit nombre, et ils s'aperçoivent bien vite qu'ils se sont trompés. Les autres admirent le confort et l'agrément des constructions qui se dressent le long de la voie ; ils félicitent celui qui les a élevées et lui disent merci ; mais en toute hâte, avec, dans les yeux, des visions divines, et dans le cœur, des aspirations ardentes, ils se remettent en route pour les vallées où jaillissent plus abondantes les sources de vérité, et sur le sommet desquelles luit plus intense et plus pure la lumière éclairant tout homme qui vient en ce monde.

M. BRUNETIÈRE CRITIQUE ET PHILOSOPHE

« Attention, voici l'ennemi ! » se disait Condé lorsqu'il voyait monter Bourdaloue en chaire. Et sans doute, si Bourdaloue eût perçu cette parole intérieure du héros de Rocroy, il n'en eût éprouvé aucune peine. Bien au contraire, il eût été heureux d'incarner, pour ainsi dire, aux yeux de Condé, la sévérité de la morale chrétienne. J'imagine que tous les écrivains contemporains, quand ils se trouvent en présence des œuvres de M. Brunetière, éprouvent un peu de cette émotion qui, s'il faut en croire la légende, aurait arraché à Condé son mot si expressif : «Attention, voici l'ennemi !» M. Brunetière incarne, en effet, la conscience littéraire de ce siècle ; et la lecture de ses œuvres constitue une sorte de reproche pour tous ceux qui ont commis quelque méfait contre la grammaire ou l'esprit français. Dieu sait s'ils sont nombreux ! Et qui d'entre nous peut se flatter de n'avoir rien à se faire pardonner ?

Une étude sur une personnalité aussi puissante et vivante que celle de M. Brunetière offre une autre difficulté. On a beaucoup écrit sur son œuvre, mais rarement avec calme et mesure. Les uns (ce sont les moins nombreux) ont glissé inconsciemment dans l'apologie ;

d'autres sont tombés dans la satire, voire dans la diatribe. Enfin, il me paraît que beaucoup de biographes et de critiques, même impartiaux, ont négligé les parties les plus hautes du talent de M. Brunetière. Aussi n'est-ce pas sans une vive appréhension que j'aborde l'étude de ses œuvres.

Tout le monde connaît ou croit connaître un Brunetière savant et éloquent, dialecticien véhément, polémiste prompt à l'attaque et à la riposte, redresseur un peu grincheux d'erreurs historiques et littéraires, critique sévère pour la plupart des auteurs contemporains. Cet homme terrible ressemble presque toujours à un professeur de Faculté qui malmène un candidat. Quand on le voit faire mouvoir dans un ordre effrayant les dates, les faits, les citations, les arguments, on éprouve comme un frisson. Malheur à qui va recevoir toute cette érudition sur son livre : il en sera écrasé. Alors même qu'il ne menace personne, il inspire à ses lecteurs ou à ses auditeurs un sentiment d'où la crainte n'est pas tout à fait absente. Ces erreurs qu'il relève chez tel écrivain, mais nous les avons tenues long-temps pour des vérités peut-être ; ces enthousiasmes dont il montre le ridicule, nous les avons un peu partagés jadis. Sans s'en douter ou en s'en doutant, M. Brunetière nous humilie.

Il est certain que son érudition littéraire a quelque chose de fabuleux. Je voudrais connaître un statisticien pour lui proposer un cas très curieux et rare. Il dresserait une liste de tous les volumes que cite ou discute M. Brunetière, puis, en prenant une moyenne, il calculerait le temps qu'il a fallu pour les lire. Ce bon La Fontaine, qui sut si bien partager sa vie entre le dormir et le rien faire, ce bon La Fontaine se croyait un érudit. « J'en lis qui sont du Nord, disait-il, et qui sont du Midi. » M. Brunetière lit ceux du Nord, du Midi, de l'Espagne, de l'Angleterre, de l'Allemagne, de l'Orient, de l'antiquité et des temps modernes ; il connaît tous les chefs-d'œuvre du xvi⁰, du xvii⁰, du xviii⁰, du xix⁰. siècle, et il n'ignore pas les ouvrages de second ordre ; il peut citer les drames, les sermons, les satires, les sommes théologiques, les contes, les lettres, les discours politiques, les mémoires... J'ai entendu des hommes du métier discuter cette érudition, posément, dans une intimité absolue, sans intention de flatterie comme sans rancune. Les malins disaient : M. Brunetière a-t-il bien lu tous les livres dont il donne le titre ou le résumé, par exemple, les pièces d'Alexandre Hardy, sur lesquelles il s'étend, ou les épopées carlovingiennes, qu'il maltraite si fort ? A quoi les naïfs répondaient : En tout cas, il n'est pas facile de le prendre en faute, et, sans doute, les naïfs ne se trompaient guère.

Car M. Brunetière ne ressemble pas du tout au classique érudit, bénédictin ou laïque, qui possède des connaissances immenses, mais qui ne sait pas les faire valoir. Il a un tempérament de lutteur. Non seulement il attaque et il se défend avec vigueur, ce qui n'est pas rare après tout chez les polémistes, mais il sait toujours se garder, et il ne laisse rien échapper qu'on puisse plus tard lui reprocher. Je ne m'étonne pas qu'il ait fini par aimer les doctrines de Darwin, car il est terriblement armé pour les luttes de la vie, et on voit bien qu'il s'y trouve comme dans son élément. Lisez ses philippiques contre M. Émile Zola : elles respirent une bonne humeur et un enthousiasme communicatif auxquels M. Brunetière craint trop, à l'ordinaire, de s'abandonner. C'est une nouvelle édition du combat de David contre l'énorme Goliath. M. Brunetière met à nu la vulgarité des principes esthétiques que professe ou pratique M. Zola ; il les tourne et les retourne avec une cruauté qui ne se lasse jamais ; puis il loue l'auteur sur un ton de commisération amusant, et derechef il l'accable ; finalement, il le déclare en faillite. Infortuné M. Zola ! Les gros négociants anglais et les ministres italiens, encouragés en cela par le roi Humbert, ont beau lui offrir de somptueux banquets : il ne saurait en jouir. Ces banquets ont tous leur spectre de Banco — je veux dire de M. Brunetière — qui vient s'asseoir à côté du maître, pour lui murmurer le nom de Restif de la Bretonne.

Cette haine des sots livres et cette intrépidité dans la lutte rappellent la jeunesse de Boileau. On a souvent raillé cette théorie fameuse du vénérable et regretté M. Nisard, d'après laquelle Dieu veillerait, par une sorte de providence spéciale, à la conservation de l'esprit français, et ferait naître, à chaque époque, l'homme nécessaire chargé d'imprimer à notre littérature la seule direction qui lui convienne. Je crois bien que si le bon M. Nisard vivait encore, il trouverait dans la destinée de M. Brunetière un argument nouveau en faveur de sa théorie. M. Brunetière est le Boileau du xixᵉ siècle.

Comme au temps, en effet, où Boileau guerroyait contre les Chapelain, les Scudéry, les Scarron, les titres de notre suprématie intellectuelle commençaient à s'éparpiller, il y a quinze ou vingt ans. A force d'imiter les Allemands et les Anglais et plus tard les Russes, les Scandinaves, voire les Annamites, on en oubliait presque d'être Français. M. Brunetière, pour aider ses contemporains à redevenir eux-mêmes, a commencé par rétablir les robustes et sages traditions qui ont servi d'appui à tous les hommes supérieurs de notre race.

La tâche n'était pas facile. Sans doute, la classification officielle de nos grands maîtres du xviie siècle no peut offrir matière qu'à d'insensibles changements ; mais les motifs de notre admiration doivent sans cesse se renouveler. C'est à quoi s'applique — on sait avec quel succès — M. Brunetière. Sauf peut-être pour Descartes, dont il a rabaissé l'importance, il a conservé les rangs assignés aux classiques. Il s'est contenté de modérer les molinistes et, tout en renchérissant sur les admirateurs de Pascal, il a trouvé moyen de les railler — sans trop y paraître — avec infiniment d'esprit. Hé oui, M. Brunetière admire les *Provinciales*, non pas plus, mais mieux que beaucoup d'autres, et il le prouve abondamment ; mais il prouve aussi que les casuistes ne sont pas les êtres méprisables qu'on disait ; en sorte que tous ces critiques qui, sous prétexte de haute littérature, dévoraient du Jésuite, se trouvent, aujourd'hui, dans une assez bizarre situation. Ils constatent avec stupéfaction qu'aux yeux de la galerie amusée, ils ont tenu la plume pour M. Cardinal.

Mais le mérite principal de M. Brunetière est d'avoir su rendre vivants nos grands classiques : les Bossuet, les Descartes, les Pascal, les Molière, les Racine, nous apparaissent en pleine mêlée, profondément humains, passionnés, et comme une comparaison se fait avec les maîtres d'aujourd'hui, l'humilité devient presque facile pour ceux-ci.

Le xviiie siècle offrait des difficultés bien plus grandes encore que le xviie, à un critique héritier de Boileau. Au fond, jusqu'à ces dernières années, nous n'étions pas bien sûrs du rang que devait occuper Voltaire dans l'histoire générale de la littérature. La Harpe, Michelet, Paul Albert, Lacordaire lui-même, hélas ! -nous avaient si souvent et si gravement trompés, que de leurs erreurs il était resté quelque chose. Le prétendu roi Voltaire continuait à fasciner le monde. M. Brunetière — bien aidé en cela par M. Faguet — a su dire ce que vaut au juste cette royauté : désormais, nous sommes fixés.

La tâche de M. Brunetière, quand il arrive au xix° siècle, devient tout à fait écrasante, et, on peut le craindre, un peu hors de proportion avec les forces d'un seul homme. Boileau n'avait pas, en somme, à faire un grand effort pour connaître, je ne dis pas de son siècle, mais de cette partie de son siècle sur laquelle il exerçait une direction effective. De nos jours, la production littéraire est effrayante, sans compter qu'il faut se tenir au courant du mouvement des esprits dans les pays voisins. C'est pourquoi il conviendrait peut-être de faire un choix dans les œuvres critiques de M. Brunetière qui se rapportent au xix° siècle. La partie positive de son œuvre pourrait bien n'être pas définitive. Je ne prétends pas que M. Brunetière se soit trompé sur les lyriques de ce siècle ; mais j'ai de la peine à croire qu'aucun de ses jugements n'ait besoin d'être revisé. Bien qu'il n'ait jamais écrit rien de plus éloquent ni de plus vigoureux que cette étude sur l'évolution de la poésie lyrique, il ne semble pas qu'il aille toujours à l'essentiel de son sujet, et d'autre part il en prend, en vérité, un peu trop à son aise avec l'histoire de la littérature, sur laquelle il se livre — on serait tenté de dire presque *in anima vili* — à des expériences évolutionnistes.

Que vaut au juste la théorie de l'évolution ? personne ne le sait peut-être bien. Mais, même en admettant qu'elle ait une grande valeur philosophique, on n'est pas tenu de croire qu'elle offre de sérieux avantages à l'historien de la littérature. Tandis que paraissaient, dans la *Revue bleue*, les conférences de M. Brunetière, on se faisait une joie de connaître son opinion sur les maîtres contemporains. Or, il nous parlait d'eux et de leurs œuvres, sans doute, mais plus encore des rapports qui les unissaient les uns aux autres, aux yeux du philosophe évolutionniste. Eh bien ! non, ce n'était pas cela. Sans parler des lacunes et des hors-d'œuvre qu'entraînait une telle méthode, la lecture de ces conférences est déconcertante. Elle ne produit pas cette sensation de certitude qui suit d'ordinaire le verbe de M. Brunetière.

En revanche, aucun doute n'est possible sur ce qu'on pourrait appeler la partie négative de la mission de M. Brunetière. Comme Boileau son maître, il n'a cessé de combattre, avec autant de véhémence que de talent, tout ce qui est de nature à altérer l'esprit français ou à le faire dévier de sa route. Ni le charme de la nouveauté, ni l'audace de la réclame littéraire, ni la puissance des coalitions ne l'ont arrêté un seul instant. Il a combattu, et nous pouvons bien ajouter, vaincu les érudits qui menaçaient d'une nouvelle invasion des barbares la république des lettres, les baudelairiens, les représentants des salons attardés, les hugolâtres, les débris du romantisme, les fanatiques de Voltaire, la plupart des auteurs dramatiques, et bien d'autres encore. En jetant un regard sur le passé, M. Brunetière peut se rendre ce témoignage qu'il a combattu le bon combat, et qu'il a sauvé les plus saines traditions littéraires de la France.

Toujours semblable à son ancêtre Nicolas, après avoir signalé à ses contemporains l'erreur et le mal, M. Brunetière s'est efforcé de leur indiquer le vrai et le bien, et dans cette nouvelle tâche, sans toutefois négliger les hommes et les œuvres, il a voulu principalement mettre en lumière les idées. Mais comme les temps ont changé depuis le xviie siècle, il a dû mêler si bien à la littérature l'histoire la morale et la religion, que, dans ses travaux les plus récents, il s'est révélé philosophe. J'ai dit philosophe, et non penseur, comme le voudrait aujourd'hui l'usage. De ces deux mots, M. Brunetière ne peut supporter que le premier. Il sait pourtant quel abus en fut fait, au siècle dernier ; et lui-même il a dû écrire une moitié de chapitre pour en établir le sens vrai, au détriment de Descartes et en faveur de Bossuet. Toujours est-il que, philosophe, comme il veut qu'on l'appelle, ou penseur malgré lui, M. Brunetière excelle à remuer les idées, et les plus fortes et les plus hautes. C'est à ce dernier point de vue que je voudrais l'étudier ; on a tout dit, en effet, sur le critique ; on ne s'est pas assez occupé du philosophe.

D'abord, il ne faut pas se faire de la philosophie même une idée trop courte et trop étroite. « Car la phi-« losophie consisterait-elle donc à discuter seulement « si les qualités de la matière sont en elle ou en nous ; « si l'espace et le temps sont des « choses » ou de « pures conditions de notre sensibilité ? Ces sortes de « questions, dont je ne méconnais pas l'intérêt, ont « quelque chose de trop « scolastique » au vrai sens, « au sens étymologique du mot, et je veux dire par là « qu'en dehors de l'école, ni l'intérêt n'en est compris, « ni peut-être n'en est réel... Quelque opinion que Bos-« suet, dans ses ouvrages que l'on appelle philoso-« phiques, ait donc exprimée sur des questions de ce « genre, elles ne sont pas sa « philosophie ». Comme « la philosophie de Voltaire, c'est dans l'ensemble de « son œuvre que la philosophie de Bossuet est éparse « ou plutôt diffuse. Tout autant que dans le *Traité de* « *la Connaissance de Dieu*, c'est dans son *Discours sur* « *l'Histoire universelle* qu'il nous la faut chercher, et « au besoin dans son *Histoire des Variations protestantes.*

« Elle est encore dans son *Instruction sur les états d'o-*
« *raison* ou dans sa *Politique tirée des paroles de l'Écri-*
« *ture sainte.* Là est sa métaphysique, là sa logique, et
« là sa psychologie. Là surtout, pour mieux dire, est sa
« conception de la vie, sa manière de résoudre l'énigme
« de la destinée ; là sont les principes de sa morale, et
« là enfin tout ce qu'il convient d'envelopper sous ce
« nom de sa philosophie, quand on parle d'un homme
« qui, pendant plus d'un demi-siècle, a plus agi que
« discouru et moins disserté que lutté. »

Ne craignons pas d'appliquer à M. Brunetière cette
manière d'entendre la philosophie : elle lui convient de
toute façon si, comme je le crois, il a compris et expliqué, souvent avec bonheur, la pensée profonde de
tous les grands maîtres de la littérature, depuis Pascal
jusqu'à M. Taine, en passant par Bossuet, Bayle, Montesquieu, Rousseau et Voltaire. Il nous importe grandement de connaître les causes, la nature et l'étendue
de leur influence sur la direction des idées en France
et dans le monde entier. Chercher à acquérir cette
connaissance, c'est vraiment philosopher.

Tous les lettrés ont lu l'œuvre si courte et si intéressante de Pascal ; peu se flattent avec raison de l'avoir
comprise ; mais combien ont étudié sérieusement les
questions historiques, théologiques, morales et biblio-
graphiques qui se rattachent aux *Provinciales* et aux
Pensées ? M. Brunetière les discute avec une magistrale
compétence. Il n'a pas craint, en ce siècle qui se croyait
jadis fils de Voltaire, il n'a pas craint de se constituer
l'avocat des casuistes.

Sans doute, il a une manière de les défendre parfois
un peu étrange, et à la fin de son plaidoyer il en appelle
contre eux à la vertu du xx° siècle ; mais il explique
assez bien la nécessité de leur ministère et les rai-

sons qu'ils avaient d'en adoucir la rigueur. Je ne sais si tous les intéressés s'accommoderont de ce plaidoyer ; mais peut-être feraient-ils sagement de prendre d'abord acte de tout ce que M. Brunetière dit de favorable à leur cause ; plus tard, ils le compléteraient et le corrigeraient.

A l'encontre de M. l'abbé Maynard et de quelques-uns de ses disciples, M. Brunetière cherche à établir une connexité assez étroite entre les *Provinciales* et les *Pensées*. De quel côté est la vérité ? Il semble que ce soit du côté de M. Brunetière, et je ne vois pas pourquoi ceux d'entre les catholiques qui le pensent hésiteraient à le dire. L'Église a assez de gloires certaines pour ne pas revendiquer celles dont la propriété est douteuse. Elle n'a jamais considéré les *Provinciales* comme une œuvre catholique ; elle ne peut pas non plus faire siens certains passages des *Pensées*, soit parce que le sens n'en est pas assez clair, soit parce qu'il l'est trop. Quant à l'idée générale du livre, personne ne peut se flatter de l'avoir saisie. Enfin, il n'est pas du tout vraisemblable que l'auteur des *Provinciales*, hôte et ami de Port-Royal, ait fait de grands efforts, dans la seconde partie de sa vie, pour se dépouiller de son jansénisme. Nous savons bien qu'il est mort après une confession équivoque, presque en révolté, au moment même où il allait prendre la direction de la résistance aux ordres venus de Rome. Dès lors, pourquoi s'obstiner à opposer aux *Pensées* les *Provinciales*, que l'auteur n'a jamais désavouées sérieusement ? Si nous voulons user de ce que nous considérons comme un droit sur les premières, il faut, à tout le moins, nous résigner à en partager la propriété avec les jansénistes

On ne peut se défendre d'une profonde tristesse en

lisant les savants et copieux chapitres que M. Brunetière a consacrés à Pascal. Pauvre grand homme ! Il a
contristé les catholiques durant sa vie, et même après
sa mort, il a fourni des armes à leurs ennemis. Ceux-
ci ont d'abord essayé de le faire passer pour fou ; puis,
ils l'ont proclamé libre penseur ou peu s'en faut :
exagérations ridicules dont on a fait justice. Mais voilà
qu'un critique, qui n'a rien de commun avec l'anticléricalisme d'un Condorcet ou d'un Lélut, vient, pour
ainsi dire, nous faire toucher du doigt le rapport qui
existe entre les *Provinciales* et les *Pensées*. Même si
nous rejetons les conclusions de M. Brunetière, nous
sommes forcés de reconnaître qu'on a beaucoup de
peine à faire le départ de ce qui, chez Pascal, est vraiment catholique et de ce qui semble imprégné de jansénisme. Et cela seul est fort triste.

On sait que M. Brunetière professe pour Bossuet un
amour profond, une admiration sans réserve, presque
un culte. A l'heure actuelle, c'est lui qui remplit le rôle
de grand prêtre dans cette religion nationale dont
Sainte-Beuve, Nisard et leurs innombrables disciples ou
successeurs ont promulgué les dogmes. Il y a plaisir à
suivre les exercices de sa liturgie.

M. Brunetière s'attache surtout à la philosophie du
grand évêque : « Entre tous les dogmes de la religion,
« s'il en est un qu'il (Bossuet) ait pris à cœur d'établir
« et de fortifier, c'est celui de la Providence. Bossuet
« est éminemment le philosophe ou le théologien de
« la Providence. Son œuvre entière, vue d'assez haut,
« n'est qu'une apologie de la religion chrétienne par le
« moyen de la Providence. Et depuis ses premiers *Ser-*
« *mons* jusqu'à sa *Politique tirée des paroles de l'Écri-*
« *ture sainte,* s'il est une idée qui reparaisse dans tous
« ses ouvrages, qui en éclaire l'intention, pour en

« recevoir, à son tour, une lumière nouvelle, et qu'il
« excelle à ramener où et quand on l'attendait le moins,
« c'est l'idée de Providence. »

M. Brunetière développe sa thèse avec une abondance de preuves et une hauteur de vues qui ravissent.
Que de belles pages ! Elles resteront, j'en suis sûr, dans
l'histoire des lettres françaises, comme le commentaire
le plus digne de la grande parole de Bossuet.

Cependant, j'oserai n'être pas de l'avis de M. Brunetière. Sans doute, Bossuet s'est approprié l'idée de
Providence ; sans doute, dans cette idée générale de
Providence on peut faire entrer une grande partie de
ses œuvres. Mais il est permis de demander si cette
manière d'arranger les écrits de Bossuet n'a pas quelque chose d'artificiel. Est-ce qu'il n'a pas eu toujours
une prédilection visible pour d'autres idées, par exemple, pour l'idée de Tradition ? Celle-ci, je le veux bien,
a moins d'extension que l'idée de Providence ; mais elle
est plus au cœur du christianisme, car nous connaissons des hommes qui ne sont pas chrétiens et qui ad-
mettent, dans une certaine mesure, l'idée de Providence. Il faut voir, d'autre part, avec quelle ardeur
Bossuet défend le principe de la Tradition dans cet
admirable ouvrage, *Défense de la Tradition et des Pères*,
que M. Brunetière cite trop peu souvent, à mon gré. Le
Discours sur l'Histoire universelle et surtout l'*Histoire
des Variations* s'expliquent pour le moins aussi bien
par l'idée de Tradition que par l'idée de Providence,
et, sans avoir à forcer beaucoup les textes, on pourrait
en dire autant de la polémique avec Fénelon, des Sermons et de presque tous les autres écrits du grand
évêque.

Mais vouloir subordonner toute son œuvre à une idée
maîtresse, c'est s'exposer à aller contre ses intentions.

Richard Simon avait essayé un jour de faire la part du génie de saint Augustin, et il avait présenté l'évêque d'Hippone à ses lecteurs comme une sorte de spécialiste. Bossuet s'indigna de cette tentative comme d'un sacrilège : il consentit à reconnaître que chacun des autres Pères n'était pas universel ; il confessa que saint Athanase, par exemple, qui ne le cède en rien à aucun des Pères en génie et en profondeur, et qui est, pour ainsi parler, l'original de l'Église dans les disputes contre Arius, ne s'étend guère au delà de cette matière. Mais il ne voulut pas d'étiquette pour son maître préféré : « Dieu, dit-il, a permis que saint Augustin ait eu
« à combattre toutes sortes d'hérésies. Le manichéisme
« lui a donné l'occasion de traiter à fond de la nature
« divine, de la création, de la Providence (1), du néant
« dont les choses ont été tirées, et du libre arbitre de
« l'homme où il a fallu chercher la cause du mal ; enfin
« de l'autorité et de la parfaite conformité des deux
« Testaments : ce qui l'obligeait à repasser toute l'Écri-
« ture, et à donner des principes pour en concilier
« toutes les parties ; le donatisme lui a fait traiter
« expressément et à fond l'efficacité des sacrements et
« l'autorité de l'Église. Il a plu à M. Simon de décider,
« par sa puissance absolue, qu'il n'a rien dit sur la Tri-
« nité, qui n'ait été traité plus à fond par les auteurs
« grecs. Rien ne serait plus facile que de le confondre
« par lui-même ; mais en lui laissant cette affectation
« de décider sur les Pères et de les commettre, je dirai
« que saint Augustin ayant eu à combattre les ariens
« en Afrique, il a si bien profité du travail des Pères

(1) Je ferai remarquer à M. Brunetière que Bossuet n'attache pas ici à l'idée de Providence une importance exceptionnelle : il la met sur le même plan que celles qui précèdent et que celles qui suivent.

« anciens dans les questions importantes sur la Tri-
« nité que les disputes d'ariens avaient rendues célè-
« bres dans toute l'Église, que par sa profonde médita-
« tion sur les Écritures il a laissé cette importante
« matière encore mieux appuyée et plus éclaircie
« qu'elle n'était auparavant. Il a parlé de l'incarnation
« du Fils de Dieu avec autant d'exactitude et de pro-
« fondeur qu'on a fait depuis à Éphèse... Nous allons
« parler dans un moment de la secte pélagienne, entiè-
« rement renversée par saint Augustin. Sans prévenir
« ce qu'on en doit dire plus amplement dans la suite,
« on sait qu'elle a donné lieu à ce docte Père de sou-
« tenir le fondement de l'humilité chrétienne, et, en
« expliquant à fond l'esprit de la nouvelle alliance, de
« développer par ce moyen les principes de la morale
« chrétienne, en sorte que tous les dogmes, tant spécu-
« latifs que pratiques, de religion ayant été si profon-
« dément expliqués par saint Augustin, on peut dire
« qu'il est le seul des anciens que la divine Providence
« a déterminé, par l'occasion des disputes qui se sont
« offertes de son temps, à nous donner tout un corps
« de théologie, qui devait être le fruit de sa lecture
« profonde et continuelle des livres sacrés. »

Il n'est aucune de ces lignes qui ne convienne à Bossuet lui-même ; bornons-nous donc à constater qu'il
nous a donné tout un corps de docte théologie. En
essayant d'aller plus loin, comme le veut M. Brunetière, nous risquerions d'encourir le blâme qui atteint
Richard Simon.

A Bossuet s'oppose, qui donc ? Voltaire ? Non pas,
mais Bayle. Au début de sa carrière, M. Brunetière, un
peu trompé par les apparences, avait établi un docte
et symétrique parallèle entre Bossuet et Voltaire, ce
qui était bien un trop grand honneur pour celui-ci. Il

a reconnu son erreur depuis, et il a appris au monde littéraire que le véritable inspirateur du xviii° siècle, c'est Bayle. Ce chapitre sur Bayle contraste on ne peut plus heureusement avec le précédent, et le complète.

Où Bossuet affirme, Bayle doute ou nie. La méthode, le ton, la personnalité des deux écrivains ne présentent pas une moindre dissemblance. Avec son érudition indigeste — sans parler de son manque de sens moral et de goût — Bayle, plus remarquable par la souplesse de son esprit que par sa justesse, méritait à tous égards d'incarner la négation.

Il n'est que juste de le mettre à côté de Bossuet, comme l'ombre à côté de la lumière. Toutes les sympathies de M. Brunetière — est-il besoin de le dire? — vont à la personne et au génie de Bossuet; mais il semble bien que sur certains points essentiels et pour préciser, sur les dogmes constitutifs du catholicisme, M. Brunetière pense comme Bayle. Cela peut s'appeler largeur d'idées, puissance de compréhension, haute philosophie. Le lecteur se demande tout de même si ce n'est pas de l'impuissance à concilier deux faits intellectuels d'inégale importance. On a beau se moquer de ceux qui s'obstinent à dire, en dépit de tous les *criticistes* : blanc c'est blanc, noir c'est noir, Bossuet, je crois, est de ceux-là, et s'il pouvait lire certaines pages de M. Brunetière, il n'en serait pas médiocrement scandalisé.

Par le fait même qu'il plaçait si haut Bayle, M. Brunetière déclassait Voltaire, comme le corps du génie déclasse aujourd'hui les vieilles forteresses qui ont passé longtemps pour imprenables. C'en est bien fait de la fameuse légende du vieux patriarche de Ferney.

Personne ne songe à contester les talents multiples de Voltaire ; mais tout le monde sait maintenant que ce prétendu inspirateur n'était, en définitive, qu'un grand vulgarisateur; il n'a pas créé le mouvement intellectuel du XVIIIe siècle, il l'a seulement suivi, et si, dans sa longue carrière, il a réussi à mettre en circulation quelques idées nouvelles, il n'en est pas moins prouvé que ces idées n'ont qu'une très faible valeur.

Enfin, satisfaction très douce, les catholiques peuvent le traiter de fripon et de pauvre sire, sans qu'on les accuse d'y mettre du parti pris. Toute la conclusion de M. Brunetière sur Voltaire mérite d'être retenue: « En Voltaire vous aurez beau chercher, vous ne trou- « verez rien d'unique, *divinæ particulam auræ*, rien qui « ne fût avant lui dans le monde, rien qui en fasse quel- « que chose d'autre ou de plus que l'expression de son « milieu... Je pense que, si l'histoire est une justice, il « est équitable de rendre à chacun sa part, et de ne « pas faire à un seul homme les honneurs d'un siècle « tout entier. Je sais bien que l'action de toute une ar- « mée s'attribue au chef qui la commande ; mais encore « — et quoiqu'ils marchent tous deux en tête de leur « troupe — ne faut-il pas confondre le trompette avec « le général. Voltaire n'a été que le trompette ou le « clairon retentissant de l'esprit du XVIIIe siècle,

Comme il sonna la charge, il sonna la victoire,

« et les échos en retentissent encore. Mais, s'il a pris « part au combat, ce n'est pas lui qui en a arrêté les dis- « positions ; ce n'est pas lui qui l'a livré sur le point « décisif, ce n'est pas lui enfin qui l'avait préparé de « loin et rendu comme inévitable. »

Il serait trop long de suivre M. Brunetière dans ses autres études si documentées et si intéressantes sur les grands maîtres de la littérature française. Je regrette particulièrement de ne pouvoir m'arrêter sur Molière et Jean-Jacques Rousseau. J'ai cru devoir parler de Pascal, de Bossuet, de Bayle, et, par voie de conséquence, de Voltaire, parce qu'il fallait choisir des exemples caractéristiques.

Le grand public n'hésite pas à juger un homme qui loue Bossuet avec tant d'enthousiasme et ne craint pas de dire son fait à Voltaire. Cet homme, évidemment, appartient à la réaction. Ainsi, du moins, l'ont jugé les étudiants qui, l'année dernière, crurent devoir troubler par des manifestations parfaitement stupides les conférences de la Sorbonne. Nombre de dames pieuses, habituées du grand amphithéâtre, n'étaient pas loin de penser de même.

Est-il vrai cependant que les chrétiens aient le droit de compter M. Brunetière parmi leurs alliés ?

Sur le terrain historique, nul plus que lui ne nous a débarrassés des préjugés prud'hommesques qui ont fait tant de mal à la moyenne des Français, durant les soixante premières années de ce siècle. Qu'il s'agisse du XVIIe siècle ou du XVIIIe, de la Révolution ou de l'importance de la théologie dogmatique, M. Brunetière s'exprime souvent, sinon comme un catholique, du moins comme un avocat des catholiques. Et il réussit là où avaient échoué, au moins partiellement et en apparence, les Veuillot, les Dupanloup, les Montalembert et les Lacordaire. Ce vulgaire anticléricalisme qui, depuis Béranger, Émile Augier et Eugène Sue, triomphait dans presque toute la presse, a reçu d'un incrédule des coups dont il ne se relèvera probablement jamais. Nous ne saurions trop remercier et louer M. Brunetière de la part qu'il prend à la défense de certaines idées sociales, historiques, religieuses et morales.

Mais s'il s'agit de sa pensée intime sur le christianisme

et surtout de sa méthode de travail, il convient de faire de très grandes réserves. Pour nous, croyants, ne nous le dissimulons pas, M. Brunetière est un ennemi, un ennemi très redoutable, le plus redoutable de tous à l'heure présente, parce qu'il est le mieux armé, le plus influent et le plus difficile à combattre. A propos d'Octave Feuillet, si je ne me trompe, il a fait une déclaration publique et très catégorique d'incrédulité. Il ne faut pas entretenir d'illusion sur l'importance de ce fait, qui ne détonne pas du tout — malheureusement — dans une carrière littéraire et philosophique dont l'unité frappe les moins attentifs ; appliquons-nous à en connaître la portée exacte, et puis voyons quelle attitude les catholiques doivent prendre vis-à-vis de M. Brunetière.

Nous avons beau jeu, nous, croyants, avec un Voltaire et un Victor Hugo. Le premier était un si parfait fripon et un si médiocre théologien, le second a laissé échapper sur les choses de la religion de si étonnantes inepties, que les sympathies d'un lecteur éclairé vont toujours à leurs ennemis. Candide et Olympio servent aujourd'hui l'Église, comme les ilotes ivres de Sparte contribuaient au triomphe de la tempérance. Nous avons beau jeu, jusqu'à un certain point, avec un homme comme M. Renan, mais pour des raisons que je ne puis développer aujourd'hui. Il n'en va pas de même avec M. Brunetière. Voilà un penseur, lequel est en même temps un érudit, un critique, un historien, qui avec un talent admirable défend nos grands hommes et confond leurs adversaires. Quand nous voulons le traiter comme l'un des nôtres, il se dérobe, ou plutôt il nous repousse. Pourquoi cela ? Comment se fait-il que cet admirateur passionné et intelligent de Bossuet n'ait pas la foi ?

A plusieurs reprises, M. Brunetière a parlé de cette

passion de savoir — *libido sciendi* — qui est comme le péché des hautes intelligences. Il n'ignore sans doute pas le précepte de saint Paul — *sapere ad sobrietatem,* — et il prend un plaisir évident à le violer tous les jours. Mais ce désir excessif de comprendre toujours, de comprendre quand même, se complète chez M. Brunetière d'un goût excessif, je crois, pour la logique. Lui qui connaît si bien Molière, il abuse du raisonnement, il y trouve une jouissance à la fois subtile et profonde et quelquefois une véritable ivresse. De telles dispositions intellectuelles sont très fâcheuses chez un homme qui s'occupe volontiers de questions religieuses. Que la raison suffise aux vérités mathématiques, cela peut s'admettre, encore que certains mathématiciens aiment à parler de l'imagination et de l'intuition Mais en matière religieuse, la raison a besoin d'un secours extérieur; réduite à ses seules forces, elle est souvent impuissante.

Quelques exemples serviront peut-être à faire entendre ma pensée.

Nous lisons dans l'Évangile des paroles comme celles-ci : « Heureux ceux qui souffrent! Heureux ceux qui pleurent, car ils seront consolés!... Aimez-vous les uns les autres. » Est-ce que vraiment la science, la raison (je dis la plus haute), l'habitude de jouer avec les idées générales aident à mieux comprendre et sentir ces choses divines? Elles inspireront à une pauvre femme ignorante le désir efficace de se résigner ou de devenir meilleure, tandis qu'elles ne seront pour un penseur qu'une matière à développements.

On voit donc peut-être ce que je voudrais dire avec une clarté plus grande. S'il s'agit de discuter tel chapitre de philosophie ou de théologie, les connaissances générales et la force du raisonnement trouvent naturellement leur emploi. Mais quand il ne faut que se faire une conviction, c'est-à-dire choisir entre la foi et l'incrédulité, toutes les facultés entrent en jeu, la sensibilité et la volonté autant ou plus que l'intelligence. L'erreur de nos intellectuels est de se décider sur la foi, avec leur seule raison.

M. Brunetière compte parmi ceux qui se trompent le plus gravement. Ne vivant que pour l'absolu et exclusif développement de ses facultés rationnelles, il est devenu une sorte de phénomène dans le monde moral : il a laissé s'atrophier ces dons indéfinissables de l'âme, par lesquels nous communions avec les humbles et les malheureux. Jamais il n'est question des petits dans les volumes si doctes de M. Brunetière ; les médiocres n'ont que des railleries méritées, certes, mais un peu dures. On voudrait un peu plus d'indulgence, non pas pour l'erreur, mais pour les personnes qui l'accueillent faute d'être bien renseignées. Il s'y prenait tout autrement, ce Bossuet dont M. Brunetière aime à suivre les exemples. A propos d'une lecture pieuse, ou de la mort de Madame, ou de la naissance du Sauveur, il laissait échapper des cris touchants de compassion ou d'amour. M. Brunetière, lui, se contient ; devant nous, il ne veut que raisonner et penser. Croit-il qu'à garder toujours cette attitude on ne risque pas de mutiler son âme ? Cela est si vrai qu'il ne paraît pas avoir vu, chez son Bossuet, tout ce qu'il y a de virile tendresse, d'idéalisme ardent et chaste ! Toutes les fois que le grand évêque parle de la Sainte Vierge, il trouve des accents doux et profonds, tout pénétrés de la poésie évangélique ; Bossuet a senti et expliqué, mieux que personne au monde, l'amour de Celle qui est seule Immaculée, et il a chanté, en l'honneur de la Mère de la science et des nobles amours, ses hymnes les plus ravissants. Qu'on lise seulement ceci : « Peuples chrétiens,

« élevons d'un commun accord nos cœurs et nos voix
« pour lui chanter un cantique de louanges. C'est vous
« qui êtes le refuge des pécheurs et la consolation des
« affligés. Lorsque Dieu, touché des misères du genre
« humain, envoya son Fils au monde, ce fut dans vos
« entrailles qu'il opéra ce miracle incompréhensible.
« Il donna Jésus-Christ aux hommes par votre moyen ;
« mais s'il le leur donna comme Maître et comme
« Sauveur, l'amour éternel qu'il avait pour vous lui
« fit concevoir d'autres desseins en votre faveur. Il a
« ordonné qu'il fût à vous en la même qualité qu'il lui
« appartient ; que vous engendrassiez dans le temps
« Celui qu'il engendre continuellement dans l'Éternité,
« et pour contracter avec vous une alliance immortelle,
« il a voulu que vous fussiez la mère de son Fils unique
« et être le Père du vôtre. O prodige, ô abîme de cha-
« rité ! qui nous donnera des conceptions assez hautes
« pour représenter quelles amours, quelles complai-
« sances il a eues pour vous, depuis que vous lui
« touchez de si près par ce nœud inviolable de votre
« sainte alliance, par ce commun Fils, le gage de vos
« affections mutuelles que vous vous êtes donné amou-
« reusement l'un à l'autre ; lui plein d'une divinité
« impassible, vous revêtue, pour lui obéir, d'une chair
« mortelle ? C'est vous que le Saint-Esprit a remplie
« d'un germe céleste par de chastes embrassements ;
« et se coulant d'une manière ineffable sur votre corps
« virginal, il y forma Celui qui était l'espérance d'Is-
« raël et l'attente des nations ; qui, étant entré dans
« vos entrailles comme une douce rosée, en sortit
« comme une fleur de sa tige, ou comme un jeune
« arbrisseau d'une terre vierge, sans laisser de façon
« ni d'autre de vestige de son passage, pour accomplir
« ainsi cette prophétie de David : Il descendra comme

« une pluie et comme la rosée qui dégouttera sur la
« terre ; et cette autre d'Isaïe : Il s'élèvera comme une
« fleur et comme une racine d'une terre desséchée. »

M. Brunetière n'ignore pas les pages de ce genre,
délicieuses entre toutes les pages écrites par Bossuet et
uniques, en un sens, dans l'histoire de la littérature ;
mais il ne leur accorde pas l'importance proportionnelle
qu'elles méritent.

Cette lacune de sa critique nous aide à comprendre
les lacunes, autrement graves, de sa philosophie.
M. Brunetière a voulu monter, monter, et de fait, il
peut se flatter aujourd'hui d'avoir gravi des hauteurs
d'où son œil pénétrant embrasse d'assez vastes horizons. Mais aussi quelle solitude désolée l'environne !
Comme le Prométhée d'Eschyle, il blasphème sur son
rocher le Dieu dont les ministres torturent son âme.
Ces ministres s'appellent l'ignorance de l'au-delà et le
pessimisme : ils ont pour mission de châtier l'orgueil
moderne. Car M. Brunetière professe le pessimisme
désolant d'Alfred de Vigny :

> Seigneur, vous m'avez fait puissant et solitaire,
> Laissez-moi m'endormir du sommeil de la terre.

Il en veut à Dieu du silence éternel de ces espaces
infinis qui nous entourent et, pour ainsi dire, nous op-
priment ; et il se renferme, farouche, dans un stoïcisme
dur. Pour se consoler de cette vie décevante par delà
laquelle il ne perçoit rien, privé qu'il est des lumières
de la foi, il se donne deux sortes de plaisir : l'effort moral, considéré en lui-même indépendamment de toute
sanction, et le raisonnement.

La plus grande joie qu'on puisse goûter en ce monde,
d'après M. Brunetière, c'est de pousser un raisonnement jusqu'au bout. Maigre festin. Faut-il s'étonner,

après cela, que M. Brunetière soit triste ? Si le portrait que la *Revue verte* donna de lui — il y a deux ans — est fidèle, l'expression de sa physionomie ne dément pas son état d'âme. Comme le pli de la bouche est douloureux ! Ce travailleur a dû bien souffrir avant d'arriver au succès !

Et le succès qu'on lui offre se présente sous une forme bien austère. Le jour de sa réception à l'Académie française, M. le comte d'Haussonville crut devoir rappeler les jours malheureux où le jeune Ferdinand Brunetière faisait la claque dans les théâtres. Ce petit fait, où se manifeste avec une force singulière l'âpreté de la lutte pour la vie, est peut-être plus significatif qu'on ne pense. Il semblerait prouver que, même en plein succès, amis, ennemis et indifférents ne traitent pas M. Brunetière comme il conviendrait. On s'obstine à ne voir en lui qu'un batailleur et une sorte de régent qui connaît ses classiques, mais qui écrit mal. Ne l'a-t-on pas appelé cacologue ?

Pour mon compte, si M. Brunetière inquiète ma foi par la tristesse hautaine de sa pensée, j'avoue que son style me plaît infiniment. Sans doute, on trouve du pédantisme dans ses écrits de jeunesse ; mais, dans ses sermons de Metz, Bossuet n'a pas toujours su éviter les exagérations de toute sorte, les excès d'érudition et le mauvais goût. Laissons donc les œuvres où, dans son enthousiasme de bibliophile et de grammairien, M. Brunetière affectait l'archaïsme, comme un candidat à l'agrégation (1). La langue, dans ses dernières

(1) Cependant M. Brunetière n'a préparé aucun examen : il s'en glorifie avec une pointe de dédain pour ceux qui ont peiné de longues années en vue du diplôme. Il y a peut-être là un peu d'ingratitude. M. Brunetière ne recrute-t-il pas ses lecteurs, particulièrement, parmi les gens à diplôme ?

œuvres, n'est pas seulement savante, elle est admirable de virtuosité. Possédant pleinement son sujet et sûr d'imprimer à sa pensée une direction déterminée, M. Brunetière dit tout ce qu'il veut, quand il le veut, avec de prodigieux effets de réticence et d'allusion. Ceux qui le dénigrent oublient trop que la netteté est le vernis des maîtres. Les meilleurs d'entre les écrivains contemporains se laissent aller très souvent à l'esprit facile et à la bonhomie vulgaire ; ils prennent plaisir à rechercher les ornements qui ne sont qu'ornements. Jamais M. Brunetière ne commet de ces négligences ; il parle toujours comme s'il s'adressait à des lecteurs réfléchis, instruits et bien élevés. Les décadents de toute école qui font la loi au Quartier Latin et dans le monde du boulevard vantent sans cesse les charmes de leurs tours d'ivoire. Ils ne se doutent pas, le moins du monde — ces philistins inconscients — que celle de M. Brunetière est la plus haute. Seulement, comme le maître de la maison est hospitalier, les curieux qui ne craignent pas les difficiles ascensions peuvent jouir du spectacle. Lisez, je vous prie, la page suivante, et dites si on peut imaginer un mélange plus heureux de modération et de force, de justesse et de liberté, d'équilibre et d'harmonie savante, de sobre et vraie éloquence.

« C'est, en effet, une question de savoir si l'on peut
« entièrement détacher la morale d'une conception géné-
« rale du monde ; et, au contraire, on pourrait penser
« que toutes choses, comme dit Pascal, étant causantes
« et causées, il y a plus de rapports que Bayle ne le
« veut bien dire — de plus étroits et même de vraiment
« nécessaires — entre la théorie spinosiste de la sub-
« stance, et l'usage que l'homme doit faire de ses pas-
« sions ou de sa liberté. Mais ce qui est certain, ce que

« l'expérience de l'histoire ne nous permet pas de nier
« ou de discuter seulement, c'est qu'une morale repose
« toujours et nécessairement sur une conception dé-
« terminée de la vie et de l'homme. Si l'on place l'objet
« de la vie en elle-même, c'est-à-dire si l'on le borne
« à ce que peut enfermer de plaisir ou de bonheur le
« court espace d'une vie humaine, quelque définition
« que l'on donne, après cela, du bonheur ou du plaisir,
« il est bien évident que la morale qu'on en tire im-
« plique une opinion plus ou moins raisonnée sur la
« nature de l'homme, sur la vie future — et par suite
« sur l'existence, en même temps que sur les attributs
« de Dieu.

> Aimons donc ! Aimons donc ! De l'heure fugitive
> Hâtons-nous ! jouissons.
> L'homme n'a pas de port, le temps n'a pas de rive,
> Il coule, et nous passons.

« Si ces vers étaient un conseil, évidemment ce ne
« serait pas celui de se mortifier, et non moins évidem-
« ment ils impliqueraient que l'homme a été mis sur
« la terre, non point pour y travailler, *ut operaretur*
« *eam*, mais pour en jouir ; — ce qui est une solution
« du problème de la destinée. En d'autres termes en-
« core, une manière de vivre est une manière de philo-
« sopher sans le vouloir, sans le savoir, dont il importe
« assez peu que ceux qui la pratiquent voient clairement
« les liaisons ensemble, ou connaissent la formule ab-
« straite ; mais c'en est bien une. La grande erreur
« de Bayle est, en voulant émanciper la morale de la
« servitude ou de la dépendance de la philosophie, d'en
« avoir plutôt rétréci qu'élargi la base, et surtout d'en
« avoir comme abaissé le ciel. »
Que réserve l'avenir à M. Brunetière ? On ne se le

demanderait même pas si on était sage. Cependant, il arrive parfois qu'il faut se prononcer, une opinion sur une œuvre comme celle de M. Brunetière impliquant et des craintes et des espérances par rapport à un avenir éloigné.

Sa gloire littéraire subira peut-être quelques éclipses momentanées; mais elle pourrait bien subsister autant que la littérature française elle-même. Le nom de M. Brunetière demeure à jamais attaché au nom des plus grands maîtres. Quant à l'influence de ses écrits, elle passera sans doute par des alternatives diverses. Le cosmopolitisme envahit trop la littérature pour que le goût et les traditions de la France n'en souffrent pas, un moment ou l'autre. La délicatesse nationale risque de s'émousser au contact des idées et des mœurs étrangères. Il peut se faire qu'un jour, des jeunes gens aussi décisifs qu'ignorants traitent M. Brunetière de polisson, comme cela s'est vu pour Racine et pour Boileau. Puis, une réaction se produira. Cosmopolis ne paraît pas apprécier à sa juste valeur le génie français; mais elle tient quand même à subir sa domination. En outre, les étrangers qui savourent aujourd'hui les romans de M. Georges Ohnet et de M. Émile Zola finiront par mieux connaître notre langue, et alors, espérons-le, les rares professeurs qui, durant la tourmente, seront restés fidèles à la cause de M. Brunetière verront luire de beaux jours. Je parierais volontiers que la gloire de l'austère critique a des chances de durer et de grandir.

Deux hommes dominent de haut cette seconde moitié du xix⁰ siècle : M. Taine et M. Renan. Que leurs innombrables admirateurs me pardonnent cette hérésie, on a le droit, je crois, de se demander si la postérité ne modifiera pas un peu le jugement des contemporains. Les matériaux immenses que M. Taine a réunis se

dressent encore devant nos yeux avec une hardiesse
superbe, qui nous enchante ou nous déconcerte. Mais,
comme le merveilleux architecte a abusé des tours de
force, son monument, construit contre toutes les règles
de la pesanteur, menace de se transformer avant longtemps en une ruine grandiose et poétique. De M. Renan
je n'ose rien dire, étant d'Église ; quand nous voulons
seulement mettre en doute le bon goût de sa po-
lychromie, on croit que nous obéissons à des rancunes
théologiques.

L'édifice plus modeste de M. Brunetière repose sur
la pierre ferme ; soyez assurés qu'il a été construit
d'après les plus sages traditions de l'art ; il faudrait
une bien terrible invasion des barbares pour le ren-
verser de fond en comble. Oui, il manque de grâce ;
mais le temps est un grand esthète. Naguère, M. Lanson nous montrait un Boileau aimable et gai, entrevu depuis longtemps déjà par Sainte-Beuve. Qui
sait ? peut-être naîtra-t-il, au vingt et unième siècle,
un Lanson érudit et ingénieux, qui découvrira chez
M. Brunetière des grâces que nous ne soupçonnons
pas.

Du reste, ces conjectures n'ont qu'une minime importance ; dans ma pensée, elles ne servent qu'à préciser l'impression produite sur moi par la lecture d'une
œuvre consciencieuse et forte.

La direction que M. Brunetière imprime à ses recherches philosophico-religieuses mérite plus d'attention.
Nous lui demandons, nous croyants, de ne pas se prononcer pour ainsi dire incidemment, comme il l'a fait
jusqu'ici, sur les dogmes chrétiens. Parce qu'il a abordé
la philosophie religieuse d'une façon détournée, parce
qu'il se défie de tout ce qui appartient à notre siècle,
et aussi parce qu'il ne se forme une opinion qu'après

mûr examen, il n'a pas encore voulu étudier certains sujets intéressants, dignes d'un vrai penseur. Mais si, par goût, ou pour des motifs d'ordre professionnel, il se décidait à approfondir la pensée de Léon XIII par exemple, nul doute qu'un changement d'idées ne devînt possible. Il y a un mois à peine (1), tandis qu'au Vatican on éconduisait M. Zola, on accueillait avec faveur M. Brunetière.

Que s'est-il passé dans cette entrevue entre le représentant de la critique la plus rationaliste qui soit, et le successeur de Pierre, cet illettré venu il y a dix-huit cents ans à Rome, d'un pays de rétrogrades ? Les prochains ouvrages de M. Brunetière nous le diront peut-être. Plaise à Dieu qu'il ait su respirer le parfum de Rome ! L'Église du Christ n'a nullement besoin de M. Brunetière, mais il n'en est pas moins vrai que s'il consentait à plier sa raison sous la foi, son exemple ne manquerait pas de produire un grand bien. Et, au fait, pourquoi cette conversion n'aurait-elle pas lieu ? Le doute, compliqué de pessimisme, constitue une maladie morale très grave, mais dont on se relève. S'il faut en croire un ancien, il est des paroles privilégiées qui, lues trois fois avec piété, guérissent certains maux de l'âme. On pourrait trouver, je crois, le spécifique qui convient au mal dont souffre M. Brunetière, mal dont il mourra, s'il n'y prend garde, mais non sans l'avoir communiqué auparavant à un grand nombre de lecteurs. David devait connaître la condition très misérable des intellectuels, puisqu'il a composé des psaumes où les plus modernes et les plus sceptiques philosophes trouveraient des avertissements pratiques et des consolations :

(1) Cette page a été écrite en novembre 1891.

Garde-moi, ô Dieu, car je cherche en toi mon refuge.
Je dis à l'Éternel : Tu es mon Seigneur,
Tu es mon souverain bien.....
... On multiplie les idoles, on court après les dieux étrangers :
Je ne répands pas leurs libations...
L'Éternel est mon partage et mon calice...
Je bénis l'Éternel mon conseiller. (La Vulgate porte : *qui*
tribuit mihi intellectum.)
Tu me feras connaître (ô Dieu) le sentier de la vie ;
Il y a d'abondantes joies devant ta face,
Des délices éternelles à ta droite. (Ps. xvi. Hébr.)

Que M. Brunetière essaie de les goûter, ces délices qui ont rempli le cœur d'un saint Augustin ! David les regardait comme étant d'un prix infini, tandis qu'il avait en horreur le doute et le pessimisme, contre lesquels il se sentait incapable de lutter victorieusement, sans le secours de Dieu. Car David avait caractérisé, avec précision, le grand mal des penseurs modernes, sans oublier d'indiquer le seul traitement efficace.

Aussi bien, n'est-ce pas son fils Salomon qui a dit le premier : « Il n'y a rien de nouveau sous le soleil » ?

M. DE HÉRÉDIA

En dehors des Anciens et de Ronsard, on connaît à
M. Hérédia quatre ancêtres littéraires, parfaitement
authentiques : Paul de Saint-Victor, Théophile Gautier,
Victor Hugo et Leconte de Lisle. De Paul de Saint-
Victor, M. de Hérédia s'approprie le ton sibyllin,
l'érudition archéologique, la dévotion païenne vaguement teintée de romantisme. Tous deux ont une prédilection marquée pour ces temps héroïques de la
Grèce qui sont comme le crépuscule des dieux. Hercule,
par exemple, nous apparaît, chez le prosateur aussi
bien que chez le poète, comme un être monstrueux où
se réunissent le divin et l'humain avec quelque chose
de bestial. « Hercule, dit M. Paul de Saint-Victor, n'en
restait pas moins le justicier héroïque, le déblayeur du
Chaos, l'exterminateur des tyrans et des monstres,
la vertu faite homme. Mais la structure même de
ce colosse magnanime l'asservissait à des appétits
dévorants. Il fallait des tonneaux et des hécatombes
pour alimenter la force herculéenne, comme l'appelle
Homère. Des porcs rôtis, engloutis par tranches,
sont dûs à qui vient d'abattre le sanglier d'Ery-
mante. » Contemplez maintenant l'Hercule de M. de
Hérédia :

Alors celui pour qui le plus grand est un nain,
Se lève. Sur son crâne, un mufle léonin
Se fronce, hérissé de crins d'or. C'est Hercule.

La légende de Nessus et les Bacchanales inspirent au critique et au poète des comparaisons et des images où éclate une incontestable ressemblance.

A Théophile Gautier, M. de Hérédia emprunte les principes mêmes de son esthétique. On sait que l'auteur d'*Émaux et Camées* avait introduit dans la poésie les procédés en usage chez les joailliers, certains peintres, les orfèvres et les sculpteurs. Les chefs-d'œuvre des arts plastiques représentent, pour lui, non seulement les plus vives et les plus belles images de la beauté, mais encore le résultat le plus durable des forces humaines.

> Tout passe. — L'art robuste
>   Seul a l'éternité.
>   Le buste
>   Survit à la cité.
>
> . . . .
>
>   Sculpte, lime, cisèle,
>   Que ton rêve flottant
>   Se scelle
>   Dans le bloc résistant.

En regard de ces trophes mettez le sonnet suivant de M. de Hérédia.

Le temps passe. Tout meurt. Le marbre même s'use.
Agrigente n'est plus qu'une ombre, et Syracuse
Dort sous le bleu linceul de son ciel indulgent ;

Et seul le dur métal que l'amour fit docile
Garde encore en sa fleur, aux médailles d'argent,
L'immortelle beauté des vierges de Sicile.

L'influence de Victor Hugo sur M. de Hérédia est

moins générale ; mais elle se fait sentir assez fréquemment, et elle produit des effets très curieux. Tout le monde connaît l'admirable morceau des *Chansons des Rues et des Bois* intitulé : *Saison des semailles. Le soir.* Je suis obligé de le citer, quand même, pour que le lecteur ait sous les yeux tous les éléments de la comparaison :

> C'est le moment crépusculaire.
> J'admire, assis sous un portail,
> Ce reste de jour dont s'éclaire
> La dernière heure du travail.
>
> Dans les terres de nuit baignées,
> Je contemple, ému, les haillons
> D'un vieillard qui jette à poignées
> La moisson future aux sillons.
>
> Sa haute silhouette noire
> Domine les profonds labours.
> On sent à quel point il doit croire
> A la fuite utile des jours.
>
> Il marche dans la plaine immense,
> Va, vient, lance la graine au loin,
> Rouvre sa main, et recommence ;
> Et je médite, obscur témoin,
>
> Pendant que, déployant ses voiles,
> L'ombre, où se mêle une rumeur,
> Semble élargir jusqu'aux étoiles
> Le geste auguste du semeur.

C'est, si l'on peut s'exprimer ainsi, l'apothéose du travail ; le poète agrandit indéfiniment et porte jusqu'au ciel le geste obscur du travailleur.

M. de Hérédia s'empare de cette intuition géniale de Victor Hugo, et il l'accommode à toutes sortes de sujets. Le ciel, le soleil et la lune lui servent à agrandir démesurément la taille et le geste de ses personnages:

SOIR DE BATAILLE.

Le choc avait été très rude. Les tribuns
Et les centurions, ralliant les cohortes,
Humaient encor dans l'air où vibraient leurs voix fortes
La chaleur du carnage et les âpres parfums.

D'un œil morne, comptant leurs compagnons défunts,
Les soldats regardaient, comme des feuilles mortes,
Au loin, tourbillonner les archers de Phraortes,
Et la sueur coulait de leurs visages bruns.

C'est alors qu'apparut, tout hérissé de flèches,
Rouge du flux vermeil de ses blessures fraîches,
Sous la pourpre flottante et l'airain rutilant,

Au fracas des buccins qui sonnaient leur fanfare,
Superbe, maîtrisant son cheval qui s'effare,
Sur le ciel enflammé, l'Imperator sanglant.

M. de Hérédia emploie ce procédé au moins une douzaine de fois, ce qui est beaucoup, si l'on tient compte du petit nombre de pages dont se composent les *Trophées*.

Il doit à Victor Hugo un autre genre de beautés, sur lequel nous aurons à nous expliquer tout à l'heure. Le sphinx des *Trophées*, par exemple, rappelle l'*Aigle du casque* de la *Légende des siècles*.

Enfin M. de Hérédia se proclame hautement le disciple de Leconte de Lisle.

On pourrait entrer dans la littérature avec une généalogie moins glorieuse ; mais M. de Hérédia, qui ne prend pas la peine de cacher sa science du blason, ne s'étonnera pas que j'ose lui soumettre quelques scrupules d'ordre héraldique. Il en est un peu des ancêtres poétiques comme des autres : le grand public honore, certes, les titres de noblesse conquis sur les champs de bataille par les maréchaux de Napoléon ; mais, en dépit de ses instincts démocratiques, il prise davantage ceux

qui remontentaux croisades. La noblesse littéraire de
M. de Hérédia ne remonte qu'au premier Empire ou à
la Révolution : le siècle avait deux ans. Ses admirateurs le regrettent un peu pour lui, car enfin il est toujours dangereux d'imiter les écrivains de son temps.
Critiques et poètes ont beau appeler Victor Hugo, classique, maître, ancêtre ; il est trop près de nous, il a
beaucoup de nos préjugés, de nos faiblesses, de nos
misères ; souvent en croyant le juger, nous ne faisons
que l'excuser. Il en est de même pour Théophile Gautier
et Leconte de Lisle. Je sais bien que M. de Hérédia
aurait le droit de répondre : Ma généalogie poétique,
qui d'ailleurs remonte jusqu'à André Chénier, ne fait
rien à l'affaire ; jugez-moi sur mes œuvres, non sur
celles de mes devanciers, — et il aurait raison.

Ceux qui n'ont jamais lu M. de Hérédia doivent tout
d'abord modifier l'idée qu'ils se font du poète. Ils en
sont peut-être à penser, à la suite de Lamartine, que
le poète chante comme l'oiseau gémit, comme le vent
soupire, comme l'eau murmure en coulant ; ou bien,
avec Longfellow, ils voient dans le poète un ami qui
apaise vos tristesses en les partageant et vous aide à
prier ou à pleurer.

Ah ! que M. de Hérédia ressemble peu à ces poètes !
Ne lui parlez pas de spontanéité ; gardez-vous de lui
rappeler le pélican de Musset qui nourrit sa progéni-
ture de son sang ; à plus forte raison, n'allez pas évoquer le souvenir d'un saint François d'Assise. M. de
Hérédia se présente à ses lecteurs comme un forgeron.
Si même vous voulez lui être agréables, dites-lui qu'il
est le roi de la forge, comme ce Julian del Rey, chez
qui les jeunes gens de haute lignée allaient jadis
chercher des armes. C'est pour l'auteur des *Trophées*
une joie de montrer les muscles de ses bras vigoureux

et habiles ; il fait manœuvrer le soufflet puissant qui entretient la flamme de son fourneau, en même temps que de son enclume jaillissent des bouquets d'étincelles.

Mais ces travaux de forge n'absorbent pas tout son temps ; il sait comment du pinceau de l'orfèvre s'égoutte l'émail, comment Matteo de'Pastis incruste un profil de grand seigneur dans l'orbe d'une médaille. Au besoin, il pourrait se faire costumier, fabricant de vitraux ou de blasons : il connaît tous les outils dont se servent les menuisiers, et, à la manière dont il parle de sculpture ou de peinture, on voit bien qu'il a étudié le côté technique de ces deux professions. M. de Hérédia est tout désigné, pour la prochaine exposition, à la sollicitude du ministre compétent : il fera partie du Comité des arts décoratifs. Nul doute que tous les compétiteurs ne s'inclinent devant son érudition.....

Est-ce ainsi que l'on devient poète ? Oui, diraient les admirateurs des *Trophées* ; mais à condition d'ajouter à toute cette science un art d'écrire incomparable. Le style du poète a bien, en effet, quelque chose de déconcertant. Combien d'heures de travail a dû lui coûter tel sonnet, par exemple *Sur l'Othrys* ? C'est ce qu'on se demande avec une admiration mêlée de quelque terreur. Évidemment un homme qui a de tels loisirs doit être rentier. Au temps de sa jeunesse, il se faisait remarquer, semblable à un bourgeois cossu, par l'éclat de ses cravates bouffantes, tandis que ses confrères en littérature, futurs académiciens et futurs millionnaires peut-être, vivaient chichement et faisaient des dettes. Jamais on ne comparera l'auteur des *Trophées* à Gilbert ou à Paul Verlaine, à moins qu'on ne veuille établir un contraste plein d'enseignements suggestifs.

Ce qui frappe au premier abord, quand on lit les

Trophées, c'est l'effrayant labeur du poète. Malheureusement il n'a pas pris toute la peine pour lui, ou tout le plaisir, comme il aime à dire ; il nous a fait notre part de recherches nécessaires. Si vous ne connaissez pas à fond et dans tous ses détails l'histoire des temps héroïques de la Grèce, n'essayez pas de lire les *Trophées* : vous ne les comprendriez pas. Prenez donc une mythologie et très savante et très moderne, puis essayez de bien démêler tous les faits qui se rattachent aux noms célèbres, noms d'hommes, noms de divinités, noms de pays, de fleuves, de montagnes ou de mers, la vierge Céphéenne, Gaïa, Stymphale, Hellé, le Thermodon, l'Othrys, Chrysaor, Hermès, Criophore, le Callidrome, Célène, etc. Et ne croyez pas qu'alors vous toucherez à la fin de vos peines. Il vous faudra lire certains sonnets deux fois, trois fois, quatre fois, si vous voulez en bien saisir le sens. Pour mon compte, je ne suis pas bien sûr encore de comprendre certains passages, auxquels j'ai dû revenir à plusieurs reprises, avec le secours du dictionnaire. Dans un siècle ou deux, le lexique de la langue de M. de Hérédia vaudra certainement à son auteur un fauteuil à l'Académie des inscriptions et belles-lettres, car les mots rares et difficiles abondent dans les *Trophées*.

Savez-vous, par exemple, ce que c'est que le courtil ? Cherchez dans le dictionnaire, et vous verrez qu'au temps jadis, on désignait sous ce nom un petit jardin. Et la biva sonore qu'une dame frôle d'un doigt distrait, la connaissez-vous ? Le mot semble avoir un caractère exotique : ne le cherchez pas dans Littré, vous ne le trouveriez pas. Mais M. de Hérédia sourirait de pitié si on lui demandait la traduction de mots aussi faciles ; il a bien d'autres audaces. Chez lui l'uraeus d'or s'enroule étincelant autour des fronts farouches des dieux, et ces dieux s'appellent Hor, Khnoum, Ptah, Neith,

Hathor. Ils vont en compagnie de Toth ibiocéphale, vêtus de la schenti, coiffés du pschent, ornés du lotus bleu. Voilà certes qui est oriental ; mais, entre nous, M. de Hérédia se moque de ses lecteurs agréablement, — entendons-nous bien, — agréablement pour lui. Le malheur de tous les spécialistes est de se tenir enfermés dans leurs petites chapelles, sans daigner se préoccuper de ce qui se passe au dehors ; ils en arrivent ainsi à heurter, de gaieté de cœur, ce bon sens français contre lequel on ne se révolte pas impunément.

> Mon ami, chasse bien loin
> Cette noire rhétorique.
> Tes écrits auraient besoin
> D'un devin qui les explique.

Les écrits de M. de Hérédia auraient besoin de plusieurs devins, car ils renferment des mots empruntés à plusieurs langues.

Il ne suffit même pas, pour les comprendre, d'être polyglotte et érudit ; il faut encore se faire cet état d'âme particulier qui est celui des Alexandrins. Prenons, par exemple, cette série de sonnets qui porte comme titre général *Hortorum deus* : évidemment, ils ne peuvent intéresser que ceux qui ont lu les travaux de l'érudition moderne sur la vieille religion romaine :

Olim truncus eram (Horace).

> N'approche pas ! Va-t'en ! Passe au large. Étranger !
> Insidieux pillard, tu voudrais, j'imagine,
> Dérober les raisins, l'olive ou l'aubergine
> Que le soleil mûrit à l'ombre du verger ?
>
> J'y veille. A coups de serpe, autrefois, un berger
> M'a taillé dans le tronc d'un dur figuier d'Égine :
> Ris du sculpteur, passant, mais songe à l'origine
> De Priape, et qu'il peut rudement se venger.

> Jadis, cher aux marins, sur un bec de galère
> Je me dressais, vermeil, joyeux de la colère
> Écumante ou du rire éblouissant des flots ;
>
> A présent, vil gardien de fruits et de salades,
> Contre les maraudeurs je défends cet enclos...
> Et je ne verrai plus les riantes Cyclades.

Avec un grand effort, en nous souvenant à la fois de Théocrite, de Plaute, surtout de Virgile, de Fustel de Coulanges, de M. Gaston Boissier, de Leconte de Lisle et de bien d'autres, nous finissons par sentir tout ce qu'il y a de savoureux dans une poésie où on a essayé de fondre plusieurs genres de beauté très différents. — Mais nous sommes, je le crois, dupes d'une illusion : le petit dieu grognon, tout imprégné de vieux préjugés latins, rustique, grossier, comment peut-il regretter à ce point les riantes Cyclades ? Non, les dieux de Plaute n'avaient point de ces pensées poétiques. — M. de Hérédia leur prête des sentiments grecs, et il les fait parler comme des contemporains de Victor Hugo et de M. Théodore de Banville. Décidément, ce vieux tronc de figuier était prédestiné aux métamorphoses invraisemblables.

M. de Hérédia nous transporte donc en plein alexandrinisme. On sait que, depuis quelque temps, poètes, savants, administrateurs même, se piquent de faire revivre le temps des Ptolémées. Autrefois, le mot d'alexandrinisme, à peu près synonyme de décadence littéraire et morale, n'avait rien de bien flatteur : on l'applique aujourd'hui à nos plus illustres contemporains, avec la certitude de les flatter. J'admets très volontiers que l'alexandrinisme a du bon ; mais il ne faut pas exagérer même les meilleures choses. M. de Hérédia est comme un abstracteur de quintessence alexandrine, c'est-à-dire qu'il imite les imitateurs des alexandrins qui sont

les plus savants imitateurs que l'on ait jamais vus. Vous
vous rappelez les vers si connus de Virgile :

> Est mihi disparibus septem compacta cicutis
> Fistula, Damœtas dono mihi quam dedit olim,
> Et dixit moriens...

La facture en est savante ; malheureusement ils reproduisent, mot à mot ou peu s'en faut, un nombre égal de
vers de Théocrite : cela nous les gâte un peu, quoi qu'on
en puisse dire, sans compter que l'on conserve des doutes sur l'originalité de Théocrite lui-même. Ce raffiné,
qui reproduisait si délicatement le langage des bou-
viers, avait un rare talent d'imitation. Or, M. de Hérédia
traduit en vers modernes les vers de Virgile : je dis de
Virgile, et non de Théocrite, puisqu'il a eu soin de nous
avertir que nous sommes à Rome :

> Ma flûte, faite avec sept tiges de ciguë
> Inégales que joint un peu de cire, aiguë
> Ou grave, pleure, chante ou gémit à mon gré.

Plus encore que l'imitation de Virgile, nous déconcer-
certe l'imitation d'Horace. Je ne connais pas de plaisir
plus fin que la lecture de certaines odes ou de certaines
épîtres, où le poète, oubliant l'appareil pindarique, se
contente d'analyser ses joies ou ses émotions fugitives.
Mais lorsque l'ami de Mécène nous entretient de ses
pratiques dévotes, il fait de l'archaïsme ou il s'amuse.
M. de Hérédia renchérit sur les scrupules dévots du
bon Horace :

> Viens donc. Les bois sont verts, et voici la saison
> D'immoler à Faunus, en ses retraites sombres,
> Un bouc noir ou l'agnelle à la blanche toison.

Eh bien! non, ces conventions littéraires ne sont pas

acceptables. Bon gré, mal gré, le lecteur songe au poète moderne, et dès qu'il apparaît dans son rôle de sacrificateur antique, à côté de ce grand moqueur qui s'appelle Horace, la scène tourne au ridicule.

On comprend qu'un poète aussi archaïque ne soit goûté que d'une élite. Avant son élection à l'Académie, M. de Hérédia, qui aspire, non sans raison, à la vraie gloire, ne jouissait — il est permis de le dire — que d'une notoriété très relative. Seuls, quelques rares initiés, quelques délicats connaissaient son talent. Il est bien le poète de l'extrême civilisation. Mais, chose curieuse et cependant très naturelle, il contribue, le sachant ou non, à nous ramener à la barbarie, et même à quelque chose de pire. Saint-Marc-Girardin avait déjà fait, sur cette tendance de notre poésie contemporaine, des remarques très ingénieuses. Le Philoctète de Sophocle, dit-il en substance, en étalant sur la scène une blessure physique répugnante, fait naître, dans l'âme des spectateurs, des sentiments délicats et sains, la pitié, la piété, l'amour du prochain. Au contraire, chez Victor Hugo, la mère à qui on vient de ravir son enfant apparaît comme une sorte de bête furieuse : on entend ses hurlements, on est épouvanté de toutes les contractions qui donnent à sa physionomie une expression purement animale.

Comme M. de Hérédia est plus érudit que Victor Hugo, il remonte jusqu'à l'âge de pierre. Un de ses héros préférés a un mufle léonin ; quelques-uns participent à la fois de la nature des hommes primitifs et des chevaux ; d'autres sont en bois comme Priape, ou en pierre comme le Sphinx, ou en bronze comme le Coureur. Persée et Andromède deviennent de la matière ignée. Si M. de Hérédia entre dans une église moyen âge, il pense vaguement aux dames et aux chevaliers qui vinrent prier sur ses dalles, et il se console sans peine de leur disparition, mais il se réjouit de voir la rose du vitrail toujours épanouie.

Cette rose du vitrail, pour lui c'est le moyen âge.

J'avoue ne savoir trop que penser de ce culte pour la nature morte, si ce n'est qu'il représente le dernier terme de l'évolution panthéistique. Les panthéistes aiment les bois, les sources, les flots de la mer, d'un amour passionné et exclusif ; ils voudraient identifier leur âme avec l'âme même des choses ; du moins ils manifestent, le plus souvent, une préférence pour ce qu'il y a de plus vivant dans la nature. M. de Hérédia, plus logique, s'attache à ce qu'il y a de plus inerte, réalisant ainsi la perfection de la sagesse indienne.

Sans doute, l'artiste a le droit de mettre sa gloire à lutter avec le marbre et le bronze, mais à la condition que, loin de trembler devant eux, il les fasse lui-même trembler. Or, il me semble que dans ce duel glorieux, le vaincu c'est presque toujours M. de Hérédia.

MICHEL-ANGE

Certe, il était hanté d'un tragique tourment,
Alors qu'à la Sixtine et loin de Rome en fêtes,
Solitaire, il peignait Sibylles et Prophètes,
Et, sur le sombre mur, le dernier jugement.

Il écoutait en lui pleurer obstinément
Titan que son désir enchaîne aux plus hauts faîtes,
La Patrie et l'Amour, la Gloire et leurs défaites ;
Il songeait que tout meurt et que le rêve ment.

Aussi ces lourds Géants, las de leur force exsangue,
Ces esclaves qu'étreint une infrangible gangue
Comme il les a tordus d'une étrange façon ;

Et dans les marbres froids où bout son âme altière,
Comme il a fait courir avec un grand frisson
La colère d'un dieu vaincu par la matière !

La noble colère ! Et comme elle honorerait à la fois

le sculpteur et le poëte si elle était profonde ! Malheureusement, elle n'anime presque jamais l'œuvre de M. de Hérédia. Il se résigne d'ordinaire à la défaite, il l'aime, il s'en glorifie, il décourage, autant qu'il dépend de lui, tous ceux qui, selon le beau mot de saint Paul, cherchent les choses d'en haut.

Voici un pieux enfant d'illustre naissance, qui s'apprête à entrer dans les ordres. Le poëte l'en dissuade et lui propose la carrière des armes ; mais n'allez pas croire qu'il mette en avant de nobles motifs, la gloire, le patriotisme, la religion, l'habitude du sacrifice ! Le jeune homme doit se faire soldat, parce qu'il aura le plaisir de manier une épée bien trempée :

> Crois-moi, pieux enfant, suis l'antique chemin.
> L'épée aux quillons droits d'où part la branche torse
> Au poing d'un gentilhomme ardent et plein de force
> Est un faix plus léger qu'un rituel romain.
>
> Prends-la. L'Hercule d'or qui tiédit dans ta main,
> Aux doigts de tes aïeux ayant poli son torse,
> Gonfle plus fièrement, sous la splendide écorce,
> Les beaux muscles de fer de son corps surhumain.

En vérité, la poésie de M. de Hérédia nous ramène à la condition des êtres primitifs ; à le lire, on se sent devenir moins homme. On craint de se transformer en pierre comme la Niobé antique ou comme les deux héros des Roches-Blanches, dont M. Rod nous disait naguère la très touchante histoire. C'est que, pour raconter ses primitives et grossières métamorphoses, M. de Hérédia dispose d'un art savant, d'un art prodigieux. Impossible de savoir le moment psychologique où ses personnages se dépouillent de leur humanité pour revêtir une nouvelle forme d'être :

LE RAVISSEMENT D'ANDROMÈDE.

D'un vol silencieux, le grand cheval ailé,
Soufflant de ses naseaux élargis l'air qui fume,
Les emporte avec un frémissement de plume
A travers la nuit bleue et l'éther étoilé.

Ils vont. L'Afrique plonge au gouffre flagellé,
Puis l'Asie... un désert... Le Liban ceint de brume...
Et voici qu'apparaît, toute blanche d'écume,
La mer mystérieuse où vint sombrer Hellé,

Et le vent gonfle ainsi que deux immenses voiles
Les ailes qui, volant d'étoiles en étoiles,
Aux amants enlacés font un tiède berceau ;

Tandis que, l'œil au ciel où palpite leur ombre,
Ils voient, irradiant du Bélier au Verseau,
Leurs constellations poindre dans l'azur sombre.

Parfois, cependant, M. de Hérédia tente d'associer l'homme à l'immuable chose ; mais il n'y réussit guère, car il ne fait à l'homme qu'une part dérisoire. Dans cette série de sonnets qui porte pour titre : *Le Rêve et la Nature*, et qui est consacrée tout entière à la Bretagne, il s'applique à décrire quelques sentiments du cœur humain, l'amour, le désir de la gloire, la mélancolie, le souvenir de la patrie. Comme psychologie, on ne saurait rien imaginer de plus informe, de plus rudimentaire.

C'est très regrettable. Sur cette terre bretonne de granit, recouverte de chênes, habitent des humains au cœur simple et bon comme cette Marie, ce gracieux Loïc et cette charmante petite Anna que chantait Brizeux. M. de Hérédia n'a pas l'air de se douter qu'ils existent. En revanche, il décrit le paysage avec un éclat de couleurs et une netteté de dessin qui feraient envie aux plus grands peintres. Quand vous parcourez avec une sorte d'avidité les pages incomparables de *Pêcheurs*

9***

d'Islande et de *Mon Frère Yves*, où se déroule sous
vos yeux la morne étendue des landes, couvertes de
bruyères roses, une mélancolie intense vous saisit. Lisez
maintenant avec lenteur, avec beaucoup de lenteur, les
quelques lignes de M. de Hérédia. L'émotion est faible
sans doute ; mais n'est-ce pas que l'austère paysage se
dessine avec presque autant de netteté dans votre imagination ? Ces petits poèmes sont comme un raccourci,
une miniature de la partie descriptive de *Pêcheurs
d'Islande* et de *Mon Frère Yves* :

> Il a compris la race antique aux yeux pensifs
> Qui foule le sol dur de la terre bretonne,
> La lande rase, rose et grise et monotone
> Où croulent les manoirs sous le lierre et les ifs.
>
> Des hauts talus plantés de hêtres convulsifs,
> Il a vu, par les soirs tempêtueux d'automne,
> Sombrer le soleil rouge en la mer qui moutonne ;
> Sa lèvre s'est salée à l'embrun des récifs.
>
> . . . .
>
> Pour que le sang joyeux dompte l'esprit morose,
> Il faut, tout parfumé du sel des goëmons,
> Que le souffle atlantique emplisse tes poumons ;
> Arvor t'offre ses caps que la mer blanche arrose.
>
> L'ajonc fleurit et la bruyère est déjà rose.
> La terre des vieux clans, des nains et des démons,
> Ami, te garde encor, sur le granit des monts,
> L'homme immobile auprès de l'immuable chose.
>
> . . . .

Les doctes et poétiques études de M. de Hérédia se
concentrent donc sur un nombre très restreint de sujets : il ne s'occupe guère que de la nature physique,
ou, pour parler plus exactement, de quelques aspects
très particuliers de cette nature. Il recherche ce qui
brille, ce qui est sonore, ce qui donne lieu à des mélanges savants de lumière et d'ombre, surtout ce qui

est plastique ; le poil et le sabot du cheval, le torse d'un
héros, la démarche d'une déesse, le soleil levant ou
couchant (on le décrit bien dix fois dans ces *Trophées*
que contient si largement un si petit volume). L'art du
poète a quelque chose d'extrêmement tendu et de trop
oratoire ; il vise toujours à l'effet ; je ne sache pas qu'on
trouve une poésie se prêtant mieux aux exercices de
déclamation :

> Or, lorsqu'il toucha terre au port de San-Lucar,
> Il retrouva l'Espagne en allégresse, car
> L'impératrice-Reine, en un jour très prospère,
> Comblant les vœux du prince et les désirs du père,
> Avait heureusement mis au monde l'Infant
> Don Philippe — que Dieu conserve triomphant !
> Et l'Empereur joyeux le fêtait dans Tolède.
> Là, Pizarre, accouru pour implorer son aide,
> Conta ses longs travaux et, ployant le genou,
> Lui fit, en bon sujet, hommage du Pérou.
> Puis ayant présenté, non sans quelque vergogne
> D'offrir si peu, de l'or, des laines de vigogne
> Et deux lamas vivants avec un alpaca,
> Il exposa ses droits...

Remarquez, je vous prie, ces coupures et ces sono-
rités de voyelles. La voix doit s'arrêter tantôt au milieu
du vers, tantôt à la fin ; ici vous êtes invité à prendre
un ton de bonhomie familière ou fausse (« non sans
quelque vergogne ») ; plus loin, tâchez de bien trouver
l'intonation traditionnelle des formules de souhait national ; soyez bien maître de votre respiration, car tous
les paragraphes se terminent par un hémistiche qui
sonne comme une fanfare.

Mais il ne faudrait pas croire que les bruyantes harmonies de M. de Hérédia ressemblent, en quoi que ce
soit, à de la musique classique. Elles affectent plutôt
une allure wagnérienne. Tel vers, dont les initiés

admirent sans doute la beauté musicale, fera, sur votre tympan et sur le mien, l'effet d'une assez banale cacophonie :

> Qu'ils aient vaincu l'Inca, l'Aztèque, les Iliaquis...
> Aussi tes derniers fils sans trèfle, ache, ni perle. .
> Tel qu'autrefois Hunnu, fils d'Ulohox, je veux...

Souvent le poète se plaît à heurter les mots de façon à produire une harmonie qui est imitative peut-être, mais, à coup sûr, discordante, — ce qui représente, comme on sait, le dernier effort de l'art :

> Glaciers bleus, pics de marbre et d'ardoise, granits,
> Cols abrupts, lacs, forêts pleines d'ombre et de nids...

Enfin M. de Hérédia ne recule pas devant certaines inversions qui auraient probablement effarouché les vieux grammairiens :

> Et sur ces sommets clairs où le silence vibre
> Dans l'air inviolable, immense et pur, jeté,
> Je crois entendre encor le cri d'un homme libre.

Des quatre épithètes qui se suivent dans le second de ces vers, les trois premières, si je comprends bien, se rapportent à l'air ; la dernière doit être rapprochée « d'un homme libre ». Cet artifice de rythme n'échappe pas absolument à notre incompétence de philistins ; mais un peu plus de naturel ferait bien mieux notre affaire.

On peut dire que chaque vers de M. de Hérédia, pris séparément, forme tableau ou se prête à une sorte de mélopée, quand les deux choses ne se produisent pas à la fois. Il concourt en même temps à l'effet général

du quatrain ou du tercet, et prépare le mot de la fin.
Car tous les sonnets semblent avoir été composés en
vue du mot de la fin :

LE VIEIL ORFÈVRE.

Mieux qu'aucun maître inscrit au livre de maîtrise,
Qu'il ait nom Ruyz, Arphé, Ximeniz, Becerril,
J'ai serti le rubis, la perle et le béryl,
Tordu l'anse d'un vase et martelé sa frise.

Dans l'argent, sur l'émail où le paillon s'irise,
J'ai peint et j'ai sculpté, mettant l'àme en péril,
Au lieu du Christ en croix et du Saint sur le gril,
O honte ! Bacchus ivre ou Danaé surprise.

J'ai de plus d'un estoc damasquiné le fer
Et, pour le vain orgueil de ces œuvres d'enfer,
Aventuré ma part de l'éternelle vie.

Aussi, voyant mon âge incliner vers le soir,
Je veux, ainsi que fit Fray Juan de Ségovie,
Mourir en ciselant dans l'or un ostensoir.

Un art aussi impeccable justifie tous les témoignages
d'admiration que les corps constitués et le public, depuis quelque temps, prodiguent à M. de Hérédia ; mais,
disons-le tout doucement, il est monotone. Cet hexa-
mètre qui se présente invariablement avec la prétention
de se graver à jamais dans la mémoire du lecteur, on
le voit venir dès le premier mot du sonnet, et quelquefois on éprouve une déception.

Pour que ces vers de la fin méritent tout l'honneur
que leur fait le poète, il faut, en effet, qu'ils portent en
eux une pensée neuve ou une image riche. Sinon, ils
nous exaspèrent comme le ferait un personnage de peu
d'importance arrivant à la fin d'une brillante procession. Voici, par exemple, quelques vers qui me paraissent un peu faibles :

Pour armer contre moi ses baisers et ses larmes.

Ces expressions ne vous rappellent-elles pas les péripéties des bons vieux drames et les scènes à effet des romans poncifs ?

> ..... Il a
> Décrit les noirs loisirs du vieillard de Caprée...
> Le myrte de l'Amour au laurier de la Gloire...

La vérité, c'est que les *Trophées* de M. de Hérédia témoignent de la pauvreté d'invention poétique dont notre génération est affligée. Ce laborieux poète a fait appel à tous les arts, à l'orfèvrerie, à la peinture, à la sculpture ; il a parcouru notre planète depuis le pôle jusqu'aux Andes méridionales, en passant par les mers tropicales ; il a fait des emprunts à toutes les époques de l'histoire, depuis les temps mythologiques jusqu'à la Renaissance ; il a imité cinq ou six littératures ; et de toutes ces investigations, il a rapporté un petit volume de 200 pages environ, dont au moins une trentaine de blanches. Où est Eschyle, où est Shakespeare, où est Victor Hugo, qui composait un énorme volume tous les six mois ? Poète signifie créateur ! En ce sens, M. de Hérédia n'est pas poète pour une obole. C'est un très habile agenceur de mots, ce qui ne veut pas dire qu'il n'ait point de mérite. Les écrits de Malherbe dureront éternellement, et personne n'ignore cependant que le vieux tyran des syllabes avait l'âme fort peu poétique. Il en sera de même, je crois, pour M. de Hérédia. Une trentaine de pages des *Trophées* pourraient bien arriver chez nos arrière-neveux, car elles sont de toute beauté, vivantes, éclatantes, éblouissantes.

Toutes les revues ont cité *Antoine et Cléopâtre*, où j'ose trouver un peu d'obscurité et aussi d'exagération dans le procédé habituel du poète. Il n'est personne qui n'ait lu le *Récif de Corail*, le *Coureur*, la *Trebbia*, la *Dogaresse*, *Sur l'Othrys*. Quels purs chefs-d'œuvre ! Chacun de ces sonnets vaut seul un long poème ; mais je ne puis me défendre d'une certaine préférence pour un tableau à la Millet dont les critiques ont très peu parlé :

MARIS STELLA.

Sous les coiffes de lin, toutes, croisant leurs bras
Vêtus de laine rude ou de mince percale,
Les femmes, à genoux sur le roc de la cale,
Regardent l'océan blanchir l'île de Batz,

Les hommes, pères, fils, maris, amants, là-bas,
Avec ceux de Paimpol, d'Audierne et de Cancale,
Vers le nord sont partis pour la lointaine escale.
Que de hardis pêcheurs qui ne reviendront pas !

Par-dessus la rumeur de la mer et des côtes,
Le chant plaintif s'élève, invoquant à voix hautes
L'Étoile sainte, espoir des marins en péril ;

Et l'Angélus, courbant tous ces fronts noirs de hâle,
Des clochers de Roscoff à ceux de Sybiril,
S'envole, tinte et meurt dans le ciel rose et pâle.

Appréciant le *Carnaval* d'Alfred de Musset, Taine disait : « J'aimerais mieux avoir fait ces six vers que d'avoir gagné une bataille. » Sans penser, comme Malherbe, qu'un poète est aussi inutile à la patrie qu'un joueur de flûte, nous n'avons plus le droit, depuis 1870, de formuler des vœux comme celui de Taine ; mais nous ne saurions trop estimer le sonnet de M. de Hérédia et surtout les trois derniers vers.

Involontairement, quand on les lit, on pense à l'*Angélus* de Millet. Les deux personnages du peintre me paraissent supérieurs au groupe, pourtant bien beau, du poète. Ce qui frappe chez le paysan de Millet, c'est son recueillement : son attitude grave dit toute une vie d'honnêteté, de labeur et de prière, et l'espoir divin qui emplit son cœur, tandis que descend la nuit. La femme a quelque chose de plus dramatique et de plus mystérieux dans la manière de courber son front, au son de la cloche qu'on croit sentir vibrer dans l'air : elle semble comprendre mieux le grand mystère d'amour divin que raconte l'Angélus. — Au contraire, M. de Hérédia ne se préoccupe pas du divin ; il n'a perçu que les angoisses des mères, des femmes et des amantes.

Ce sonnnet est peut-être le plus chrétien de ceux qu'a composés M. de Hérédia. Il a bien décrit le *Huchier de Nazareth*, l'arrivée des *Rois mages* et la *Rose du vitrail* ; mais ces essais se rattachent plutôt aux arts décoratifs qu'au sentiment religieux. Le poète, comme l'orfèvre qu'il célèbre, aime mieux sculpter Danaé et Bacchus ivre, que de songer à la vie éternelle. Peut-être se convertira-t-il quand il verra son âge incliner vers le soir, et alors, s'il ne peut pas ciseler dans l'or un ostensoir, il essaiera sans doute, comme Paul Verlaine, de composer de beaux sonnets en l'honneur de sa mère Marie. Mais, pour le moment, ses sentiments n'ont rien de chrétien : il adore les hêtres, les montagnes, les sources, les dieux de bois, d'or ou d'argent, qui ont des yeux pour ne point voir et des oreilles pour ne point entendre.

Souvent encore, il offense la morale, sous prétexte d'antiquité. Un chrétien en lisant les *Trophées* éprouve le même embarras que dans certaines galeries de musées modernes ou antiques. Les habiles, pour faire tolérer ces nudités par le grand public, lui fournissent toutes sortes d'explications plus ou moins scientifiques ou esthétiques. Aucune n'est bonne. Les âmes chrétiennes n'ont qu'à se détourner de certains sonnets.

> Tel, lorsqu'un corbeau sinistre
> Croasse, sur le fleuve éperdument neigeux
> S'effarouche le vol des cygnes.

LA CONVERSION DE M. HUYSMANS

Jadis, l'Église imposait à ceux de ses enfants qui avaient donné quelque scandale public des pénitences longues, pénibles et humiliantes.

En ces temps de progrès, un écrivain fait « la noce », comme il le dit lui-même avec élégance, pendant vingt ans ; non content de pratiquer la débauche sous ses formes les plus répugnantes, il répand en des livres orduriers le plus mauvais de son âme. Tout à coup (1), il lui prend fantaisie d'aller passer huit jours dans un monastère de la Trappe. Après quoi, fort de son titre de converti, il revient à Paris faire la leçon à tout le monde. Aux liturgistes, il raconte les beautés du plain-chant ; aux aumôniers de Carmélites, il explique la *Montée du Carmel* ; aux prêtres, il révèle les règles les plus élémentaires de la plus vulgaire honnêteté, car ils les ignorent, selon lui, ou ne les pratiquent pas.

Oh, non ! je ne tuerais pas le veau gras en l'honneur de M. Huysmans.

Un petit détail nous permettra de comprendre ce que vaut cette conversion. M. Huysmans se frappe la poitrine, à la face du monde littéraire : il dit un *peccavi*

---

(1) Avec raison, on m'a fait observer que cette conversion fut moins rapide.

énergique, très énergique, dans la langue de M. Zola ; il pleure au point d'en être suffoqué et de tomber en syncope. La première réflexion que fait naître en nous l'attitude de ce pénitent expansif est celle-ci : Il va donc retirer de la circulation les mauvais livres qu'il a édités autrefois. Or, sur la couverture de *En route*, je vois flamboyer les titres de ses précédents ouvrages. Du récit même de sa conversion, M. Huysmans fait une réclame en faveur de ses écrits immoraux ou de ses turlupinades littéraires. Sans doute, on nous a appris de La Fontaine qu'il voulait faire une édition de ses *Contes* au profit des pauvres ; mais il ne semble pas que M. Huysmans ait de telles distractions.

Autre trait caractéristique : M. Huysmans aime l'Église passionnément ; il annonce qu'il va désormais consacrer son talent à la servir. Vous pensez donc qu'il ira trouver ses représentants autorisés pour leur dire : « Je suis disposé à faire le bien, après avoir longtemps donné l'exemple du mal ; soyez cléments à mes fautes passées, et acceptez le concours que je vous offre » ? — Pas le moins du monde. En rentrant dans les rangs, le déserteur de vingt ans veut commander aux vieux généraux, et il commence par insulter les prêtres. « Gargotiers d'âmes, médiocres, bornés, trafiquants de choses saintes », c'est ainsi qu'il nous appelle.

Quoi d'étonnant ? Les Ordres religieux « enlèvent chaque année la fleur du panier des âmes ». Ainsi écrémé, le reste du clergé n'est plus que « le lait allongé », que « la lavasse des séminaires ». Les évêques ne sont « qu'un résidu de ce résidu : ils n'ont plus ni talent, ni tenue ». Et j'en passe, par respect pour le lecteur.

Ainsi parle M. Huysmans, qui se prend pour l'apôtre moderne chargé spécialement par Dieu de ramener les âmes au christianisme. Mais si cet étrange prédicateur ne s'était pas converti, que pourrait-il dire de plus contre nous ? En vérité, que Dieu nous garde de tels amis !.....

Il est fort regrettable que Durtal fasse un aussi mauvais emploi de son talent. Toutes les fois que, laissant de côté son horrible *moi*, il daigne s'occuper, même faiblement, des rares personnes qu'il ne hait ou ne méprise pas, il trouve des notes exquises :

« Il visitait Saint-Sulpice, à ces heures où, sous la morne clarté des lampes, les piliers se dédoublent et couchent sur le sol de longs pans de nuit... Il rêvait alors au sort de ces femmes éparses autour de lui, çà et là, sur des chaises. Ah ! les pauvres petits châles noirs, les misérables bonnets à ruches, les tristes pèlerines et le dolent grénelis des chapelets qu'elles égouttaient dans l'ombre !

« D'aucunes, en deuil, gémissaient, inconsolées encore ; d'autres, abattues, pliaient l'échine et penchaient, tout d'un côté, le cou ; d'autres priaient, les épaules secouées, la tête entre les mains.

« La tâche du jour était terminée ; les excédées de la vie venaient crier grâce. Partout le malheur agenouillé ; car les riches, les bien portants, les heureux ne prient guère ; partout, dans l'église, des femmes veuves ou vieilles, sans affection, ou des femmes abandonnées, ou des femmes torturées dans leur ménage, demandant que l'existence leur soit plus clémente, que les débordements de leurs maris s'apaisent, que les vices de leurs enfants s'amendent, que la santé des êtres qu'elles aiment se raffermisse.

« C'est une véritable gerbe de douleurs dont le lamentable parfum encensait la Vierge. »

Les pages de ce genre, qui sont malheureusement trop rares dans l'œuvre de M. Huysmans, expliquent,

sans les justifier, ce me semble, certains témoignages
d'admiration. Même pour ceux qui se placent au seul
point de vue de l'art, le succès de *En route* a quelque
chose d'un peu déconcertant. Point de composition ;
l'auteur se livre à toutes les fantaisies de son imagination extravagante. Vous êtes maintenant à Saint-Sulpice, où le recueillement des fidèles et les chants invitent l'âme à la prière ; sans transition aucune, M. Huysmans vous met sous les yeux des scènes ignominieuses ;
il vous parle de sainte Thérèse, et plus loin il disserte
sur les primitifs ; mais jamais vous ne comprenez clairement pourquoi il a choisi ce moment plutôt qu'un
autre ; il commente le *De profundis* au commencement
et le *Salve Regina* à la fin ; l'inverse serait tout aussi
logique. Je suis persuadé qu'on pourrait changer l'ordre de la moitié des pages, sans grand inconvénient.

Aussi, quel ennui pour ceux qui veulent étudier
sérieusement certains passages du livre ! Ils se souviennent, par exemple, d'une prière à la Sainte Vierge, où
l'expression de quelques sentiments gracieux se mêle à
des descriptions absolument malpropres. Ils la cherchent longtemps, et s'ils finissent par la trouver, c'est
comme par hasard. M. Huysmans, qui se croit mystique,
remarque quelque part, avec une sorte de satisfaction
dédaigneuse, que la France n'a pas de grand mystique ;
il semble ainsi vouloir se poser en Flamand. Et, de fait,
nous pouvons lui rendre ce témoignage qu'il ne connaît pas l'art si français de la composition.

Il lui reste donc son style. J'avoue que Durtal obtient,
par ses curieux agencements de mots, des effets étonnants ; les tours de force abondent dans son livre,
même et surtout lorsqu'on ne les demande pas. Rarement l'auteur de *En route* sait résister au désir de
gâter ses plus belles pages par des exagérations ou des

grossi'rotés. Peut-être est-ce impuissance, car il fait preuve d'une maladresse très grande dans l'expression des idées, et sa langue devient singulièrement pâteuse, toutes les fois qu'elle veut rendre des sentiments purs. M. Huysmans ne se montre supérieur que dans les petits tableaux. Les deux passages suivants renferment des exemples de ses ordinaires défauts et de ses plus brillantes qualités :

« Durtal s'assit, découragé, près de sa couche.

« Et cependant, il était projeté par l'une de ces impulsions qu'on ne peut traduire, par une de ces jaculations où il semble que le cœur enfle et va s'ouvrir ; et, devant son impuissance à se déliter et à se fuir, Durtal finit par redevenir enfant, par pleurer sans cause définie, simplement par besoin de s'alléger de larmes. »

Comme psychologie, on imaginerait difficilement quelque chose de plus banal et de plus superficiel ; Durtal explique avec force mots baroques un fait très vulgaire. Mais lisez ceci maintenant :

« Et lentement, tandis que, déroulant sa spirale de fumée, l'encensoir tendait comme une gaze bleue devant l'autel, tandis que le Saint-Sacrement se levait, tel qu'une lune d'or, parmi les étoiles des cierges scintillant dans les ténèbres commencées de cette brume, les cloches de l'abbaye tintèrent à coups précipités et doux. Et tous les moines, accroupis, les yeux fermés, se redressèrent et entonnèrent le *Laudate*, sur la vieille mélodie qui se chante également à Notre-Dame des Victoires, au Salut du soir. »

Est-ce assez beau ? C'est qu'ici il n'est pas besoin de penser, ni de s'exciter à sentir, il ne faut que voir ; M. Huysmans sait voir les tableaux d'intérieur.

Malheureusement, l'habitude qu'il a prise de s'attacher surtout aux côtés grotesques des choses l'induit en tentation perpétuelle de parodie. Au moment où vous le croyez le plus ému, il se livre à des observations d'un goût douteux, qu'il formule dans un langage inconvenant. Durtal fait alors de la caricature tout naturellement, et presque toujours de la caricature réaliste, ce qui ne convient guère, par exemple, dans un récit de conversion coupé d'études mystiques et esthétiques.

Le procédé, se laisse trop apercevoir dans sa manière, et il est assez simple. Il consiste à exprimer des harmonies musicales, par exemple, ou des mouvements d'âme par des métaphores généralement grossières, empruntées aux différents métiers. Telles litanies, que chantent une troupe de jeunes et de vieilles oies (c'est une manière de nommer les dévotes), sont poudrées à frimas et parfumées à la bergamote et à l'ambre. Durtal « se pouille l'âme ». Mais si l'on veut des exemples de mauvais goût plus authentiques, on peut s'arrêter à loisir sur des phrases comme celle-ci : « Accablé par l'ignominie des soleils en rage et des ciels bleus, dégoûté de baigner dans des Nils de sueur, las de sentir des Niagaras lui couler sous le chapeau, il ne sortit plus de chez lui..... »

Au mauvais goût, M. Huysmans joint très souvent l'obscurité. Il emploie un certain nombre de mots dont le sens m'échappe ; et je n'ose pas les citer ici, car il est à craindre que l'auteur ne les ait empruntés à l'argot le plus immonde...

Juillet 1895.

A PROPOS DE « LA CATHÉDRALE »

La Durtalide est une sorte de vaste poème cyclique qui a commencé par *Là-bas*, se continue par *En route* et *La Cathédrale* et s'achèvera par *Sainte Lydwine* et l'*Oblat*. Elle forme un tout dont on ne peut rien détacher : c'est un bloc. Je prie donc humblement, très doucement, ceux qui m'accusent d'excessive sévérité, de ne pas se contenter de lire *La Cathédrale* et *En route*, mais de vouloir bien prendre connaissance de *Là-bas*. Qu'ils aient l'extrême obligeance de remarquer la frappante unité de la trilogie et l'importance proportionnelle des faits et gestes de Durtal, dont la biographie domine, et l'infâme repaire du chanoine Docre, et la trappe d'Igny, et la cathédrale de Chartres. Durtal partout, Durtal toujours, Durtal ne recevant rien de l'Église qu'un peu d'érudition liturgique, Durtal réformant, imposant à l'Église l'horreur de la bégueulerie, le mépris de la hiérarchie, la langue verte, le ton goguenard, l'esthétique réaliste, la physiologie de la Salpêtrière, voilà ce qui fait l'unité de l'œuvre. Donc Durtal se glorifie, aujourd'hui encore (1898), d'avoir écrit des pages obscènes (1), comme M. Zola, son

(1) Voir cette abominable plaidoirie, de la page 300 à la page 310 de *La Cathédrale*.

maître, revendiquait l'honneur d'avoir porté la langue française aux quatre coins du monde. Il cite le *Cantique des cantiques*, Ezéchiel ; il s'appuie sur l'autorité de saint Bernard, de sainte Hildegarde, de saint Vincent Ferrier et d'Odon de Cluny.

Cette question de la hardiesse des peintures, qui s'offrent en effet, quelquefois, chez les écrivains sacrés ou pieux, est extrêmement délicate. Elle relève à la fois de la morale, de la linguistique, de l'histoire surtout, de la littérature, de la rhétorique proprement dite. Elle suppose chez ceux qui ont mission de la traiter, beaucoup d'érudition, de modération, d'ampleur et de souplesse d'esprit, d'impartialité, d'impartialité surtout, de tact et d'autorité. Molière a des brutalités d'expression devant lesquelles reculent les moins timorés de nos auteurs dramatiques contemporains ; il n'est cependant ni plus perverti ni plus corrupteur. Durtal cite comme exemple de hardiesse le mot de Gaston Phébus, comte de Foix : « Le sacrement est à l'autel non seulement comme viande pour nous saouler, et nous resaouler, mais, qui plus est, pour nous édifier. » Il oublie que le mot saouler n'avait pas le sens trivial qu'on lui attribue aujourd'hui, puisque nous le voyons employé dans le style solennel de Pierre Corneille et de Bossuet, comme dans le style poncif de Mairet (1). Durtal se trompe donc lorsqu'il croit avoir établi la frontière qui sépare l'audace de langage, permise, ou excusable, ou explicable, de la pornographie pure.

Mais il a fait une petite plaidoirie *pro domo* dont beaucoup de lecteurs, étourdis par son cliquetis de mots, n'ont pas remarqué suffisamment l'habileté. Le fond et

____

(1) Soûler ma vengeance et ton avidité.

(CORNEILLE, Médée.)

10*

le fin de la question se réduit à ceci : M. Huysmans ne veut pas retirer *Là-bas* de la circulation ; il traite donc de sacristes effarés ceux qui ne savent pas découvrir l'esprit chrétien de ce livre, et il s'abrite lui-même sous l'autorité de saint Bernard.

Eh bien ! je m'adresse aux prêtres, aux laïques, dont quelques-uns ont jugé sévèrement ma propre sévérité, et je leur dis : Avez-vous lu, ce qui s'appelle lu, *Là-bas* ? Osez donc dire que ce n'est pas un livre immonde, gratuitement immonde, de la quintessence de pornographie sacrilège. Les romanciers réalistes, d'ordinaire, se contentent de décrire des turpitudes ; M. Huysmans les mêle aux mystères les plus saints de la religion catholique. C'est quelque chose d'infiniment pire que du Zola, sans compter que le style de M. Huysmans, qui, cela est malheureusement incontestable, a des charmes extraordinaires pour beaucoup de lecteurs insuffisamment avertis, ajoute de nouveaux dangers à ces pages infâmes.

M. Huysmans ne rétracte rien, il ne supprime aucune ligne, il n'ose pas trop parler de des Esseintes, mais il excuse ou glorifie hardiment tout ce que Durtal a composé. On pourra me traiter de bégueule et de sacerdote imbécile, mais je persisterai à affirmer que l'auteur de *Là-bas*, même s'il s'était rétracté, devrait, au moins pendant quelques années, se taire. Il était réservé à cette fin de siècle d'entendre le père du chanoine Docre élever la voix parmi les chrétiens et les prêtres, sans avoir formulé le moindre regret, la plus petite excuse.

Cela seul prouverait que son sens chrétien laisse beaucoup à désirer. Mais *La Cathédrale*, hélas ! donne à ceux qui la lisent très attentivement d'autres sujets d'inquiétude.

M. Huysmans, qui traite si... familièrement les évê-

ques, les cardinaux et le pape, enhardi sans doute par
ses succès, s'attaque à quelqu'un de plus grand encore.
Il parle, lui converti, mystique et censément oblat, il
parle de Notre-Seigneur Jésus-Christ sur le ton que voici :

« Et Dieu, qui imposa la Salette sans recourir aux
voies de la publicité mondaine, change de tactique ; et
avec Lourdes, la réclame entre en scène.

« C'est bien cela qui confond : Jésus se résignant à
employer les misérables artifices du commerce humain,
acceptant les rebutants stratagèmes dont nous usons
pour lancer un produit ou une affaire..... Au point de
vue de la compréhension de l'art, le public catholique
est à cent pieds au-dessous du public profane. Et Notre-
Seigneur fit bien les choses : il choisit Henri Lasserre....
Dans un marbre de Chartres, Jésus à peine débruti apparaît..... Un chromo dans lequel le Christ montrait
d'un air aimable un cœur mal cuit, saignant, dans des
ruisseaux de sauce jaune. .. » Que Durtal raille la pauvreté des images modernes, c'est très légitime, quoique
nous risquions d'aller très loin, en nous engageant dans
cette voie. Pratiquement, et si on le poussait jusqu'à
ses extrêmes limites, le rigorisme esthétique de Durtal
risquerait de se confondre avec le protestantisme ou le
nihilisme de Théophile Gautier. On montrait, un jour, à
Théophile Gautier un christ dépourvu de toute valeur
artistique ; et comme l'homme de bon sens qui l'accom-
pagnait plaidait les circonstances atténuantes : « J'aimerais mieux rien, que ça », dit sentencieusement l'auteur
d'*Émaux et Camées*. Là-dessus, tous les esthètes exul-
tèrent. Malheureusement, tous ces beaux principes
sont d'une vérité relative, d'une vérité à l'usage des
touristes, des critiques d'art et des rose-croix. Le culte
des saints fait partie intégrante, essentielle même, du
catholicisme, et le culte des saints suppose une grande

abondance de chromos ou de médiocres images. Les pauvres, n'est-ce pas, Durtal ? ne peuvent pas se payer des Roger van der Weiden.

Mais quels que soient les défauts des gravures et des images abhorrées par Durtal, il n'a pas le droit, sous prétexte de critique esthétique, il n'a pas le droit d'intercaler le nom divin de Notre-Seigneur Jésus-Christ dans des phrases d'une goguenardise outrée, ou de le rapprocher de certaines épithètes malsonnantes. Saint Paul déclare qu'au seul nom de Jésus tout genou doit fléchir au ciel, sur la terre et dans les enfers ; l'Église célèbre par une fête spéciale le Saint Nom de Jésus, elle en chante les beautés dans une hymne ravissante (1), et il faut entendre Durtal nous déclarer que Jésus fait de la réclame et qu'il lance des affaires.

La Sainte Vierge n'est pas mieux traitée : « Une Vierge accoutrée de vêtements ridicules (il s'agit de la Salette), coiffée d'une sorte de moule de pâtisserie, d'un bonnet de Mohican, pleure à genoux, la tête entre ses mains. Puis la même femme, debout, les mains ecclésiastiquement ramenées dans ses manches, regarde les deux enfants. » A la rigueur, on peut répondre que ces railleries dirigées contre le sculpteur n'atteignent, que d'une façon indirecte et très lointaine, la Sainte Vierge : c'est déjà fâcheux, car enfin on a reproduit le costume adopté par Elle ; mais ce geste ecclésiastique, cette attitude de Vierge pleurante, on ne saurait les reprocher au sculpteur : la phrase de Durtal a pour objet immédiat la Sainte Vierge, car il croit, non sans raison, aux apparitions de la Salette. Il trouve également de fort mauvais

<hr>

(1) Au surplus, voilà l'oraison qui termine les litanies du Saint Nom de Jésus : *Sancti Nominis tui Domine timorem pariter et amorem fac nos habere perpetuum...*

goût le costume que Notre-Dame de Lourdes a choisi
pour converser avec Bernadette.

Dans son ensemble, du reste, Lourdes n'agrée nullement à Durtal : lisez et relisez avec attention ces
quelques pages bizarres, bien inquiétantes, qu'il consacre aux apparitions et aux pèlerinages. Cela est écrit
entre deux tons. Comprenez-vous ? Moi, pas ; mais je
vois très clairement que Durtal, gêné aux entournures,
ne retrouve sa verve que pour glorifier Zola, ce Zola
qui a décrit magnifiquement les processions, mais qui
n'a rien compris à l'âme de Bernadette ni à l'âme des
pèlerins, et qui a sali ou voulu salir... tout ce qu'il a
vu. Cette importance exagérée accordée aux costumes,
au décor, à l'ornementation, cette ignorance et ce dédain des choses de l'âme, nous renseignent suffisamment sur l'état d'esprit de Durtal. Que M. Zola voie dans
le costume de Notre-Dame de Lourdes un argument
contre l'authenticité des apparitions, nous n'en sommes
ni émus ni surpris; il est dans son rôle d'ennemi. Mais
que M. Huysmans insiste sur les « affutiaux et les laids
atours » de Marie Immaculée, voilà qui est inconce-
vable. A la volonté nettement manifestée de la Sainte
Vierge on oppose quoi donc ? Des principes d'art déco-
ratif. Si le goût de la Sainte Vierge ne concorde pas,
Durtal, avec votre esthétique, c'est tant pis pour votre
esthétique. Cela prouve qu'elle est fausse ou plutôt sans
importance. Alors faites-nous grâce de votre science de
costumier.

Mais peut-être touchons-nous ici au fond même de la
question ; peut-être allons-nous voir clair dans cet état
d'âme de Durtal, qui donne lieu à des appréciations si
diverses. L'auteur de la Durtalide (1) n'est pas un vrai

____

(1) Il est évident que je ne m'attaque pas à M. Huysmans

chrétien : c'est le fils de M. Zola, le petit-fils du René de
Chateaubriand, l'arrière-petit-fils de Jean-Jacques, qui
vient chez nous chercher, non pas précisément, comme
il le croit, des sensations, puisqu'il nous apporte les
siennes, hélas ! mais des sujets d'amplification réaliste.
On me dit : C'est un converti du plain-chant, c'est une
conquête de la liturgie. Ceux qui tiennent ce langage,
quelle idée se font-ils des hommes de génie et des
saints, de ces moines graves, très graves, humbles, très
humbles, ayant reçu du ciel fontaine de larmes, délicats, distingués, purs, gracieusement et naturellement
idéalistes, qui composèrent des hymnes comme *Cœlestis
urbs Jerusalem* ? Tous ces Fra Angelico de la poésie
auraient horreur des facéties grossières, des impertinences boulevardières et des théories médicales qui
s'étalent dans les livres de Durtal.

Puis, à quelques-uns de leurs disciples trop zélés, ils
rappelleraient, eux, les créateurs de notre sublime et
divine liturgie, la juste importance proportionnelle de
l'art, même chrétien. Les fossoyeurs des catacombes
étaient de pauvres artistes et de médiocres écrivains,
si l'on en juge par les quelques peintures et inscriptions
qu'ils nous ont laissées ; ils trouvaient des cris sublimes, mais ils ne savaient pas très bien les éléments
de la syntaxe. Beaucoup de grands saints n'ont jamais
dit leurs messes que dans des églises quelconques. La
chrétienté a vécu, durant des siècles, sans les admirables cathédrales ; avant quatre ou cinq cents ans, elle
sera peut-être obligée de s'en passer. Outrageusement
réparées par les soins — louables d'ailleurs — du mi-

personnellement ; je ne le connais pas. Mes observations vi-
sent le lettré, l'homme public, dont la conversion constitue un
petit événement littéraire et un sujet de controverses religieuses.

nistre des beaux-arts, elles perdent chaque jour de leur beauté, de leur pureté, de leur vrai caractère. La science de nos plus doctes architectes se réduit à remplacer les pierres de jadis, s'envolant en fleurs vers le ciel, par la ferraille moderne qui se couvre de vert-de-gris. Je montai, un jour, plein d'une émotion pieuse, dans la flèche de la cathédrale de Rouen ; quand j'aperçus ces escaliers d'usine et ce treillage Eiffel, je me hâtai de descendre pour contempler à loisir la vétusté des voûtes. Nous ne voyons déjà plus la vraie cathédrale ; qu'adviendra-t-il de ces chefs-d'œuvre de l'art ogival dans cinq ou six cents ans ?

Les esthéticiens doivent donc subordonner toujours leurs principes à la vie morale et religieuse du christianisme, sous peine de commettre des erreurs graves. Ainsi, quand M. Huysmans étudie la cathédrale de Chartres telle qu'elle est aujourd'hui, en elle-même, il méconnaît, je crois, ce qu'il y a de plus important et de plus beau dans son sujet. Il peint l'église le matin, le soir, à l'intérieur, à l'extérieur, la tour du nord, comme un client de la compagnie Cook qui braquerait son appareil photographique sur les parties du monument le plus vantées par Bædekér. L'appareil de M. Huysmans sort des ateliers de Médan ; il est dans le plus pur style réaliste, mais on a trop loué les photographies aux couleurs vives que nous donne ce disciple docile.

Il fallait autre chose : la vraie cathédrale, c'est la forme de la vie chrétienne à un moment très glorieux de son histoire. De même que les modernes mettent toute leur médiocrité ou toute leur laideur dans les gares, les banques et dans les casinos, de même les chrétiens du moyen âge avaient mis toute leur âme et vivaient le meilleur de leur vie dans la cathédrale.

Peignez-nous la basilique vibrante de toutes les voix de ses cloches, de toutes les harmonies du plain-chant, remplie de fidèles riches et pauvres comme une ruche d'abeilles, parfumée d'encens, douce aux malheureux, terrible aux excommuniés, chaude, palpitante, orante. Au milieu, l'évêque officie pontificalement : il bénit, conseille, dirige, car il tient tout le troupeau sous sa houlette, pendant que, d'un geste plein d'autorité, il écarte les loups qui veulent s'introduire dans la bergerie. Voyons donc, dans la cathédrale, quelque chose de plus et de mieux qu'un poème mystique et un cadre liturgique ; elle est avant tout l'expression parfaite de cette société du moyen âge, qui se personnifie en saint Louis.

Voilà pourquoi l'œuvre archéologique de M. Huysmans, quels que soient ses mérites de détail, est une œuvre manquée ; il fallait, pour évoquer la Jérusalem idéale du XIII⁰ siècle, d'une part, un grand esprit d'humilité, de piété soumise, de foi non ratiocinante, et d'autre part, une vaste et puissante imagination, un genre d'observation large et pénétré d'idéalisme chrétien. M. Huysmans ne dispose que des procédés laborieux et minutieux du réalisme, lesquels ressemblent assez à des épreuves photographiques, coloriées et retouchées par un peintre impressionniste. Durtal est si exclusivement peintre, artiste et esthète, il a si peu le sens de la vie communautaire chrétienne, qu'il fuit Chartres dès qu'il apprend l'arrivée d'un pèlerinage ; il a horreur de la foule, même pieuse ; il aime mieux s'évaguer, en compagnie de ses seules ratiocinations.

Même lorsqu'il narre des histoires très édifiantes, Durtal s'arrange de façon à nous inquiéter, à nous troubler, ou tout au moins à troubler ceux d'entre nous qui connaissent, un tant soit peu, la littérature contemporaine. « Quand l'abbesse mourut, son visage se transfigura, et, malgré le froid d'un hiver si rude que l'on put franchir l'Escaut en voiture, le corps se conserva souple et flexible, mais il gonfla. Les chirurgiens l'examinèrent et l'ouvrirent devant témoins. Ils s'attendaient à trouver le ventre bondé d'eau ; mais il s'en échappa à peine la valeur d'une demi-pinte, et le cadavre ne désenfla point... Près de trois semaines s'écoulent, et des cloches se forment et crèvent, en rendant du sang et de l'eau ; puis l'épiderme se tigre de taches jaunes, le suintement cesse, et alors l'huile sort, blanche, limpide, parfumée, puis se fonce et devient peu à peu couleur d'ambre. On put la répartir en plus de cent fioles, d'une contenance de deux onces chaque... avant que d'inhumer ses restes, qui ne se décomposèrent point, mais prirent la teinte mordorée d'une datte. »

Il y a au moins deux manières d'aimer cette légende si riche en couleurs. Les uns se contentent de la lire avec piété, avec esprit de foi, dans de grands sentiments d'édification ; d'autres, comme M. Renan et M. Anatole France, la traduisent en langue moderne, ravis qu'ils sont par le pittoresque du récit et un genre particulier d'émotion extrêmement difficile à définir. Ces messieurs sont émus, il n'y a pas à en douter ; ils jouissent étonnamment, ils ne se moquent même pas, ou si peu que ce n'est pas la peine d'en parler ; mais je ne connais rien de plus pénible pour un prêtre lettré qui, ayant lu l'*Idylle monacale au XIIIe siècle* et *Thaïs*, comprend et sait à quoi s'en tenir, je ne connais rien de plus pénible que la lecture de ces sortes de *Vies de saints*. M. Renan et M. Anatole France ont inventé une forme de raillerie antireligieuse bien plus cruelle et plus dangereuse que celle de Voltaire. Là-dessus tous les lettrés de nos jours ont une opinion parfaitement arrêtée.

Je n'accuse pas Durtal de penser comme M. Anatole France — pour plusieurs raisons, — mais je regrette qu'il ne se sépare pas plus nettement de M. l'abbé Jérôme Coignard. Vous représentez-vous M. Anatole France causant de l'abbesse d'Oirschot avec Durtal ? Cette sérénité de Durtal me fait réfléchir ; il connaît ses confrères, les gens de lettres, il n'a pas l'air de se dire un seul instant : « Mais je risque de provoquer leur mauvais rire, et je suis sûr, en tous cas, que leur dilettantisme n'aura qu'à se réjouir de mon hagiographie » (1). On ne sait peut-être pas assez, chez nous chrétiens, que M. Anatole France se contente de détacher de nos vies des saints quelques pages exquises, puis de les insérer dans ses tristes récits. Il ne change rien, il se contente de modifier le ton du récit et de redire avec une nuance d'ironie diabolique, perceptible aux seuls initiés, les pieuses légendes que des moines ont écrites à genoux et en pleurant. Naturellement, il fait ressortir, avec un grand art, le côté pittoresque de nos légendes, et — chose grave, très grave — il exagérerait plutôt ce qu'elles renferment de surnaturel, de miraculeux, d'extraordinaire et de surhumain. . Encore une fois, je ne mets pas en cause les intentions de Durtal ; mais il faut bien constater que sa méthode

---

(1) Se rappeler à ce propos la définition du dilettantisme donnée par M. Paul Bourget : « Le dilettantisme est une disposition de l'esprit très intelligente (oh !) à la fois et très voluptueuse qui nous incline tour à tour vers les diverses formes de la vie et nous conduit à nous prêter à toutes ces formes, sans nous donner à aucune. » En français très simple, cela veut dire que les dilettantes s'intéressent aux miracles et aux austérités des saints, exactement comme aux faits et gestes des héroïnes de Flaubert.

hagiographique ressemble à celle d'Anatole France. Et de l'Anatole France c'est une combinaison pas trop discordante — pas assez — de Voltaire avec Renan. Oh ! cette quiétude intellectuelle de Durtal !

Elle est d'autant plus singulière qu'il raille avec plus de dureté la prose des livres ordinaires d'hagiographie. Les formules dont usent et abusent nos vénérables hagiographes jettent Durtal dans des accès de fureur comique. Certes, le style de nos *Vies des saints* manque d'imprévu en général ; il peut fournir matière à une jolie satire littéraire, et Durtal trouve là une occasion de remporter des victoires faciles. Mais en hagiographie, ce qui importe le plus, c'est l'authenticité des faits, le sérieux du narrateur, sa conviction, son intention. Le style n'a qu'une importance secondaire ; et si ce style nous arrive d'un milieu où l'on ne s'occupe pas, à l'ordinaire, de sainteté, il nous est suspect, et même pour ceux qui le jugent uniquement en lettrés, il est faux ; il peut devenir répugnant. Par exemple Durtal nous dit (page 430 de *La Cathédrale*) : « Sainte Lydwine épandait pendant ses maladies un parfum qui se communiquait également au goût... ses ulcères volatilisaient une essence sublimée de cannelle. » Vous trouvez cela charmant et vous avez raison ; en soi, cette légende de sainte Lydwine est fort gracieuse, mais si vous aviez lu *Là-bas*, vous estimeriez sans aucun doute que Durtal est le seul qui n'ait pas le droit de parler ainsi de sainte Lydwine. Dans *Là-bas* (page 22) il est aussi question d'une persistante odeur de cannelle qui provient de... Non, cela ne peut pas s'écrire ici, et je le regrette parce que, peut-être, l'opinion catholique obligerait Durtal à phéniquer d'encens, pendant quelques années encore, son nez réaliste.

Qu'il entre en effet dans une crypte ou qu'il mange

une côtelette qui sent la flanelle, qu'il parcoure une
vie de saint ou qu'il cueille une fleur, Durtal, toujours
fidèle à M. Zola, son maître, ne laisse pas un moment
de repos à son nerf olfactif. Le nez ne doit-il pas jouer
le premier rôle dans la littérature réaliste ? Les classiques comme Bossuet et Racine pensent ou voient d'une
vision intérieure ; les romantiques contemplent des
formes mouvantes ou des paysages, les réalistes analy-
sent des odeurs.

Mais c'est surtout dans sa manière d'observer les
hommes et les choses que M. Huysmans se révèle élève
de Zola. Voilà un écrivain qui se dit chrétien, qui prétend aimer l'Église et qui se lamente — personne n'i-
gnore avec quelle énergie — sur l'état moral et intellectuel du clergé. Un jour, on lui propose de visiter un
petit séminaire. S'il avait l'âme un tant soit peu catholique, il tressaillerait de respectueuse et curieuse émotion, à la pensée qu'il rentre dans une pépinière de
prêtres, il se recueillerait. Ces fils d'ouvriers, de paysans ou de petits bourgeois distribueront plus tard la
chair du Christ, ils dirigeront des âmes d'élite. Tous
les vrais chrétiens qui passent près d'un petit séminaire
demandent à Dieu pour ces enfants — avenir de l'Église
— l'esprit de piété et de force. Durtal, lui, n'a pas de
ces préoccupations. Il remarque d'abord que la cour
du petit séminaire est encombrée de baquets avariés et
de gravats ; il prend ensuite un instantané d'un vieux
bâtiment atteint de la maladie cutanée des plâtres ; il
constate une odeur nauséabonde d'huile de ricin ;
enfin il aperçoit un dortoir avec des rangées de cou-
chettes blanches et des séries de vases alignés des-
sous, « et il s'étonne, car jamais il n'avait vu des lits
plus petits et des thomas plus grands ». L'observation
réaliste s'atteste ici dans toute sa beauté ; mais com-

ment certains catholiques peuvent-ils accueillir avec
tant de bonne grâce un homme dont la vision est, à
ce point, bizarre ?

Tous ces éléments dont se compose l'état d'esprit de
Durtal n'ont rien de commun avec le véritable christianisme. Ses amis sont obligés de le reconnaître ; mais
ils font valoir, en sa faveur, deux raisons d'ordre différent.

« Oui, disent-ils, les livres de Durtal ne doivent pas
avoir de place dans les bibliothèques chrétiennes... Mais
vous autres prêtres, vous ne comprenez pas..., vous
ne comprenez pas qu'il a des qualités admirables pour
séduire d'abord, puis convertir toute une catégorie
d'êtres humains... les vieux garçons médiocrement
exemplaires. »

Tel est le premier et grand argument en faveur de
l'œuvre littéraire de M. Huysmans : il me touche peu.

Comprenons-nous bien. Au xviiᵉ siècle, des hommes
et des femmes célèbres, après avoir mené une vie
scandaleuse, se convertirent et s'élevèrent ensuite à
un haut degré de perfection dans la vie chrétienne.
Leur attitude fut admirable. Après treize ans de mortifications, la Palatine s'écriait sur son lit de mort : « Je
vais voir comment Dieu me traitera. » Mais est-ce de
ce genre de conversion qu'il s'agit parmi les défenseurs
de M. Huysmans ? Nullement. Le converti, Racine
demandait pardon à Dieu et aux hommes d'avoir écrit
Andromaque, *Iphigénie* et *Phèdre*. Il n'eût pas touché,
avec des pincettes, *Là-bas* et peut-être *En route*. Au
xviiᵉ siècle, quand on se convertissait, on changeait
non seulement de conduite, mais de manière de voir
et de langage.

Aujourd'hui les convertis entrent dans l'Église avec
armes et bagages, le front haut, s'étonnant qu'on ne

leur présente pas les armes. Ils se donnent pour mission d'imposer silence à « la bégueulerie » des prêtres | peu compréhensifs et des dévotes inesthétiques. De ces conversions nous ne sommes point ravis.

Le second argument qui est tiré de la valeur littéraire des œuvres de M. Huysmans soulève bien des controverses. M. Huysmans se considère lui-même comme un élève de M. Zola. La gloire de M. Zola, qu'est-elle en comparaison de celle de Hugo ? Hugo lui-même n'a pas encore sa place définitive dans l'histoire de la littérature française...

Le XXe siècle verra se produire un formidable écroulement des réputations littéraires que le XIXe siècle a la candeur de croire intangibles. Les tirages de Zola et de Georges Ohnet, les clameurs d'une presse ignare et pervertie ne signifient rien. Plaignons les centaines d'écrivains talentueux qui gravitent, je ne dis pas autour des Chateaubriand, des Lamartine et des Hugo, mais autour des Taine, des Renan, des Flaubert ; plaignons-les et ne perdons pas notre temps à prévoir le sort de leur réputation littéraire.

En ce qui concerne M. Huysmans, il y a bien des raisons de craindre. Il excelle dans les tableautins, il a un assez joli talent de caricaturiste hypocondre, il a pu se qualifier lui-même « d'aristo de l'ordure ». Mais ne parle-t-il pas latin comme l'étudiant limousin dont se moquait, sans en avoir absolument le droit, maître François Rabelais ? Les écoliers du XVIe siècle transfrôlaient la Séquane au Diluculo, ils déambulaient à travers les compites de l'inclyte Urbe. M. Huysmans fait trucider les Innocents, il revêt Jésus de la talaire, il ratiocine sur les pécheurs rédimés ; il entre en liesse à la pensée de l'Incogitable, et, en déambulant, il s'avère en des ires insanes contre les tépides épiscopes, sacerdotes et sacristes.

Puisqu'il étudie le xvi° siècle, il n'ignore pas, sans doute, la classique exclamation que provoqua l'érudition linguistique de l'écolier limousin. La latinité flamande ou limousine de Durtal a quelque chose d'ineffablement puéril.

Les habiletés littéraires sont peut-être encore plus amusantes. Au temps où nous scandions les églogues de Virgile, nous avons tous commis quelque description d'orage, et qui de nous a négligé de montrer, en quelque narration dramatique, l'éclair sillonnant la nue ? Dans *La Cathédrale*, l'éclair fêle la nue (page 338), ce qui est bien plus neuf. M. Huysmans ne déploie pas une habileté moindre pour atténuer l'ennui intense qui se dégage de sa prose. Quand il a suffisamment disserté sur l'esthétique et la liturgie, il éprouve le besoin de se reposer et de nous reposer par des réflexions du genre que voici : « Quelle bise ! s'écria Durtal. — Et Durtal exulta. Et l'ahurissement de Durtal était grand. — En somme, grogna Durtal, etc., etc... » Tout d'abord ces interruptions nous amusent, car elles font songer aux exclamations parlementaires les plus fatiguées ; mais, au fur et à mesure que le récit s'avance, elles nous ennuient et nous exaspèrent. On a toujours envie de dire à Durtal : Que nous importe votre ahurissement ? Puisque c'est Durand de Mende qui a la parole, laissez parler Durand de Mende et les docteurs que l'abbé Plomb a mis entre vos mains.

M. Huysmans confesse à plusieurs reprises qu'il s'est ennuyé « à crever » en composant *La Cathédrale*. IL y paraît malheureusement !

J'ai pu consulter une douzaine de personnes ayant lu *La Cathédrale*. Presque toutes ont reconnu que l'œuvre était prodigieusement ennuyeuse. Un prêtre, un professeur de séminaire, m'a dit : « Je me suis appliqué pourtant, j'ai poussé jusqu'à la page 182, mais là j'ai dû m'avouer vaincu, et j'ai fermé le livre. » En fait, *La Cathédrale* est un assemblage bizarre d'épisodes et de hors-d'œuvre. Comptons : Lourdes, la Salette, le Sacré-Cœur, Solesmes, Mme Bavoil, Mme Mesurat, une tirade sur le roman, une dissertation sur le *Couronnement de la Vierge de Fra Angelico* (ce couronnement était-il destiné à figurer dans une église gothique ??), un parallèle entre la vie parisienne et la vie de province, digne d'une bourgeoise du Marais, une plaidoirie *pro domo*, une vingtaine de satires environ, littéraires, artistiques ou commerciales, une caricature des fêtes officielles à Chartres, des essais de psychologie qu'on a loués dans une revue grave, toute une collection de clichés photographiques, quelques vues vraiment artistiques de la cathédrale... Arrêtons-nous là.

Que valent ces épisodes ? Ils ressemblent aux épigrammes de Martial ; il en est de bons, il en est de mauvais, il en est beaucoup de médiocres. . . . . . .

Mai 1898.

APRÈS SAINTE LYDWINE

Malgré d'innombrables et très graves défauts, *Sainte Lydwine* témoigne des progrès sérieux et, pour ainsi dire, tangibles, que Durtal-Huysmans a faits, depuis quelques années, dans la voie qui conduit au vrai catholicisme. J'ai lu avec un plaisir qui a souvent faibli, hélas ! les 326 pages dont se compose cette vie de sainte. Durtal commet bien des imprudences, il se complaît toujours dans les impertinences anticléricales, et dans les descriptions scabreuses ; mais il ennuie moins ses lecteurs, et il loue la sainte hollandaise avec une sincérité d'accent évidente. Même il essaya, un jour, d'atténuer son insupportable égotisme. Durant son voyage à Schiedam, ville peuplée de protestants et de jansénistes, il connut les joies désintéressées de la solidarité et de l'apostolat catholiques. A quelque point de vue qu'on se place, *Sainte Lydwine* est une œuvre infiniment supérieure à *La Cathédrale*.

Le moment serait-il donc venu d'immoler le veau gras en l'honneur de Durtal ?

Non, point encore.

Que les admirateurs de M. Huysmans fournissent, je ne dis pas, à notre curiosité, mais à notre timidité intellectuelle, des renseignements, à la fois édifiants et précis, sur la vente d'*A-rebours* et de *Là-bas* ; et bien volontiers nous nous associerons, sinon à leurs enthousiasmes littéraires, du moins à leurs éloges et à leurs sympathies.

Pour l'instant, il ne semble pas qu'il y ait lieu de renoncer à l'expectative défiante qu'adoptèrent, lors de l'apparition de *En route*, un grand nombre de catholiques. Aussi longtemps qu'il n'aura pas fait à ses convictions nouvelles un sacrifice héroïque, le mystique panégyriste de sainte Lydwine déconcertera notre ignorance des mœurs littéraires, et provoquera peut-être les mauvais sourires de nos ennemis.

Mai 1903.

TABLE DES MATIÈRES

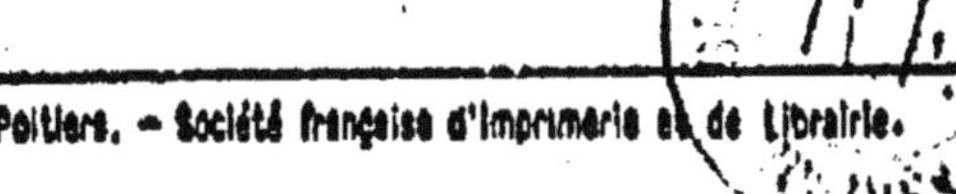

Poitiers. — Société française d'Imprimerie et de Librairie.